Nomos Universitätsschriften

Recht

Band 1007

Hans Christian List

Gestaltungsräume des Gesetzgebers bei der Optimierung der Rechtsstellung der Pflegefamilie

Nomos

Onlineversion
Nomos eLibrary

Die Deutsche Nationalbibliothek verzeichnet diese Publikation in der Deutschen Nationalbibliografie; detaillierte bibliografische Daten sind im Internet über http://dnb.d-nb.de abrufbar.

Zugl.: Kiel, Univ., Diss., 2022

ISBN 978-3-7560-0298-6 (Print)
ISBN 978-3-7489-3688-6 (ePDF)

1. Auflage 2022

Vorwort

Die vorliegende Arbeit wurde im Sommersemester 2022 von der Christian-Albrechts-Universität zu Kiel als Dissertation angenommen. Rechtsprechung und Literatur konnten bis einschließlich Juli 2022 berücksichtigt werden.

Mein besonderer Dank gilt Frau Prof. Dr. Saskia Lettmaier, B.A. (Oxford), LL.M., S.J.D. (Harvard) für die Betreuung der Dissertation.

Herrn Prof. Dr. Rudolf Meyer-Pritzl danke ich für die Erstellung des Zweitgutachtens.

Meinen Eltern danke ich dafür, dass sie mich immer unterstützt haben. So auch im Rahmen dieser Arbeit.

Hamburg, im September 2022

Hans Christian List

Inhaltsverzeichnis

A. Einleitung

I. Allgemeines

Der Staat „darf sich niemals anmaßen, die Familie ersetzen zu wollen.“[1] Dieser politische Leitsatz bringt die besondere Achtung des Staates gegenüber der Familie gemäß Art. 6 GG zum Ausdruck. Sind die leiblichen Eltern aber nicht willens oder in der Lage, hinreichend für das Wohl ihres Kindes zu sorgen, ist der Staat berufen, die betroffenen Kinder der Pflege und Erziehung Dritter zu überantworten. Die entwicklungsgerechtesten Bedingungen d Aufwachsens ermöglicht in dieser Situation in aller Regel die Pflegefamilie.

Häufig sehen sich die Pflegeeltern im Rahmen ihrer Tätigkeit vor grundlegende Herausforderungen gestellt: Meist lässt sich kaum abschätzen, ob und zu welchem Zeitpunkt die Kinder in ihre Herkunftsfamilie zurückkehren können. Da die Option, dass das Kind zu einem späteren Zeitpunkt in seine Herkunftsfamilie zurückkehrt, offenzuhalten ist, sind Pflegeeltern „soziale Familien mit delegierten Aufgaben auf Zeit“[2]. Diese Konzeption erscheint dann sachgerecht, wenn es den Herkunftseltern innerhalb eines vertretbaren Zeitrahmens gelingt, die Elternverantwortung wieder zu übernehmen. Zeigt sich jedoch, dass sich die Probleme in der Herkunftsfamilie auch langfristig nicht adäquat lösen lassen, bereitet das Auseinanderfallen von rechtlicher und sozialer Elternschaft Probleme. Sei es die offenzuhaltende Rückführungsoption der Kinder, die unzureichenden Entscheidungs- und Vertretungsbefugnisse der Pflegeeltern in alltäglichen Angelegenheiten oder der Umfang des Umgangsrechts der Herkunftseltern: Die Rechtsstellung der Pflegeeltern ist zu eingeschränkt, um den tatsächlichen Anforderungen an eine kindgerechte Betreuung zu genügen. Die Frage nach der Reformbedürftigkeit des Pflegekinderwesens stellt daher den zentralen Anknüpfungspunkt dieser Arbeit dar. Im Fol-

1 Erklärung der Bundesregierung zur Politik der ersten gesamtdeutschen Bundesregierung vom 04.10.1990, in: Deutscher Bundestag, Plenarprotokoll 11/228, S. 18020.

2 So von dem Wissenschaftlichen Beirat für Familienfragen beim Bundesministerium für Familie, Senioren, Frauen und Jugend im Jahre 2016 formuliert, s. BMFSFJ, Pflegefamilien als soziale Familien, S. 5.

genden sollen die einzelnen problematischen Aspekte der Rechtsstellung der Pflegefamilie vertieft und wesentliche Reformbedarfe des Gesetzgebers aufgezeigt werden.

Eine entsprechende Optimierung der Rechtssituation der Pflegefamilie kann sich jedoch nur innerhalb des durch die grundrechtlichen Positionen von Eltern, Kindern und Pflegeeltern gesetzten verfassungsrechtlichen *Rahmens* bewegen. Den jeweiligen Gestaltungsspielraum des Gesetzgebers gilt es hinsichtlich der verschiedenen Reformgedanken im Einzelnen zu definieren. Dazu wird der Blick im Rahmen dieser Arbeit auf das Zivilrecht und das öffentliche Recht, an deren „Schnittstelle“[3] das Pflegekindschaftsrecht liegt, gerichtet. Darüber hinaus sind die Grundrechtspositionen der Beteiligten unter besonderer Berücksichtigung der Rechtsprechung des Bundesverfassungsgerichts zu beleuchten. Für die Bestimmung des Gestaltungsspielraums des Gesetzgebers ist ferner eine Betrachtung der tatsächlichen Fundierung der Reformgedanken erforderlich: Zu ermitteln ist, inwieweit sich durch die Typisierung der tatsächlichen Lebensverhältnisse allgemeine Aussagen über die Gründe der Inpflegenahme, die Rückkehrwahrscheinlichkeit und drohende Schäden der Kinder treffen lassen, die der Gesetzgeber optimierenden Regelungen zugrunde legen darf.

Hieraus ergeben sich im Einzelnen folgende Gliederungspunkte: Nach einem einleitenden Teil wird der Blick in Kapitel B zunächst auf die sozialen und innerfamilialen Gründe gerichtet, aufgrund derer die Fremdpflege des Kindes angezeigt ist. Zum einen gewährt dieses Kapitel einen tieferen Einblick in die soziale Struktur der Herkunftsfamilie. Zum anderen ermöglichen die Erkenntnisse nähere Aussagen über die Rückkehrwahrscheinlichkeit, die für die Verfassungsauslegung bezüglich des Reformbedarfs von zentraler Bedeutung sind. Der sozialrechtliche Charakter des Pflegekinderwesens wird in dem folgenden Kapitel C beleuchtet, das die Familienpflege als Staatsaufgabe behandelt. Im Mittelpunkt der Ausführungen stehen die Rechte und Pflichten des Staates aus seinem Wächteramt, das er in Gestalt des Jugendamtes gegenüber den einzelnen Beteiligten ausübt. Anschließend werden in Kapitel D die einzelnen grundrechtlichen Positionen der Beteiligten vorgestellt, die in ihrer Gesamtheit der Rechtsstellung der Pflegefamilie den verfassungsrechtlichen Rahmen setzen. Insbesondere sind die verfassungsrechtlichen Vorgaben hinsichtlich der Phasen des Pflegeverhältnisses, die im Einzelnen von der Herausnah-

3 *Schmid-Obkirchner*, in: Wiesner, SGB VIII § 33 Rn. 1; *Küfner/Schönecker*, in: Kindler/Helming/Meysen/Jurczyk, Handbuch Pflegekinderhilfe, S. 49; im Einzelnen dazu *Veit*, in: Götz/Schwenzer/Seelmann/Taupitz, FS Brudermüller, S. 850 ff.

me des Kindes über die konkrete Ausgestaltung des Pflegeverhältnisses bis zu deren drohender Beendigung reichen, aufzuzeigen. Im Anschluss soll die Familienpflege aus der zivilrechtlichen Perspektive beleuchtet werden (Kapitel E), um den Reformbedarf der Rechtstellung der Pflegefamilie darstellen zu können. Den Schwerpunkt der Arbeit bilden die Kapitel F bis J, in denen die Gestaltungsspielräume, die sich hinsichtlich konkreter Reformvorschläge für den Gesetzgeber aus den verfassungsrechtlichen Vorgaben ergeben, bestimmt werden. Dazu ist zunächst zu ermitteln, welche konkreten Aspekte der Rechtsstellung der Pflegefamilie einer Optimierung bedürfen, um in einem zweiten Schritt konkrete Formulierungsvorschläge aufzugreifen und diese auf ihre verfassungsrechtliche Vereinbarkeit zu überprüfen. Außerdem sollen aktuelle Entwicklungen in Bezug auf die Rechtsstellung der Pflegefamilie vorgestellt und bewertet werden.

II. Die historische Entwicklung des Pflegekinderwesens

Zunächst wird die Entwicklung des Pflegekinderwesens in ihren Grundzügen dargestellt. Der folgende historische Überblick dient insbesondere einer angemessenen Gewichtung der einzelnen grundrechtlichen Positionen im Rahmen des zu ermittelnden Gestaltungsspielraums des Gesetzgebers.

Kindern wurde zu allen Zeiten das Schicksal zuteil, nicht bei ihren natürlichen Eltern aufwachsen zu können. Während des Altertums und des Mittelalters nahm sich in der Regel die erweiterte Familie derer an.[4] Ab dem frühen Mittelalter verstand es zunehmend die Kirche als ihre christliche Pflicht, sich um die Versorgung derjenigen Waisenkinder, die nicht von Familienangehörigen aufgenommen wurden, zu kümmern.[5] Die Gesellschaft zeigte sich aus einer allgemeinen religiösen und gesellschaftlichen Anerkennung des Standes der Armen heraus durch die Gabe von Almosen verantwortlich.[6] Der Aufgabenkreis der Kirche, deren Haupttätigkeit im frühen Mittelalter noch in der Armenfürsorge bestand, veränderte sich im Laufe des Mittelalters und die Armenpflege ging allmählich auf die

---

4 *Blandow*, Pflegekinder und ihre Familien, S. 20; vgl. *Jacobs*, Der Waisenhausstreit, S. 15.

5 Vgl. *Uhlhorn*, Die christliche Liebestätigkeit, S. 55; *Blandow*, Pflegekinder und ihre Familien, S. 21; vgl. *Schäfer*, in: Huster/Boeckh/Mogge-Grotjahn, Handbuch Armut und soziale Ausgrenzung, S. 320.

6 Im Einzelnen dazu *Schäfer*, in: Huster/Boeckh/Mogge-Grotjahn, Handbuch Armut und soziale Ausgrenzung, S. 323.

öffentliche Verwaltung über.[7] Zugleich wandelte sich das gesellschaftliche Bild von Armut mit Beginn der Neuzeit und diese wurde zunehmend als selbstverschuldet angesehen.[8] Diese Entwicklungen führten dazu, dass Waisenkinder mit Aufkommen des Frühkapitalismus vor allem eine strenge Erziehung zur Arbeit erhielten, wodurch die Kinder zunehmend abgewertet wurden.[9] Spätestens zu Zeiten des Absolutismus, als eine Bevölkerungspolitik vorherrschte, welche die größtmögliche Arbeitskraft aus der Bevölkerung zu gewinnen suchte, kam es innerhalb der Waisenhäuser und den oftmals unmittelbar angegliederten Wirtschaftsbetrieben zu einer erheblichen Ausbeutung der Waisenkinder.[10] Die herrschenden Missstände und hohen Sterblichkeitszahlen führten letztlich zu dem „Waisenhausstreit" zwischen 1770 und 1820, infolgedessen zumindest verwaiste Bürgerkinder in ihrer gewohnten Umgebung von ihrem Stand entsprechenden Familien aufgenommen und aus dem Bürgertum stammende Vormünder bestellt wurden.[11] Armen- und Findelkinder hingegen wurden in bäuerlichen Familien untergebracht, wobei der Anreiz für die Aufnahme der Kinder meist in der billigen Arbeitskraft oder dem – wenn auch geringen – „Kostgeld" lag.[12]

Ab Mitte des 19. Jahrhunderts erfolgten erste regionale Versuche einer polizei- und ordnungsrechtlichen Überwachung.[13] Nach und nach erließen immer mehr Städte und Länder spezielle Regelungen zur Aufsicht von Pflegekindern, sodass sich allmählich, wenn auch mit erheblichen regionalen Unterschieden, ein allgemeiner Rechtsschutz durchsetzte.[14] Zum Jahr-

---

7 *Isenmann*, Die deutsche Stadt im Mittelalter, S. 603 f.; *Huch*, Römisches Reich deutscher Nation, S. 29 und 203; vgl. *Schneider*, Christliche Armenfürsorge, S. 330 f.; vgl. *Mollat*, Die Armen im Mittelalter, S. 248 ff.

8 *Blandow*, Pflegekinder und ihre Familien, S. 24; vgl. *Schäfer*, in: Huster/Boeckh/Mogge-Grotjahn, Handbuch Armut und soziale Ausgrenzung, S. 325 f.

9 Vgl. *Blandow*, Pflegekinder und ihre Familien, S. 25; vgl. *Meumann*, in: Sträter/Neumann, Waisenhäuser in der Frühen Neuzeit, S. 17 f.; zum frühneuzeitlichen Erziehungsgedanken im Einzelnen vgl. *Meumann*, Findelkinder, Waisenhäuser, Kindsmord in der Frühen Neuzeit, S. 225 ff.

10 So *Blandow*, Pflegekinder und ihre Familien, S. 26; vgl. *Jacobs*, Der Waisenhausstreit, S. 16.

11 *Blandow*, Pflegekinder und ihre Familien, S. 29; zum Waisenhausstreit im Einzelnen vgl. *Jacobs*, Der Waisenhausstreit, S. 18 ff.; *Neumann*, in: Sträter/Neumann, Waisenhäuser in der Frühen Neuzeit, S. 155 ff.

12 Vgl. *Wiemann*, Ratgeber Pflegekinder, S. 20; *Blandow*, Pflegekinder und ihre Familien, S. 29.

13 *Blandow*, Pflegekinder und ihre Familien, S. 32; *Mörsberger*, in: Wiesner, SGB VIII § 45 Rn. 7.

14 Vgl. *Fichtl*, Reichsgesetz für Jugendwohlfahrt, S. 25.

hundertwechsel wurden zunehmend detaillierte Kataloge ausformuliert, die etwa die Pflicht zur Pflege und zur Unterstützung des Schulbesuchs und der ärztlichen Versorgung sowie das Verbot übermäßiger Züchtigung oder schwerer Arbeit normierten.[15] Die Einführung der Pflegekindschaft als selbstständiges familienrechtliches Institut in das Bürgerliche Gesetzbuch wurde zwar erwogen, jedoch aufgrund des fehlenden Bedürfnisses letztlich abgelehnt.[16] Zu einer ausführlichen gesetzlichen Ordnung des Pflegekinderwesens kam es erst mit Inkrafttreten des Reichsjugendwohlfahrtsgesetzes (RJWG) im Jahre 1922. Dieses übertrug dem neu begründeten Jugendamt die „Förderung der Jugendwohlfahrt“, womit der Schutz des Wohls der Pflegekinder erstmals in der Verantwortung des Staates lag.[17]

Die Regelungen über das Pflegekinderwesen blieben während der Zeit des Nationalsozialismus weitgehend erhalten, sollten jedoch im Rahmen der „politischen Wohlfahrtspflege“ in ein übergreifendes Konzept nationalsozialistischer Weltanschauung integriert werden.[18] Die Prüfung des Jugendamtes vor der Inpflegegabe des Kindes erstreckte sich nunmehr etwa auf die „Abstammung“, die „politische Zuverlässigkeit“ und die „sittliche Eignung“ der Pflegefamilie.[19] Die Pflegeeltern mussten „geeignet und gewillt sein, das Pflegekind nationalsozialistisch zu erziehen“ und es „zu gegebener Zeit zum Eintritt in die Hitlerjugend“ anhalten.[20]

Die Eingriffe des Dritten Reichs in die Familien zum Zwecke staatlicher Zwangserziehung veranlassten den Verfassungsgeber 1949, der Pflege und Erziehung durch die leibliche Familie mit Art. 6 Abs. 3 GG gegenüber

---

15 Vgl. *Blandow*, Pflegekinder und ihre Familien, S. 36 f.

16 Motive zu dem Entwurfe eines Bürgerlichen Gesetzbuches für das Deutsche Reich, Bd. IV, S. 953; *Tirey*, Das Pflegekind in der Rechtsgeschichte, S. 91. Otto von Gierke hatte sich hierfür eingesetzt, vgl. *v. Gierke*, Der Entwurf eines bürgerlichen Gesetzbuchs und das deutsche Recht, S. 486.

17 So *Blandow*, Pflegekinder und ihre Familien, S. 40 f.; vgl. *Engelmann*, Das Reichsgesetz für Jugendwohlfahrt, S. 41; vgl. *Bäumer/Hartmann/Becker*, Das Reichsgesetz für Jugendwohlfahrt, S. 35.

18 Vgl. *Schnurr/Steinacker*, in: Horn/Link, Erziehungsverhältnisse im Nationalsozialismus, S. 255; vgl. *Reher*, Die NS-Volkswohlfahrt, S. 8 ff.; vgl. *Hilgenfeldt*, Idee der nationalsozialistischen Wohlfahrtspflege, S. 32.

19 Zu den einzelnen Voraussetzungen in dem Handbuch der Jugendhilfe (1938) *Webler*, Handbuch der Jugendhilfe, Heft 11, S. 20 ff.

20 So *Webler*, Handbuch der Jugendhilfe, Heft 11, S. 21; zu den nationalsozialistischen Erziehungszielen im Einzelnen *Liebler-Fechner*, Der ideologisch motivierte Entzug des elterlichen Sorgerechts in der Zeit des Nationalsozialismus, S. 65 ff.

der Fremderziehung eine besondere Vorrangstellung einzuräumen.[21] In den folgenden Jahrzehnten erfolgte eine zunehmende Aufwertung der Rechtsstellung der Pflegefamilie. Durch das Sorgerechtsgesetz von 1979 ermöglichte der Gesetzgeber, Angelegenheiten der elterlichen Sorge unter Vorbehalt der Zustimmung der Eltern auf die Pflegeperson zu übertragen (§ 1630 Abs. 3 BGB) und das Verbleiben des Kindes durch gerichtliche Anordnung anzuordnen, sofern es seit längerer Zeit bei der Pflegefamilie lebte und eine Herausnahme das Kindeswohl gefährdete (§ 1632 Abs. 4 BGB).[22] Im Zuge des Kindschaftsrechtsreformgesetzes von 1997 wurden diese Regelungen durch die Einführung eines eigenen Antragsrechts von Pflegepersonen auf gerichtliche Übertragung von Angelegenheiten der elterlichen Sorge ergänzt (§ 1630 Abs. 3 BGB), wobei aber die Übertragung weiterhin von der Zustimmung der Eltern abhängig blieb.[23] Darüber hinaus wurden die Voraussetzungen für die gerichtliche Anordnung einer Verbleibensanordnung im Fall eines Herausnahmeverlangens durch die sorgeberechtigten Eltern (§ 1632 Abs. 4 BGB) vereinfacht.[24] Außerdem wurden ein Umgangsrecht der Pflegeeltern (§ 1685 Abs. 2 BGB) und, sofern das Kind längere Zeit in Familienpflege lebt, ein Entscheidungsrecht der Pflegeeltern in Angelegenheiten des täglichen Lebens eingeführt (§ 1688 Abs. 1 BGB). Der Inhaber der elterlichen Sorge wird in diesen Angelegenheiten von der Pflegeperson vertreten, kann die Vertretungsbefugnis jedoch nach § 1688 Abs. 3 BGB einschränken.[25] Im Jahre 2009 wurden durch das Gesetz über das Verfahren in Familiensachen und in den Angelegenheiten der freiwilligen Gerichtsbarkeit (FamFG) die Verfahrensrechte der Pflegeperson erweitert.[26] Zuletzt trat am 10. Juni 2021 das Kinder- und Jugendschutzgesetz (KJSG)[27] in Kraft, das unter anderem in § 1632

---

21 *Jestaedt/Reimer*, in: Bonner Kommentar, GG Art. 6 Abs. 2 und 3 Rn. 59; *Höfling*, in: Isensee/Kirchhof, HStR VII, § 155 Rn. 59; *Böckenförde*, in: Krautscheidt/Marré, Essener Gespräche 14, S. 66; vgl. *Schmitt Glaeser*, Das Elterliche Erziehungsrecht, S. 37; dazu auch BVerfG, Beschl. v. 29.07.1968 – Az. 1 BvL 20/63, 1 BvL 31/66, 1 BvL 5/67, in: BVerfGE 24, 119 (142).

22 Dazu im Einzelnen *Salgo*, in: Coester-Waltjen/Lipp/Schumann/Veit, Das Pflegekindverhältnis, S. 58; vgl. auch BT-Drucks. 8/2788.

23 *Salgo*, FamRZ 1999, 337 (343); *Lettmaier*, in: Staudinger, BGB § 1630 Rn. 8; vgl. BT-Drucks. 13/4899, S. 152.

24 *Salgo*, in: Staudinger, BGB § 1632 Rn. 44; vgl. BT-Drucks. 13/4899, S. 96.

25 Vgl. dazu BT-Drucks. 13/4899.

26 Vgl. dazu BT-Drucks. 16/6308.

27 Dazu ausführlich Kapitel H. V.

Abs. 4 S. 2 BGB[28] die Anordnung eines unbefristeten Verbleibs des Kindes in der Pflegefamilie ermöglicht. Am 1. Januar 2023 wird das bereits verabschiedete Gesetz zur Reform des Vormundschafts- und Betreuungsrechts[29] in Kraft treten, durch das die Rechtsstellung der Pflegefamilie bei unter Vormundschaft stehenden Kindern gestärkt werden soll.

28 Die dieser Arbeit zugrunde gelegte Rechtslage bezieht sich auf § 1632 Abs. 4 BGB in seiner vor dem 10.06.2021 geltenden Fassung. Die seit Inkrafttreten des KJSG geltenden Gesetzesfassungen werden als n.F. markiert.

29 Dazu ausführlich Kapitel J. III.

B. Die Gründe für eine Pflegestellenunterbringung

Grundsätzlich sind vielerlei Gründe denkbar, weshalb die Unterbringung eines Kindes in einer Pflegefamilie erforderlich sein kann. So kann eine Inpflegenahme etwa vorübergehend aufgrund unverschuldeter Notlagen wie längerer Krankheiten, zwingender Berufstätigkeit, längerer Auslandsaufenthalte oder beengter Wohnverhältnisse der Herkunftseltern[30] notwendig sein,[31] insbesondere dann, wenn diese alleinerziehend sind. Besteht trotz Einbeziehung des sozialen Umfelds keine andere Möglichkeit, die Betreuung des Kindes zu gewährleisten, kann ein Anspruch auf Unterbringung des Kindes in einer Pflegefamilie als Hilfe zur Erziehung nach § 27 Abs. 1 SGB VIII bestehen.[32]

Solche vorübergehenden Hilfsmaßnahmen aufgrund unverschuldeter Notlagen stellen jedoch die Ausnahme dar.[33] In der Regel ist die Inpflegenahme des Kindes aufgrund bestimmter innerfamiliärer Faktoren notwen-

30 Bereits an dieser Stelle sei auf die im Rahmen dieser Arbeit verwendeten Begrifflichkeiten hingewiesen. Geht es um die „Herkunftseltern“ oder „leiblichen Eltern“, soll auch der Fall mit einbezogen sein, dass es sich nur um einen Elternteil handelt. Das „Kind“ oder „Pflegekind“ umfasst auch den Jugendlichen oder die Jugendliche. Insoweit sei auf das gesamte Spektrum an familialen Lebensformen und Geschlechtern hingewiesen, das sich auch im Bereich des Pflegekinderwesens wiederfindet, vgl. *Wolf*, RdJB 2015, 467 (474).

31 Vgl. *Döll*, in: Erman, BGB § 1632 Rn. 26c; vgl. *Westermann*, in: Stiftung zum Wohl des Pflegekindes, 3. Jahrbuch des Pflegekinderwesens, S. 151.

32 Zu den Voraussetzungen im Einzelnen *Schmid-Obkirchner*, in: Wiesner, SGB VIII § 27 Rn. 17 ff.; *Winkler*, in: BeckOK, SGB VIII § 27 Rn. 3 ff.; *Bohnert*, in: BeckOGK, SGB VIII § 27 Rn. 8 ff. Zwar ist auch eine Inpflegegabe ohne Beteiligung des Jugendamtes möglich, diese fällt jedoch zahlenmäßig nicht weiter ins Gewicht, s. *Veit*, in: Götz/Schwenzer/Seelmann/Taupitz, FS Brudermüller, S. 850.

33 Allein 45 Prozent der Kinder wurden mit einem (teilweisen) Sorgerechtsentzug fremdplatziert, s. BMFSFJ, Pflegefamilien als soziale Familien, S. 8; auf etwa 40 Prozent kommen *Helming/Kindler/Thrum*, in: Helming/Kindler/Meysen/Jurczyk, Handbuch Pflegekinderhilfe, S. 271. Dabei ist jedoch davon auszugehen, dass Herkunftseltern dem (teilweisen) Sorgerechtsentzug häufig durch ihr Einverständnis zuvorkommen, vgl. *Britz*, in: Coester-Waltjen/Lipp/Schumann/Veit, Das Pflegekindverhältnis, S. 14; vgl. *Salgo*, Pflegekindschaft und Staatsintervention, S. 312 f. Der Anteil erheblich vorgeschädigter Kinder liegt jedenfalls zwischen 82 bis 92 Prozent, s. BMFSFJ, Pflegefamilien als soziale Familien, S. 9 m. w. N.; *Diouani-Streek/Salgo* kommen auf 86 bis 92 Prozent, s. *Diouani-Streek/Salgo*, RdJB 2016, 176 (178 f.) m. w. N.

dig, die ein solches Ausmaß erreicht haben, dass eine am Wohl des Kindes bemessene Pflege und Erziehung nicht mehr gewährleistet ist. Da sich diese Faktoren nur selten innerhalb eines kürzeren Zeitraums beseitigen lassen,[34] kommt ihnen auch nach der Inpflegenahme des Kindes eine ganz maßgebliche Bedeutung zu. Die Ursachen von Kindeswohlgefährdungen sind daher für die strukturelle Risikoeinschätzung und damit für die zu bestimmenden Gestaltungsspielräume des Gesetzgebers unverzichtbar.

Im Einzelnen zeigen sich Kindeswohlgefährdungen als Ergebnis eines komplexen Prozesses und durch zahlreiche verschiedene Faktoren bedingt, sodass eindimensionale Ursache-Wirkungs-Modelle die Entstehung von Kindeswohlgefährdungen nicht adäquat abbilden können.[35] Jedoch lässt sich feststellen, dass die konkreten innerfamiliären Faktoren, die letztlich zur Kindeswohlgefährdung führen, ihren Ursprung häufig bereits in den soziokulturellen Verhältnissen haben.[36]

I. Die Sozialstruktur der Herkunftsfamilie

Die Sozialstruktur stellt nur selten eine Kindeswohlgefährdung dar, sondern begünstigt diese lediglich. Daher soll sich die folgende Darstellung auf das Wesentliche beschränken.

Grundsätzlich ist davon auszugehen, dass ein enger Zusammenhang zwischen den ökonomischen Verhältnissen einer Familie und dem Bildungsniveau, der Gesundheit oder der Wohnsituation besteht.[37] Die Herkunftseltern weisen strukturell einen niedrigeren ökonomischen Status auf und sind überdurchschnittlich häufig alleinerziehend oder von Arbeitslosigkeit betroffen.[38] Niedrigere Bildungsabschlüsse führen zu geringeren Chancen, eine Arbeit zu finden, die ein durchschnittliches Einkommensni-

---

34 BMFSFJ, Pflegefamilien als soziale Familien, S. 9; *Salgo*, in: Coester-Waltjen/Lipp/Schumann/Veit, Das Pflegekindverhältnis, S. 82.

35 Kinderschutz-Zentrum Berlin, Kindeswohlgefährdung, S. 35; *Remiorz*, in: Nowacki, Pflegekinder, S. 47; BT-Drucks. 16/12860, S. 90.

36 Vgl. *Grundmann*, in: Klocke/Hurrelmann, Kinder und Jugendliche in Armut, S. 162 f.; vgl. *Remiorz*, in: Nowacki, Pflegekinder, S. 32; vgl. *Wolf*, RdJB 2015, 467 (478).

37 *Träger*, APuZ 17/2009, S. 34; vgl. *Abel/Abraham/Sommerhalder*, in: Richter/Hurrelmann, Gesundheitliche Ungleichheit, S. 202; vgl. *Kuhls*, Ambivalenzen in der Beratung von Pflegeeltern, S. 20 f.; vgl. *Grundmann*, in: Klocke/Hurrelmann, Kinder und Jugendliche in Armut, S. 164 f.

38 *Remiorz*, in: Nowacki, Pflegekinder, S. 35; *Kuhls*, Ambivalenzen in der Beratung von Pflegeeltern, S. 20; 47 Prozent der Pflegekinder lebten vor der Inpflegenahme

veau ermöglicht.[39] Die entsprechenden Benachteiligungs- und Belastungsstrukturen werden häufig an die Kinder weitergegeben: Je geringer das Bildungsniveau der Eltern ist, desto geringer sind auch die Chancen der Kinder, einen überdurchschnittlichen Schul- oder Berufsausbildungsabschluss zu erreichen.[40]

Darüber hinaus übt die wirtschaftliche Situation einen Einfluss auf die Wohnsituation aus.[41] Familiengerechte Wohnbedingungen, die ein Mindestmaß an Wohnkomfort und Privatsphäre gewährleisten, sind für die Entwicklung eines Kindes von maßgeblicher Bedeutung.[42] Die Herkunftseltern leben strukturell überdurchschnittlich häufig in sozial schwachen Stadtteilen, die durch eine Konzentration sozial benachteiligter Bevölkerungsgruppen geprägt sind und in denen eine familiengerechte Wohnsituation weitaus seltener gewährleistet ist.[43]

Zwar darf keinesfalls verallgemeinernd festgestellt werden, dass belastete Sozialstrukturen zwangsläufig Kindeswohlgefährdungen zur Folge haben, jedoch werden die innerfamiliären Faktoren, die letztlich zur Kindeswohlgefährdung führen, durch die erheblichen Belastungen begünstigt, die diese Lebenssituation insgesamt mit sich bringt.[44]

---

bei einem alleinerziehenden Elternteil, s. *van Santen/Pluto/Peucker*, Pflegekinderhilfe, S. 42.

39 *Helming/Kindler/Thrum*, in: Kindler/Helming/Meysen/Jurczyk, Handbuch Pflegekinderhilfe, S. 269; *Remiorz*, in: Nowacki, Pflegekinder, S. 35; *Kuhls*, Ambivalenzen in der Beratung von Pflegeeltern, S. 20 f.

40 *Strohmeier/Wunderlich/Lersch*, APuZ 17/2009, S. 28; *Grundmann*, in: Klocke/Hurrelmann, Kinder und Jugendliche in Armut, S. 164; vgl. *Abel/Abraham/Sommerhalder*, in: Richter/Hurrelmann, Gesundheitliche Ungleichheit, S. 202; vgl. *Andresen*, in: Quenzel/Hurrelmann, S. 606; vgl. *Liebenwein*, Erziehung und soziale Milieus, S. 285.

41 *Strohmeier/Wunderlich/Lersch*, APuZ 17/2009, S. 28; vgl. *Grundmann*, in: Klocke/Hurrelmann, Kinder und Jugendliche in Armut, S. 164.

42 Vgl. *Strohmeier/Wunderlich/Lersch*, APuZ 17/2009, S. 28; *Remiorz*, in: Nowacki, Pflegekinder, S. 36.

43 Vgl. *Strohmeier/Wunderlich/Lersch*, APuZ 17/2009, S. 29; *Remiorz*, in: Nowacki, Pflegekinder, S. 36.

44 *Remiorz*, in: Nowacki, Pflegekinder, S. 35; *Wolf*, RdJB 2015, 467 (477); vgl. *Liebenwein*, Erziehung und soziale Milieus, S. 259. Die Zahl der sozial belasteten Herkunftsfamilien liegt bei 80 Prozent, s. *Balloff*, NZFam 2014, 769 (769); vgl. *Helming/Kindler/Thrum*, in: Helming/Kindler/Meysen/Jurczyk, Handbuch Pflegekinderhilfe, S. 267 ff.

II. Innerfamiliäre Faktoren

Fraglich ist, welche innerfamiliären Faktoren der Herausnahme des Kindes aus seiner Herkunftsfamilie zugrunde liegen. Im Einzelnen reichen die innerfamiliären Faktoren von einer akuten Überforderungssituation über psychische Krankheiten bis hin zu einer Alkohol- oder Substanzabhängigkeit und zeigen sich in Vernachlässigungen bis hin zu Misshandlungen oder sexuellem Missbrauch. Meist treten die einzelnen Faktoren multifaktoriell auf und bedingen oder verstärken sich gegenseitig, sodass sich die Gründe für eine Herausnahme in der Lebenswirklichkeit wesentlich vielschichtiger darstellen, als sich durch eine systematisierte Darstellung zeigen ließe.

1. Vernachlässigung

In den meisten Fällen erfolgt die Herausnahme des Kindes aufgrund einer Vernachlässigung.[45] Letztere ist die anhaltende oder wiederholte Unterlassung der täglichen Pflege und Erziehung, die für die elementaren Grundbedürfnisse des Kindes erforderlich wäre.[46] Zu den lebensnotwendigen Grundbedürfnissen zählen eine dem Alter entsprechende Ernährung, die hygienische und gesundheitliche Versorgung, eine angemessene Bekleidung, aber auch die Förderung der emotionalen, kognitiven, sprachlichen und physischen Fähigkeiten des Kindes.[47] Werden diese Grundbedürfnisse des Kindes fortlaufend nicht erfüllt, ist ein Einschreiten des Staates notwendig. Auch wenn eine Vernachlässigung häufig auf die im Folgenden aufgeführten Faktoren wie Überforderung, psychische Erkrankungen oder Suchtmittelabhängigkeiten zurückzuführen ist, deutet sie jedenfalls regel-

---

45 Destatis/WZB/BiB, Datenreport 2021, S. 72; *Bathke/Bücken*, in: Bathke/Bücken/Fiegenbaum, Praxisbuch Kinderschutz, S. 11; *Kindler*, in: Kindler/Lillig/Blüml/Meysen/Werner, Handbuch Kindeswohlgefährdung, S. 2.

46 *Maywald*, FPR 2003, 299 (302); *Lenz*, Interventionen bei Kindern psychisch kranker Eltern, S. 20; *Lengning/Lüpschen*, FPR 2013, 213 (214); *Köckeritz*, Entwicklungspsychologie für die Jugendhilfe, S. 75; vgl. *Bathke/Bücken*, in: Bathke/Bücken/Fiegenbaum, Praxisbuch Kinderschutz, S. 12; vgl. *Remiorz*, in: Nowacki, Pflegekinder, S. 48.

47 *Remiorz*, in: Nowacki, Pflegekinder, S. 48; *Lenz*, Interventionen bei Kindern psychisch kranker Eltern, S. 21; *Köckeritz*, Entwicklungspsychologie für die Jugendhilfe, S. 76; *Maywald*, FPR 2003, 299 (302).

mäßig auf eine schwerwiegende Beziehungsstörung zwischen Eltern und Kind hin.[48]

2. Überforderung

Ganz überwiegend sind Eltern in der Lage, die Belastungen, die mit der Pflege und Erziehung der Kinder verbunden sind, zu bewältigen. Dagegen befanden sich die Herkunftsfamilien von Pflegekindern häufig in einer akuten Überforderungssituation.[49] Eine erzieherische Überforderung kann in der bereits beschriebenen Sozialstruktur begründet liegen oder durch die nachfolgend dargestellten weiteren innerfamiliären Faktoren bedingt oder verstärkt werden. Darüber hinaus können die Ursachen bei den Eltern in einem geringen Bildungsniveau, einem niedrigen sozioökonomischen Status, einer hohen Kinderzahl, aber auch einem geringem Lebensalter sowie eigenen Gewalterfahrungen, mangelnden Kompetenzen im Erziehungsverhalten oder einem fehlenden Verantwortungsbewusstsein liegen.[50] Sind die Eltern infolge dieser Faktoren kumulativ durch die Pflege und Erziehung des Kindes überfordert, äußert sich dies meist in einem Gefühl der Hilflosigkeit und Ohnmacht im Handeln gegenüber dem Kind.[51] Dies kann zu wiederholten heftigen körperlichen Überreaktionen der Eltern führen, die letztlich eine Trennung des Kindes erfordern.

3. Psychische Erkrankungen

Zu den häufigsten psychischen Erkrankungen zählen Depression, Schizophrenie, Angststörungen und Persönlichkeitsstörungen. Jede dieser psychischen Störungen umfasst einen höchst komplexen psychologischen Forschungsbereich, der im Rahmen der vorliegenden Arbeit nicht vertiefend dargestellt werden kann. Auch psychische Erkrankungen der Herkunftseltern betreffen jedoch die Struktur des personalen Kerns der Normbereiche der zu untersuchenden Regelungsvorschläge und sind daher in Bezug

---

48 *Maywald*, FPR 2003, 299 (302); *Lenz*, Interventionen bei Kindern psychisch kranker Eltern, S. 21.

49 *Kuhls*, Ambivalenzen in der Beratung von Pflegeeltern, S. 20; *Köckeritz*, Entwicklungspsychologie für die Jugendhilfe, S. 246.

50 *Liebenwein*, Erziehung und soziale Milieus, S. 286; *Remiorz*, in: Nowacki, Pflegekinder, S. 38.

51 So *Remiorz*, in: Nowacki, Pflegekinder, S. 38.

auf den Gestaltungsspielraum des Gesetzgebers von Bedeutung. Dabei stellen psychische Erkrankungen nicht nur einen möglichen Grund für die Herausnahme des Kindes aus seiner Herkunftsfamilie dar, sondern sind darüber hinaus auch für die Rückkehrprognose und die Frage nach dem Umgang von Relevanz.

Eine psychische Erkrankung kann die Fähigkeit zu einer kindesorientierten Pflege und Erziehung in erheblichem Maße einschränken. Da alle psychischen Erkrankungen akut, chronisch, zyklisch oder schwankend auftreten können[52] und daher kaum vorhersehbar sind, können bei Kindern psychisch Erkrankter tiefe Verunsicherungen und Ängste auftreten.[53] Fehlt psychisch erkrankten Eltern die Sensibilität, die Bedürfnisse des Säuglings oder Kleinkindes wahrzunehmen und die kindlichen Signale richtig zu deuten,[54] kann es zu kindeswohlgefährdenden Handlungen oder Vernachlässigungen kommen. Mit zunehmendem Alter treten bei Kindern häufig Scham- und Schuldgefühle, Hilflosigkeit und Überforderung, Loyalitätskonflikte und soziale Isolation auf.[55] Neben diesen besonderen Belastungen und Beeinträchtigungen weisen Kinder psychisch erkrankter Eltern(teile) selbst ein erheblich höheres Risiko auf, im Laufe ihres Lebens psychisch zu erkranken.[56]

a) Depressionen

Zu den Symptomen einer Depression zählen kumulativ ein allgemein verringertes Lebensgefühl, eine schwere, kaum beeinflussbare Niedergeschlagenheit, eine Hemmung des gesamten seelischen Geschehens, Interessen- und Freudlosigkeit sowie eine Antriebslosigkeit bis hin zu suizidalen

52 *Fegert*, FPR 2002, 219 (220); *Remiorz*, in: Nowacki, Pflegekinder, S. 39.

53 *Remiorz*, in: Nowacki, Pflegekinder, S. 39; *Clemens/Berthold/Fegert/Kölch*, in: Der Nervenarzt 2018, 1262 (1263); *Lau/Lau*, FamRZ 2011, 862 (862).

54 *Mattejat/Remschmidt*, Deutsches Ärzteblatt 2008 (23), 413 (414); *Clemens/Berthold/Fegert/Kölch*, in: Der Nervenarzt 2018, 1262 (1263); *Remiorz*, in: Nowacki, Pflegekinder, S. 38.

55 *Gehrmann/Sumargo*, in: Monatsschrift Kinderheilkunde 2009 (157), 383 (385 f.); *Remiorz*, in: Nowacki, Pflegekinder, S. 39; *Lau/Lau*, FamRZ 2011, 862 (862).

56 *Lenz*, in: Kölch/Ziegenhain/Fegert, Kinder psychisch kranker Eltern, S. 40; *Clemens/Berthold/Fegert/Kölch*, Der Nervenarzt 2018, 1262 (1263); *Gehrmann/Sumargo*, Monatsschrift Kinderheilkunde 2009 (157), 383 (385); *Lenz*, Interventionen bei Kindern psychischer kranker Eltern, S. 11.

Gedanken.[57] Depressive Eltern(teile) nehmen ihr Kind häufig negativer wahr und verhalten sich ihm gegenüber emotional distanziert, wodurch es unter anderem zu Vernachlässigungen oder Bindungsstörungen kommen kann.[58] Bereits im Säuglings- und Kleinkindalter sind der emotionale Ausdruck und die Responsivität dieser Kinder verringert, ab dem mittleren Alter sind häufig zahlreiche Einschränkungen und Beeinträchtigungen psychischer, sozialer und kognitiver Art zu beobachten.[59] Besonders schwerwiegend wirken sich auf Kinder die Fälle aus, in denen der Verlauf nicht rein depressiv, sondern im Wechsel mit manischen Phasen[60] auftritt, da es aufgrund der Unberechenbarkeit des elterlichen Handelns an der für die Entwicklung der Kinder besonders bedeutsamen Kontinuität und Stabilität der elterlichen Zuwendung fehlt.

Zu einem erhöhten Erkrankungsrisiko führt neben belastenden Lebensereignissen, einer ungünstigen Beziehungsqualität oder genetischen Faktoren auch die im Rahmen dieses Kapitels dargestellte soziale Situation der Herkunftseltern, die durch dauerhafte finanzielle Schwierigkeiten und sozioökonomische Deprivation gekennzeichnet ist.[61] Im Allgemeinen existieren viele wirksame antidepressive Therapien, sodass die Behandlungsperspektiven durchaus günstig sind.[62] Ungünstig auf die Prognose wirken sich jedoch etwa Alkohol- und Substanzmissbrauch, begleitende Angststörungen oder chronische Verläufe aus. Mit Blick auf die Sozialstruktur der Herkunftsfamilie und die hohen Rückfall- und Wiedererkrankungsraten

---

57 *Beesdo-Baum/Wittchen*, in: Wittchen/Hoyer, Klinische Psychologie und Psychotherapie, S. 880 f.; *Hermann/Dietrich*, NZFam 2018, 500 (501); zur geschichtlichen Theorie- und Begriffsentwicklung im Einzelnen *Böker*, in: Böker, Psychoanalyse und Psychiatrie, S. 116 ff.; *Wittchen/Jacobi/Klose/Ryl*, Depressive Erkrankungen, S. 9 f.

58 *Clemens/Berthold/Fegert/Kölch*, in: Der Nervenarzt 2018, 1262 (1263); *Kölch/Nolkemper/Zeigenhain/Fegert*, Der Nervenarzt 2019, 251 (256); *Diouani-Streek*, Kontinuität im Kinderschutz, S. 134; vgl. auch *Bovenschen/Spangler*, FPR 2013, 187 (188).

59 *Lenz*, in: Kölch/Ziegenhain/Fegert, Kinder psychisch kranker Eltern, S. 42; vgl. *Gehrmann/Sumargo*, Monatsschrift Kinderheilkunde 2009 (157), 383 (387).

60 Dazu *Tölle*, Depressionen, S. 49 f.; *Meyer/Bauer*, in: Wittchen/Hoyer, Klinische Psychologie und Psychotherapie, S. 860.

61 *Becker/Fabian*, in: Gastpar/Müller, Depressionen, S. 63; *Beesdo-Baum/Wittchen*, in: Wittchen/Hoyer, Klinische Psychologie und Psychotherapie, S. 892 f.

62 *Tölle*, Depressionen, S. 25; bei 70 bis 80 Prozent der Betroffenen führt eine medikamentöse Behandlung zu einer Besserung der Beschwerden, 40 bis 60 Prozent erreichen eine Remission, s. *Beesdo-Baum/Wittchen*, in: Wittchen/Hoyer, Klinische Psychologie und Psychotherapie, S. 909.

bei Depressionen[63] ist die Möglichkeit, die Erziehungsfähigkeit wiederzuerlangen, bei einer ausgeprägten Depression insgesamt vorsichtig zu beurteilen.

b) Schizophrenie

Die Schizophrenie ist eine der schwerwiegendsten psychischen Krankheiten[64] und stellt einen Sammelbegriff für Störungen dar, die unter Auftreten von Wahnvorstellungen und Halluzinationen zu einer Desintegration der Persönlichkeit führen sowie durch den Verlust des Realitätsbezugs gekennzeichnet sind.[65] Das Erscheinungsbild der Schizophrenie kann sich im Einzelnen auf vielfältige Weise zeigen: Neben Wahnvorstellungen und Halluzinationen können eine Ich-Störung, eine Negativsymptomatik, Affektstörungen oder eine Katatonie auftreten.[66] Eine an den Bedürfnissen insbesondere von Kleinkindern bemessene Pflege und Erziehung ist aufgrund der grundlegenden Änderungen des Denkens, Fühlens und Handelns der Betroffenen kaum möglich, insbesondere dann, wenn das Kind mit in die Wahnvorstellungen einbezogen wird.[67] Darüber hinaus kann es bei den Kindern aufgrund des stark beeinträchtigten Bezuges der Betroffenen zur Umwelt, aber auch aufgrund der durch die Affektlabilität verursachten wechselhaften Gemütsschwankungen zu tiefgreifender Verwirrung, Hilfslosigkeit, Angst und Depressivität kommen.[68]

Behandlung und Prognose bei schizophrenen Störungen hängen im Einzelnen etwa von dem konkreten Erscheinungsbild, Alter und Ge-

---

63 *Becker/Fabian*, in: Gastpar/Müller, Depressionen, S. 69; insbesondere bei chronischen Depressionen, vgl. *Brakemeier/Schramm/Hautzinger*, Chronische Depression, S. 11.

64 *Rujescu*, in: Möller/Müller, S. 133; *Schneider/Kircher*, Der Nervenarzt 2020, 1 (1).

65 *Remschmidt/Theisen*, Schizophrenie, S. 14; *Rey*, in: Wittchen/Hoyer, Klinische Psychologie und Psychotherapie, S. 802; zur geschichtlichen Theorie- und Begriffsentwicklung im Einzelnen *Hartwich*, in: Böker, Psychoanalyse und Psychiatrie, S. 160 ff.

66 *Remschmidt/Theisen*, Schizophrenie, S. 16 ff.; *Kircher/Gauggel*, S. 393 ff.; *Häfele*, FPR 2003, 307 (308); *Gaebel/Wölwer*, Schizophrenie, S. 8.

67 *Clemens/Berthold/Fegert/Kölch*, in: Der Nervenarzt 2018, 1262 (1263); vgl. *Remschmidt/Theisen*, Schizophrenie, S. 206.

68 *Häfele*, FPR 2003, 307 (308); *Lenz*, in: Kölch/Ziegenhain/Fegert, Kinder psychisch kranker Eltern, S. 41; *Clemens/Berthold/Fegert/Kölch*, in: Der Nervenarzt 2018, 1262 (1263); vgl. *Remschmidt/Theisen*, Schizophrenie, S. 14; *Lau/Lau*, FamRZ 2011, 862 (862).

schlecht, einer prämorbiden Persönlichkeit oder der Mitwirkungsbereitschaft des sozialen Umfelds ab.[69] Da es sich bei einer Schizophrenie um eine sehr schwere Erkrankung handelt, die zudem durch ein hohes Rückfallrisiko gekennzeichnet ist,[70] dürfte hinsichtlich der Wiederherstellung der Erziehungsfähigkeit der betroffenen Elternteile insgesamt eher von einer ungünstigen Prognose auszugehen sein.[71] Wissen die betroffenen Eltern(teile) jedoch um ihre Erkrankung und lassen sich behandeln, kann ein kindgerechtes Aufwachsen im Einzelfall durchaus möglich sein.[72]

c) Angststörungen

Angststörungen zählen zu den häufigsten psychischen Erkrankungen und umfassen Panikstörungen, generalisierte Angststörungen, Agoraphobie, soziale Phobien und spezifische Phobien.[73] Für die Frage nach der Behandlungsbedürftigkeit ist das Ausmaß der Lebenseinschränkungen das Hauptkriterium.[74] Sind die Angstreaktionen dadurch geprägt, dass sie zu der jeweiligen tatsächlichen Situation außer Verhältnis stehen und die Betroffenen für sich keine Steuerungs- oder Bewältigungsmöglichkeit sehen,

69 Vgl. *Remschmidt/Theisen*, Schizophrenie, S. 226 f.; *Gaebel/Wölwer*, Schizophrenie, S. 21; zur Epidemiologie im Einzelnen *Rey*, in: Wittchen/Hoyer, Klinische Psychologie und Psychotherapie, S. 805 ff.; *Häfner/Maurer/an der Heiden*, Der Nervenarzt 2013, 1093 (1102).

70 *Remschmidt/Theisen*, Schizophrenie, S. 167 ff. Ohne medikamentöse Rückfallprophylaxe liegt das Rückfallrisiko im ersten Jahr bei etwa 70 Prozent, im zweiten bei etwa 80 Prozent. Unter medikamentöser Behandlung ist das Risiko mit etwa 30 Prozent nach einem Jahr und etwa 50 Prozent nach zwei Jahren deutlich geringer, s. *Gaebel/Wölwer*, Schizophrenie, S. 26.

71 Jedenfalls ist bei mindestens 60 bis 70 Prozent der Betroffenen eine langfristige, Jahre andauernde Behandlung notwendig, s. *Rey*, in: Wittchen/Hoyer, Klinische Psychologie und Psychotherapie, S. 835; inwieweit etwa Negativsymptomatik überhaupt behandelbar ist, ist umstritten, vgl. dazu umfassend *Riehle/Pillny/Lincoln*, Verhaltenstherapie 2017 (27), 199 (204 ff.).

72 Vgl. *Häfele*, FPR 2003, 307 (308); vgl. *Balloff*, Kinder vor dem Familiengericht, S. 306; zu den Behandlungsmöglichkeiten im Einzelnen *Rey*, in: Wittchen/Hoyer, Klinische Psychologie und Psychotherapie, S. 836 ff.

73 *Wittchen/Jacobi*, Angststörungen, S. 8 ff.; *Hermann/Dietrich*, NZFam 2018, 500 (503).

74 *Morschitzky*, Angststörungen, S. 21; *Wittchen/Jacobi*, Angststörungen, S. 8 f.

liegt regelmäßig eine Behandlungsbedürftigkeit vor.[75] Jedoch gelten die Behandlungsperspektiven bei Angststörungen insgesamt als günstig.[76]

d) Persönlichkeitsstörungen

Persönlichkeitsstörung ist zunächst ein Oberbegriff für alle behandlungsbedürftigen Abweichungen der Persönlichkeitsentwicklung, unter dem vor allem sozial unflexible, wenig angepasste und im Extremfall normabweichende Verhaltens-, Erlebens- oder Denkmuster zu verstehen sind.[77] Die Betroffenen neigen aufgrund ihrer selektiven, verzerrten Wahrnehmung zu Fehlinterpretationen, die bei einer schweren Persönlichkeitsstörung nahezu alle Lebensbereiche und insbesondere soziale Beziehungen beeinträchtigen können.[78] Auf die kindliche Entwicklung kann ein schwerer Verlauf daher erhebliche Auswirkungen haben. Dies gilt insbesondere für die Erkrankung an einer Borderline-Persönlichkeitsstörung, da das Verhalten der Betroffenen in diesen Fällen von heftigen Affekthandlungen geprägt ist und die abrupten Wechsel zwischen Bindung und Zurückweisung regelmäßig zu erheblichen Bindungsschäden führen.[79]

Auf die Behandlungsperspektiven wirkt sich negativ aus, dass die Betroffenen häufig keine Änderungsmotivation aufweisen und erst dann bereit sind, Behandlungsmöglichkeiten in Anspruch zu nehmen, wenn zusätzlich Störungen wie Depression, Angst oder Zwang auftreten. Klingen die Symptome in der Folgezeit ab, kommt es häufig zu Behandlungsabbrüchen.

---

75 *Hermann/Dietrich*, NZFam 2018, 500 (503).

76 Zu den Erfolgsprognosen der einzelnen Therapierungsmöglichkeiten ausführlich *Morschitzky*, Angststörungen, S. 460 ff. (Verhaltenstherapie) oder S. 492 ff. (Psychoanalyse); zu den Behandlungsmöglichkeiten der generalisierten Angststörung vgl. ferner *Hoyer/Beesdo-Baum*, in: Wittchen/Hoyer, Klinische Psychologie und Psychotherapie, S. 947 ff.; zu Panik und Agoraphobie vgl. *In-Albon/Margraf*, in: Wittchen/Hoyer, Klinische Psychologie und Psychotherapie, S. 927 ff.

77 *Fiedler*, in: Wittchen/Hoyer, Klinische Psychologie und Psychotherapie, S. 1102; *Renneberg/Schmitz/Doering/Herpertz/Bohus*, Psychotherapeut 2010 (55), 339 (341); vgl. *Hermann/Dietrich*, NZFam 2018, 500 (504).

78 *Streek*, Psychotherapie komplexer Persönlichkeitsstörungen, S. 19; im Einzelnen *Renneberg/Schmitz/Doering/Herpertz/Bohus*, Psychotherapeut 2010 (55), 339 (345).

79 *Balloff*, Kinder vor dem Familiengericht, S. 308 f.; vgl. *Hermann/Dietrich*, NZFam 2018, 500 (504); vgl. *Bohus/Kröger*, Der Nervenarzt 2011, 16 (16 ff.).

e) Alkohol- und Substanzabhängigkeiten

Eine Kindeswohlgefährdung kann sich des Weiteren aus einer Alkohol- oder Substanzabhängigkeit ergeben. Stoffgebundenes, süchtiges Verhalten zählt zu den häufigsten und schwersten psychischen Erkrankungen und ist durch den körperlichen Zwang zum anhaltenden Substanzkonsum bei körperlichen Entzugssymptomen bei Beendigung oder Verringerung des Konsums gekennzeichnet.[80] Zu den Folgen gehören Schädigungen psychischer und sozialer Art sowie die fortschreitende Vernachlässigung anderer Tätigkeiten, wodurch die Erziehungsfähigkeit der Eltern erheblich eingeschränkt ist.[81] Häufig sind die Eltern bereits nicht mehr in der Lage, die materiellen wie emotionalen Grundbedürfnisse des Kindes zu erfüllen.[82]

Die Folgen für die betroffenen Kinder können gravierend sein: Suchterkrankte Eltern zeigen häufig ein sehr wechselhaftes und unberechenbares Bindungs- und Erziehungsverhalten, sodass es dem elterlichen Verhalten an Verlässlichkeit und Kontinuität fehlt.[83] Gleichzeitig müssen die betroffenen Kinder für ihre erkrankten Eltern in alltäglichen Belangen die Verantwortung übernehmen, wodurch sich häufig eine Parentifizierung der Kinder beobachten lässt.[84]

Die Behandlung einer Alkohol- oder Subtanzabhängigkeit ist schwierig und gelingt in aller Regel nur mit fachlicher Hilfe, wobei die Erfolgsaussichten von zahlreichen Faktoren wie etwa der Behandlungsmotivation, der Konsumdauer, dem Alter, dem sozialen Umfeld oder dem Vorliegen anderer Erkrankungen wie etwa einer Persönlichkeitsstörung abhängen.[85] Im Rahmen der Behandlung der Alkoholabhängigkeit gelten Rückfälle zumindest aber nach Ablauf eines Jahres nach Entzug als selten,[86] während

80 Vgl. *Hermann/Dietrich*, NZFam 2018, 500 (505); vgl. *Balloff*, Kinder vor dem Familiengericht, S. 311.

81 Vgl. *Hermann/Dietrich*, NZFam 2018, 500 (505); vgl. *Balloff*, Kinder vor dem Familiengericht, S. 311 f.; *Berzewski*, FPR 2003, 312 (313).

82 *Klein*, NZFam 2018, 477 (478); *Remiorz*, in: Nowacki, Pflegekinder, S. 40 f.

83 *Gehrmann/Sumargo*, in: Monatsschrift Kinderheilkunde 2009 (157), 383 (387); *Klein*, NZFam 2018, 477 (478); *Balloff*, Kinder vor dem Familiengericht, S. 312; Kinderschutz-Zentrum Berlin e. V., Kindeswohlgefährdung, S. 50.

84 Kinderschutz-Zentrum Berlin e. V., Kindeswohlgefährdung, S. 50; *Klein*, NZFam 2018, 477 (478); *Clemens/Berthold/Fegert/Kölch*, in: Der Nervenarzt 2018, 1262 (1263); *Lau/Lau*, FamRZ 2011, 862 (862).

85 *Schirmer/Bublath/Simon*, NZFam 2018, 492 (494 f.); *Berzewski*, FPR 2003, 312 (313 f.); *Kiefer/Mann*, Der Nervenarzt 2007, 1321 (1325).

86 *Lindenmeyer*, in: Wittchen/Hoyer, Klinische Psychologie und Psychotherapie, S. 761.

die Rückfallwahrscheinlichkeit bei Substanzabhängigkeit deutlich höher liegt.[87]

f) Zusammenfassung

Die Beschreibung der häufigsten psychischen Krankheiten und ihrer Symptomatiken zeigt einerseits die möglichen Belastungen der Eltern-Kind-Beziehung im Falle einer Erkrankung, andererseits aber auch, dass aufgrund der Komplexität von psychischen Erkrankungen stets eine Betrachtung im Einzelfall erforderlich ist. Nicht auszuschließen ist, dass Eltern trotz einer psychischen Erkrankung bei therapeutischer Behandlung erziehungsfähig bleiben. Ob die Erkrankung einen kindeswohlgefährdenden Einfluss auf die Kinder nimmt und letztlich eine Trennung von den Eltern notwendig macht, ist somit stets im Einzelfall unter Rückgriff auf belastbare psychologische Erfahrungssätze zu ermitteln.

4. Körperliche und seelische Misshandlungen sowie sexueller Missbrauch

Unter körperlicher Misshandlung sind alle Arten bewusster oder unbewusster Übergriffe zu verstehen, die durch ihre Intensität und Dauerhaftigkeit zu erheblichen körperlichen oder seelischen Beeinträchtigungen des Kindes führen.[88] Körperliche Misshandlungen zählen zu den schwersten Formen von Kindeswohlgefährdungen, da die Kinder zusätzlich erheblichen psychischen Belastungen wie Angst, Scham, Demütigungen und Entwürdigungen ausgesetzt sind.[89] Durch Hämatome, Platzwunden oder gar Brüche sind körperliche Misshandlungen nach außen sichtbar und dadurch über einen bestimmten Zeitraum rechtlich nachweisbar. Schwierig gestaltet sich dagegen die Nachweisbarkeit seelischer Misshandlungen.[90] Letztere bezeichnen ein Handeln oder Unterlassen der Eltern, wodurch

87 *Sonntag/Künzel*, Sucht 2000, 91 (97) m. w. N.; *Küfner/Metzner*, in: Wittchen/Hoyer, Klinische Psychologie und Psychotherapie, S. 716.

88 *Köckeritz*, Entwicklungspsychologie für die Jugendhilfe, S. 77; *Lengning/Lüpschen*, FPR 2013, 213 (214); Kinderschutz-Zentrum Berlin e. V., Kindeswohlgefährdung, S. 38; *Maywald*, FPR 2003, 299 (302).

89 Kinderschutz-Zentrum Berlin e. V., Kindeswohlgefährdung, S. 38; *Köckeritz*, Entwicklungspsychologie für die Jugendhilfe, S. 77.

90 *Balloff*, Kinder vor dem Familiengericht, S. 317; *Remiorz*, in: Nowacki, Pflegekinder, S. 50.

das kindliche Bedürfnis nach affektiver, kognitiver und moralischer Entwicklung derart beeinträchtigt wird, dass die psychische Entwicklung des Kindes dauerhaft Schaden nimmt.[91] Sind die Eltern psychisch erkrankt, sind die Kinder einem deutlich höheren Risiko für körperliche und seelische Misshandlungen, aber auch für sexuellen Missbrauch ausgesetzt.[92]

Bei sexuellem Missbrauch handelt es sich um die Beteiligung von Kindern an sexuellen Handlungen, die diese aufgrund ihres körperlich, psychisch, kognitiv oder sprachlich niedrigeren Entwicklungsstandes nicht verstehen und denen sie nicht zustimmen können.[93] Das Strafgesetzbuch bestimmt die rechtliche Definition des sexuellen Missbrauchs an Kindern und Jugendlichen in den §§ 176, 176a und 176b StGB. Bei dem sexuellen Missbrauch von Kindern und Jugendlichen handelt es sich um die denkbar schwerste Form einer Kindeswohlgefährdung.

III. *Zusammenfassung*

Die Sozialstruktur der Herkunftsfamilie und die innerfamiliären Faktoren, die letztlich zur Trennung des Kindes führen, stellen einen Themenkomplex dar, der im Rahmen dieser Arbeit nur im Überblick dargestellt werden kann. Da jedoch die Lebenswirklichkeit für eine präzisere Bestimmung des personalen Kerns der Normbereiche der zu untersuchenden Regelungsvorschläge von maßgeblicher Bedeutung ist, ist das Wissen um die sozialen Strukturen für die Optimierung der Rechtssituation unabdingbar. Von Bedeutung ist mit Blick auf die verfassungsrechtliche Vereinbarkeit insbesondere, inwieweit seitens des Staates Möglichkeiten bestehen, die Erziehungsfähigkeit der Herkunftseltern wiederherzustellen.

Dieses Kapitel hat zunächst gezeigt, dass die Herkunftsfamilie in aller Regel nachteilige Sozialstrukturen aufweist, welche die innerfamiliären Faktoren, die letztlich zur Herausnahme des Kindes führen, begünstigen. Treten die innerfamiliären Faktoren (kumulativ) auf, wirkt sich dies besonders nachteilig auf die Feinfühligkeit der Eltern als wesentlichen Ein-

---

91 *Maywald*, FPR 2003, 299 (302); vgl. *Lengning/Lüpschen*, FPR 2013, 213 (214).

92 *Gehrmann/Sumargo*, in: Monatsschrift Kinderheilkunde 2009 (157), 383 (384); *Clemens/Berthold/Fegert/Kölch*, in: Der Nervenarzt 2018, 1262 (1262).

93 *Lengning/Lüpschen*, FPR 2013, 213 (214); *Maywald*, FPR 2003, 299 (302); *Köckeritz*, Entwicklungspsychologie für die Jugendhilfe, S. 78 f.; vgl. *Balloff*, Kinder vor dem Familiengericht, S. 332; vgl. *Remiorz*, in: Nowacki, Pflegekinder, S. 52 m. w. N.

flussfaktor für die Qualität der Bindungsbeziehungen aus.[94] Als besonders nachteilig für die kindliche Entwicklung gelten unsichere und desorganisierte Bindungsmuster, die als Folge posttraumatischer Erfahrungen auftreten und die späteren psychischen, sozialen und kognitiven Fähigkeiten der Kinder erheblich beeinträchtigen.[95]

Treten innerfamiliäre Faktoren bei der Herkunftsfamilie auf, ist jedoch nicht grundsätzlich ausgeschlossen, dass durch unterstützende Maßnahmen eine Verbesserung der Lebensverhältnisse erreicht werden kann. Dies gilt sowohl hinsichtlich einer Überforderung der Herkunftseltern als auch für die Behandlung von psychischen Erkrankungen oder einer Alkohol- oder Subtanzabhängigkeit. Grundsätzlich erscheint es durchaus möglich, die Lebensverhältnisse so weit zu stabilisieren, dass eine mit dem Kindeswohl vereinbare Pflege und Erziehung (wieder) gewährleistet ist. Mit Blick auf die Gestaltungsspielräume wird es jedoch entscheidend darauf ankommen, inwieweit dies Herkunftsfamilien strukturell tatsächlich gelingt.

---

94 *Siegler/Eisenberg/DeLoache/Saffran*, Entwicklungspsychologie, S. 406; vgl. *Bovenschen/Spangler*, in: FPR 2013, 187 (188).

95 *Fegert/Kliemann*, in: Götz/Schwenzer/Seelmann/Taupitz, FS Brudermüller, S. 182; *Siegler/Eisenberg/DeLoache/Saffran*, Entwicklungspsychologie, S. 408; *Köckeritz*, Entwicklungspsychologie für die Jugendhilfe, S. 106 ff.; *Diouani-Streek*, Kontinuität im Kinderschutz, S. 129 ff.; vgl. *Bovenschen/Spangler*, FPR 2013, 187 (188).

C. Familienpflege als Staatsaufgabe

Das Ziel des folgenden Kapitels ist, die Familienpflege aus der Perspektive des Staates zu beleuchten. Dazu werden insbesondere die Rechte und Pflichten des Jugendamtes, die sich aus dem Wächteramt nach Art. 6 Abs. 2 S. 2 GG ergeben, und sein Zusammenwirken mit den einzelnen Beteiligten dargestellt.

Die Überwachungs- und Kontrollverpflichtung des Staates aus Art. 6 Abs. 2 S. 2 GG umfasst neben der vorausschauenden Wacht und der zukünftigen Gefahrenabwehr auch jene Maßnahmen, die darauf gerichtet sind, bereits eingetretene Kindeswohlverletzungen bestmöglich zu rekompensieren.[96] Haben familieninterne Hilfsmaßnahmen keinen Erfolg oder sind sie von vornherein ungeeignet, die Gefahr für die kindliche Entwicklung nachhaltig zu beseitigen, ist der Staat als äußerstes Mittel dazu befugt, den Eltern die Pflege- und Erziehungsrechte dauerhaft zu entziehen.[97] In diesem Fall verpflichtet das Grundgesetz ihn, das Kind so schnell wie möglich in einer Pflegefamilie unterzubringen, da Kindern in Pflegefamilien gegenüber einer Heimerziehung aufgrund der ihre emotionale Entwicklung fördernden engeren Bindungen bessere Entwicklungschancen beigemessen werden.[98] Den Staat trifft die Pflicht, „positiv die Lebensbe-

---

96 *Marquardt/Wilhelm*, FPR 2004, 437 (437); vgl. BVerfG, Beschl. v. 29.07.1968 – Az. 1 BvL 20/63, 1 BvL 31/66, 1 BvL 5/67, in: BVerfGE 24, 119 (145).

97 BVerfG, Beschl. v. 29.07.1968 – 1 BvL 20/63, 1 BvL 31/66, 1 BvL 5/67, in: BVerfGE 24, 119 (145); BVerfG, Beschl. v. 03.02.2017 – Az. 1 BvR 2569/16, in: NZFam 2017, 261 (265).

98 *v. Coelln*, in: Sachs, GG Art. 6 Rn. 79; *Köckeritz*, Entwicklungspsychologie für die Jugendhilfe, S. 225; *Salgo*, Pflegekindschaft und Staatsintervention, S. 370; *Marquardt/Wilhelm*, FPR 2004, 437 (438); *Windel*, FamRZ 1997, 713 (714 f.). Das BVerfG führt dazu aus, dass die Erziehung in einem Heim „auch unter günstigen Verhältnissen die Geborgenheit des Kindes in der Familie und die dort gegebenen Voraussetzungen für die Entwicklung der persönlichen Fähigkeiten und sozialen Kontakte des Kindes nicht ersetzen [kann], zumal es in zahlreichen Heimen an ausreichendem oder ausreichend geschultem Personal, an geeigneten Räumlichkeiten und besonders an finanziellen Mitteln fehlt“, s. BVerfG, Beschl. v. 29.07.1968 – 1 BvL 20/63, 1 BvL 31/66, 1 BvL 5/67, in: BVerfGE 24, 119 (148); zu den Gründen im Einzelnen *Salgo*, FamRZ 1990, 343 (344).

dingungen für ein gesundes Aufwachsen des Kindes [zu] schaffen."[99] Diese Schutzplicht prägt sich im Rahmen der verschiedenen Phasen des Pflegeverhältnisses unterschiedlich aus.

I. Jugendamt und Herkunftseltern

Die Ausgangsbedingungen der Herkunftsfamilie sind strukturell durch tiefgreifende Probleme geprägt, denen wie dargestellt multifaktoriell häufig ein niedriges Bildungsniveau, jahrelange Sozialhilfebedürftigkeit, beengte Wohnverhältnisse, ein schlechter Gesundheitszustand, Alkohol- und Substanzabhängigkeit sowie Beziehungsprobleme und psychische Beeinträchtigungen zugrunde liegen. Die Herkunftsfamilie befindet sich regelmäßig in einer zugespitzten Krisensituation, für deren Bewältigung es ihr an Lösungsstrategien fehlt.[100] In dieser Phase suchen einige Familien entweder selbst oder über andere Institutionen wie etwa eine Erziehungsberatungsstelle, Kita oder Schule freiwillig die Hilfe des Jugendamtes.[101] Entsprechende Hilfen zur Erziehung nach §§ 27, 33 SGB VIII können gemäß § 27 Abs. 1 SGB VIII gewährt werden, soweit die Hilfe zur Entwicklung des Kindes oder des Jugendlichen geeignet und notwendig ist. Vor der Leistungsgewährung steht regelmäßig das Hilfeplanverfahren nach § 36 SGB VIII.[102] Danach werden im Rahmen von ausführlichen Beratungsgesprächen zunächst der konkrete Hilfebedarf der Familie, die zu gewährende Art der Hilfe sowie die notwendigen Leistungen des Jugendamtes ermittelt und in dem Hilfeplan gemäß § 36 Abs. 2 S. 2 SGB VIII dokumentiert.[103] Dazu wird dem Jugendamt in den §§ 11 bis 41 SGB VIII ein nach Beratung, Unterstützung und Ergänzung abgestufter Leistungskatalog geboten. Diese Hilfsangebote sind für die Eltern jedoch freiwillig. Mit der Gewährung von Hilfen zur Erziehung nach §§ 27 ff. SGB VIII müssen die

---

99 BVerfG, Beschl. v. 29.07.1968 – 1 BvL 20/63, 1 BvL 31/66, 1 BvL 5/67, in: BVerfGE 24, 119 (145).

100 *Kuhls*, Ambivalenzen in der Beratung von Pflegeeltern, S. 20; *Köckeritz*, Entwicklungspsychologie für die Jugendhilfe, S. 246.

101 *Eschelbach*, in: Coester-Waltjen/Lipp/Schumann/Veit, Das Pflegekindverhältnis, S. 35; *Köckeritz*, Entwicklungspsychologie für die Jugendhilfe, S. 73.

102 *Eschelbach*, in: Coester-Waltjen/Lipp/Schumann/Veit, Das Pflegekindverhältnis, S. 34; *Stähr*, in: Hauck/Nofzt, SGB VIII § 36 Rn. 44; *Schmid-Obkirchner*, in: Wiesner, SGB VIII § 36 Rn. 77.

103 *Stähr*, in: Hauck/Nofzt, SGB VIII § 36 Rn. 32; *Schmid-Obkirchner*, in: Wiesner, SGB VIII § 36 Rn. 74.

Eltern daher ausdrücklich einverstanden sein und einen entsprechenden Antrag stellen. Erst wenn diese Leistungsangebote zum Schutz des Kindes nicht mehr ausreichen oder von den Eltern nicht angenommen werden, sind Eingriffe in das Elternrecht zulässig („Leistung vor Eingriff").[104]

Doch auch im Rahmen einer freiwilligen Antragstellung auf Hilfe zur Erziehung trifft das Jugendamt eine umfassende Aufklärungs- und Beratungspflicht nach § 36 Abs. 1 SGB VIII. Aufklärungspflichten des Jugendamtes bestehen insbesondere im Hinblick auf die fortbestehende Erziehungsverantwortung und die Möglichkeiten der Verteilung der Entscheidungsbefugnisse wie etwa Vollmachten oder besondere Vereinbarungen.[105] Darüber hinaus muss den Eltern bewusst sein, dass es durch das Pflegeverhältnis zu möglichen Entfremdungsprozessen und einem Bindungsaufbau des Kindes zur Pflegefamilie kommen kann, infolgedessen eine spätere Rückführung aufgrund der Möglichkeit der Verbleibensanordnung nach § 1632 Abs. 4 BGB ausgeschlossen sein kann.[106]

Der Verfahrensablauf bei **Kindesschutzverfahren** unterscheidet sich grundlegend davon. Zunächst müssen in Bezug auf eine Familie „gewichtige Anhaltspunkte für eine Kindeswohlgefährdung" vorliegen, § 8a Abs. 1 S. 1 SGB VIII.[107] Sodann ist das Jugendamt nach § 8a SGB VIII verpflichtet, das Gefährdungsrisiko unter Einbeziehung der Eltern und des Kindes zu ermitteln.[108] Kommen die Eltern ihrer Pflicht zur Mitwirkung bei

---

104 *Wiesner*, FPR 2007, 6 (11); *Nahrwold*, in: Goldberg/Schorn, Kindeswohlgefährdung, S. 153; *Balloff*, Kinder vor dem Familiengericht, S. 289.

105 *Eschelbach*, in: Coester-Waltjen/Lipp/Schumann/Veit, Das Pflegekindverhältnis, S. 36 f.; *Schmid-Obkirchner*, in: Wiesner, SGB VIII § 36 Rn. 35.

106 *Schmid-Obkirchner*, in: Wiesner, SGB VIII § 36 Rn. 36; *Eschelbach*, in: Coester-Waltjen/Lipp/Schumann/Veit, Das Pflegekindverhältnis, S. 37; *Stähr*, in: Hauck/Nofzt, SGB VIII § 36 Rn. 12.

107 *Meysen*, in: Münder/Meysen/Trenczek, SGB VIII § 8a Rn. 15; *Tillmanns*, in: MünchKomm, BGB § 8a SGB VIII Rn. 3; *Wiesner*, in: Wiesner, SGB VIII § 8a Rn. 14 ff.; *Oberloskamp/Lewe*, FPR 2009, 553 (553); die sogenannte „Hamburger Liste" der gewichtigen Anhaltspunkte umfasst die Wohnsituation, das Verhalten der Erziehungspersonen, das Verhalten des Kindes, das äußere Erscheinungsbild des Kindes, die persönliche Situation der Erziehungspersonen und die familiäre Situation, vgl. im Einzelnen *Schader*, Risikoabschätzung bei Kindeswohlgefährdung, S. 44 ff.

108 Zur Ermittlung des Gefährdungsrisikos im Einzelnen etwa *Wiesner*, FPR 2007, 6 (9 f.); *Bringewat*, ZKJ 2008, 297 ff.; *Büttner/Wiesner*, ZKJ 2008, 292 ff. Im Jahr 2018 haben die Jugendämter insgesamt rund 157.300 Gefährdungseinschätzungen vorgenommen, wobei sie in 24.900 Fällen (16 Prozent) eine akute Kindeswohlgefährdung feststellten, in 25.500 Fällen (16 Prozent) eine Kindeswohlgefährdung nicht sicher ausschließen konnten und bei 53.000 Verfahren keine

der Gefährdungseinschätzung nicht nach, muss das Jugendamt gemäß § 8a Abs. 3 S. 1 Halbs. 2 SGB VIII das Familiengericht anrufen.[109] Zeigen sich die Eltern hingegen kooperativ und das Jugendamt gelangt bei der Abschätzung des Gefährdungsrisikos zu dem Ergebnis, dass eine Kindeswohlgefährdung vorliegt, hat es zur Abwendung der Gefährdung zunächst unterstützende Maßnahmen nach §§ 27 ff. SGB VIII und kontrollierende Maßnahmen nach § 8a SGB VIII in Betracht zu ziehen. Lehnen die Eltern diese Maßnahmen ab, ist das Familiengericht anzurufen. Ergibt sich bei der Einschätzung des Gefährdungsrisikos, dass die Sicherheit des Kindes zu diesem Zeitpunkt nicht gewährleistet ist, muss das Jugendamt das Kind gemäß § 42 SGB VIII in Obhut nehmen.[110] Widersprechen die Eltern der Inobhutnahme, ist nach § 8a Abs. 3 S. 2 in Verbindung mit § 42 Abs. 3 Nr. 2 SGB VIII das Familiengericht anzurufen.[111] Darüber hinaus muss das Jugendamt das Kind in Obhut nehmen, sofern es selbst darum bittet, § 42 Abs. 1 Nr. 1 SGB VIII.[112]

Es wird deutlich, dass der Verlauf des Kindesschutzverfahrens in entscheidendem Maße davon abhängt, ob sich die Eltern kooperativ zeigen. Ist dies nicht der Fall, stehen dem Familiengericht bei einer Kindeswohlgefährdung nach §§ 1666, 1666a BGB verschiedene Maßnahmen zur Verfügung. Der für die Unterbringung in einer Pflegefamilie gegen den Willen der Eltern erforderliche vollständige oder mindestens teilweise Entzug

---

Kindeswohlgefährdung, jedoch weiteren Hilfe- und Unterstützungsbedarf feststellten, s. Destatis/WZB/BiB, Datenreport 2021, S. 71 f.

109 *Meysen*, in: Münder/Meysen/Trenczek, SGB VIII § 8a Rn. 41; *Wiesner*, FPR 2007, 6 (11); *Schumann*, FPR 2011, 203 (203); mit „Anrufung" des Gerichts ist im Sinne des FamFG die „Anregung" eines Verfahrens (§ 2 FamFG) gemeint, s. *Oberloskamp/Lewe*, FPR 2009, 553 (554).

110 *Bohnert*, in: Hauck/Nofzt, SGB VIII § 8a Rn. 39; *Oberloskamp/Lewe*, FPR 2009, 553 (555).

111 Kann die Entscheidung des Familiengerichts nicht rechtzeitig eingeholt werden, ist die vorläufige Inobhutnahme bei Vorliegen einer dringenden Gefahr nach § 42 Abs. 1 Nr. 2 b) SGB VIII zulässig. Zu bedenken ist jedoch, dass jedes Familiengericht über einen gerichtlichen Bereitschaftsdienst verfügt und eine Eilentscheidung treffen kann, sodass die engen Voraussetzungen nicht häufig erfüllt sein dürften, s. *Schmid-Obkirchner*, in: Wiesner, SGB VIII § 8a Rn. 58; *Trenczek*, in: Münder/Meysen/Trenczek, SGB VIII § 42 Rn. 18. Ein „beliebiges, vom Vorgehen des Gerichts unabhängiges Recht zur Herausnahme des Kindes aus der Familie" hat das Jugendamt nicht, s. *Oberloskamp*, in: Lipp/Schumann/Veit, Kindesschutz bei Kindeswohlgefährdung, S. 50; *Tillmanns*, in: MünchKomm, BGB § 8a SGB VIII Rn. 10.

112 *Wiesner*, in: Wiesner, SGB VIII § 8a Rn. 57 f.; im Einzelnen dazu *Zimmermann*, NZFam 2021, 64 (66 f.).

des Sorgerechts (Nr. 6) stellt im Rahmen der in § 1666 BGB aufgeführten Optionen den stärksten Eingriff dar. Nach dem (teilweisen) Entzug der elterlichen Sorge bestellt das Familiengericht einen Vormund oder Ergänzungspfleger, der sodann den Hilfeantrag beim Jugendamt stellt.[113] Anschließend können die Voraussetzungen der Hilfegewährung im Rahmen des Hilfeplanverfahrens geprüft und kann ein Bewilligungsbescheid über Hilfe zur Erziehung nach §§ 27 ff. SGB VIII erlassen werden.

II. Die Anforderungen an das Pflegeverhältnis

Da das staatliche Wächteramt aus Art. 6 Abs. 2 S. 2 GG gegenüber allen Personen besteht, die ein Kind erziehen, gilt es auch gegenüber den Pflegeeltern.[114] Diese bedürfen jedenfalls nach § 44 SGB VIII einer Pflegeerlaubnis durch das zuständige Jugendamt, bevor sie das Kind in ihren Haushalt aufnehmen.[115]

Das Wächteramt verpflichtet das Jugendamt, bereits im Auswahlverfahren für die Pflegefamilie, der das betroffene Kind anvertraut werden soll, mit der allergrößten Sorgfalt vorzugehen.[116] Zwar wird zunächst im Kreis der erweiterten Herkunftsfamilie nach geeigneten Unterbringungsmöglichkeiten gesucht, weit überwiegend kommen jedoch nur Außenstehende als soziale Eltern in Betracht.[117] Bei der Auswahl hat das Jugendamt insbesondere die Situation des betroffenen Kindes auszuwerten und zu berücksichtigen, dass es in besonderem Maße auf sichere und stabile Lebensver-

---

113 *Eschelbach*, in: Coester-Waltjen/Lipp/Schumann/Veit, Das Pflegekindverhältnis, S. 35; *Küfner*, in: Kindler/Helming/Meysen/Jurczyk, Handbuch Pflegekinderhilfe, S. 61; *Stähr*, in: Hauck/Nofzt, SGB VIII § 27 Rn. 66; *Schmid-Obkirchner*, in: Wiesner, SGB VIII § 27 Rn. 15; *Tammen/Trenczek*, in: Münder/Meysen/Trenczek, SGB VIII § 27 Rn. 38.

114 *Robbers*, in: v. Mangoldt/Klein/Starck, GG Art. 6 Rn. 239; *Marquardt/Wilhelm*, FPR 2004, 437 (438).

115 *Mörsberger*, in: Wiesner, SGB VIII § 44 Rn. 8; *Veit*, in: Götz/Schwenzer/Seelmann/Taupitz, FS Brudermüller, S. 849. Bestehen keine Anhaltspunkte dafür, dass das Kindeswohl in der Pflegestelle nicht gewährleistet ist (vgl. § 44 Abs. 2 SGB VIII), haben die Pflegeeltern einen Rechtsanspruch auf Erteilung der Pflegeerlaubnis, s. *Stähr*, in: Hauck/Nofzt, SGB VIII § 44 Rn. 23.

116 *Marquardt/Wilhelm*, FPR 2004, 437 (438); *Köckeritz*, Entwicklungspsychologie für die Jugendhilfe, S. 239; zu den persönlichen und sachlichen Voraussetzungen im Einzelnen etwa *Bohnert*, in: BeckOGK, SGB VIII § 33 Rn. 6 ff. m. w. N.

117 BMFSFJ, Pflegefamilien als soziale Familien, S. 4; zu den Gründen *Köckeritz*, Entwicklungspsychologie für die Jugendhilfe, S. 240.

hältnisse angewiesen ist.[118] Die zentrale Anforderung an die Pflegeeltern ist daher, ein Eltern-Kind-Verhältnis zu schaffen, das dem Kind eine liebevolle Betreuung durch eine verlässliche erwachsene Person als wichtigsten beschützenden Faktor ermöglicht.[119] Damit das Kind Bindungen zu seinen Pflegeeltern als Bezugspersonen aufbauen kann, ist vor allem deren Fähigkeit gefordert, dem Kind abhängig von seinem Alter kontinuierlich ein hohes Maß an Zuwendung, emotionalen Beziehungen, körperlicher Nähe und Gesprächen anzubieten.[120] Insbesondere jene Kinder, die Vernachlässigungen, Misshandlungen oder sexuellen Missbrauch erlebt haben, bedürfen eines besonderen Schutzes und sollten Bedingungen des Aufwachsens erfahren, die ein möglichst hohes Maß an Feinfühligkeit, Sicherheit und Verlässlichkeit gewährleisten.[121] Auf diese Weise können die Kinder durch eine gewisse physische Robustheit, Bindungssicherheit, Selbstsicherheit und Belastungsbewältigung allmählich wieder eine psychische Stabilität entwickeln.[122] Eine Pflegefamilie setzt deshalb strukturell Verlässlichkeit und Konstanz voraus, um anhaltende Belastungen und Überforderungen des Kindes zu vermeiden.[123]

Bevor das Kind in einer Pflegefamilie platziert wird, prüft das Jugendamt, ob die persönliche und erzieherische Eignung der Pflegeeltern den fachlichen Anforderungen entspricht, die sich aus dem konkreten erzieherischen Bedarf des Kindes ergeben.[124] Insoweit müssen die Motivation der

---

118 Vgl. *Marquardt/Wilhelm*, FPR 2004, 437 (438); vgl. *Bovenschen/Spangler*, FPR 2013, 183 (190); *Diouani-Streek*, in: Stiftung zum Wohl des Pflegekindes, 3. Jahrbuch des Pflegekinderwesens, S. 180.

119 *Kuhls*, Ambivalenzen in der Beratung von Pflegeeltern, S. 239; *Köckeritz*, Entwicklungspsychologie für die Jugendhilfe, S. 239; vgl. *Diouani-Streek*, in: Stiftung zum Wohl des Pflegekindes, 3. Jahrbuch des Pflegekinderwesens, S. 180.

120 Vgl. *Balloff*, FPR 2013, 208 (208); vgl. *Brisch*, in: Stiftung zum Wohl des Pflegekindes, Bindung und Trauma, S. 26; vgl. *Diouani-Streek*, Kontinuität im Kinderschutz, S. 146; vgl. *Fegert/Kliemann*, in: Götz/Schwenzer/Seelmann/Taupitz, FS Brudermüller, S. 182.

121 *Rüting*, FPR 2012, 381 (381); vgl. *Köckeritz*, Entwicklungspsychologie für die Jugendhilfe, S. 225; *Diouani-Streek*, Kontinuität im Kinderschutz, S. 150; *Bovenschen/Spangler*, FPR 2013, 187 (190).

122 Vgl. *Walter*, FPR 2004, 415 (416); vgl. *Bovenschen/Spangler*, FPR 2013, 187 (188); vgl. *Brisch*, in: Stiftung zum Wohl des Pflegekindes, Bindung und Trauma, S. 27.

123 *Diouani-Streek*, in: Stiftung zum Wohl des Pflegekindes, 3. Jahrbuch des Pflegekinderwesens, S. 180; vgl. *Walter*, FPR 2004, 415 (416); *Rüting*, FPR 2012, 381 (382).

124 *Rüting*, FPR 2012, 381 (383); *Struck/Trenczek*, in: Münder/Meysen/Trenczek, SGB VIII § 33 Rn. 19; vgl. dazu im Einzelnen *Stähr*, in: Hauck/Nofzt, SGB VIII § 33 Rn. 20.

Pflegeeltern, ihre Biografie sowie die wirtschaftlichen und familiären Rahmenbedingungen überprüft und ihre Erziehungsfähigkeit durch intensive Vorbereitung unterstützt werden.[125] Umgekehrt dürfen den zukünftigen Pflegeeltern die wesentlichen Informationen über das Kind und dessen bisheriger Lebensverlauf nicht vorenthalten werden,[126] denn es muss sichergestellt werden, dass die künftigen Pflegeeltern keinen falschen Erwartungen unterliegen oder ihre Aufgabe unterschätzen.

Eine besondere Herausforderung stellen die Umgangskontakte mit den Herkunftseltern dar. In dieser Hinsicht ist seitens der Pflegefamilie ein hohes Maß an Konfliktbewältigungsfähigkeit erforderlich. Andernfalls besteht die Gefahr, dass das Pflegeverhältnis durch die regelmäßige Konfrontation mit der Herkunftsfamilie destabilisiert wird. Um eine möglichst tragfähige Zusammenarbeit zwischen Pflege- und Herkunftseltern zu ermöglichen, sollten die Pflegeeltern auf ihre Aufgabe hingewiesen werden, bei Umgangsbesuchen eine offene und positive Umgebung zu schaffen.[127] Auch hier sind die Fähigkeit zur Perspektivenübernahme und Toleranz gefragt.[128] Die Pflegeeltern müssen gewillt und in der Lage sein, ein Gleichgewicht zwischen den Familien herzustellen, da dies dem Kind die Bewältigung der Lebenssituation erleichtert.[129] Sollte hingegen die Lebenssituation des Pflegekindes lediglich eingeschränkte oder gar keine Kontakte zu den Herkunftseltern zulassen, muss auch dies erkannt werden.[130] Insoweit bedarf es eines hohen Maßes an Empathie und der Fähigkeit, das Kind und dessen Erleben der Situation zu beobachten und in seinem

125 Vgl. *Marquart/Wilhelm*, FPR 2004, 437 (438); im Einzelnen dazu *Helming/Eschelbach/Spangler/Bovenschen*, in: Kindler, Helming/Meysen/Jurczyk, Handbuch Pflegekinderhilfe, S. 436 ff.

126 *Salgo*, FamRZ 1990, 343 (347); *Köckeritz*, Entwicklungspsychologie für die Jugendhilfe, S. 249; *Helming/Eschelbach/Spangler/Bovenschen*, in: Kindler, Helming/Meysen/Jurczyk, Handbuch Pflegekinderhilfe, S. 412.

127 Vgl. *Baer*, FamRZ 1982, 211 (224).

128 Vgl. *Balloff*, FPR 2013, 208 (208); vgl. *Köckeritz*, Entwicklungspsychologie für die Jugendhilfe, S. 250.

129 *Rüting*, FPR 2012, 381 (384); *Köckeritz*, Entwicklungspsychologie für die Jugendhilfe, S. 250; vgl. *Wiemann*, Ratgeber Pflegekinder, S. 232 f.

130 Vgl. *Rüting*, FPR 2012, 381 (383); vgl. *Köckeritz*, Entwicklungspsychologie für die Jugendhilfe, S. 237.

Sinne richtig zu deuten.[131] Kommt es dennoch zu Streitigkeiten zwischen Pflege- und Herkunftseltern, soll das Jugendamt vermitteln.[132]

Daneben haben die Pflegeeltern einen eigenen Anspruch auf fortlaufende Beratung und Unterstützung nach § 37 Abs. 2 S. 1 SGB VIII. Da es sich bei Pflegepersonen regelmäßig um keine Fachkräfte handelt, ist es von besonderer Bedeutung, dass ihnen das Jugendamt mit qualifizierter Beratung und Unterstützung zur Seite steht. Demgegenüber haben die Pflegeeltern gemäß § 37 Abs. 3 S. 2 SGB VIII die Pflicht, dem Jugendamt wichtige Ereignisse, die das Wohl des Kindes betreffen, mitzuteilen.[133]

Das Jugendamt hat gegenüber den Pflegeeltern jedoch auch Kontrollpflichten. Nach §§ 37 Abs. 3, 44 Abs. 3 SGB VIII soll es die an dem Kindeswohl bemessene Pflege und Erziehung an Ort und Stelle und damit im Haushalt der Pflegefamilie überprüfen.[134] Die Prüfungspflicht ist jedoch restriktiv auszulegen und bemisst sich am Grundsatz der Verhältnismäßigkeit und an den Erfordernissen des Einzelfalls.[135] Arbeiten Pflegeeltern und Jugendamt kontinuierlich vertrauensvoll zusammen, wären regelmäßige oder gar unangemeldete Hausbesuche ohne besonderen Anlass unverhältnismäßig.[136]

Schließlich verpflichten § 8 Abs. 1 und § 36 Abs. 1 S. 1 SGB VIII das Jugendamt, seiner Kontrollaufgabe auch durch regelmäßige Gespräche mit dem Pflegekind nachzukommen und dessen Wünsche und Vorstellungen zu berücksichtigen.

---

131 Vgl. *Rüting*, FPR 2012, 381 (383).

132 So etwa im Rahmen des § 38 SGB VIII, jedoch auch bei sonstigen Meinungsverschiedenheiten, s. *Winkler*, in: BeckOK, SGB VIII § 38 Rn. 1; *Schmid-Obkirchner*, in: Wiesner, SGB VIII § 38 Rn. 34.

133 Dies betrifft neben wichtigen Ereignissen hinsichtlich des Kindes auch solche in der Sphäre der Pflegeeltern wie etwa Wohnungswechsel, schwere Erkrankungen, schwerwiegende Konflikte oder Trennung und Scheidung, s. *Schmid-Obkirchner*, in: Wiesner, SGB VIII § 37 Rn. 57; *Stähr*, in: Hauck/Nofzt, SGB VIII § 37 Rn. 41

134 BGH, Urt. v. 21.10.2004 – Az. III ZR 254/03, in: NJW 2005, 68 (70); *Marquardt/Wilhelm*, FPR 2004, 437 (438).

135 BGH, Urt. v. 21.10.2004 – Az. III ZR 254/03, in: NJW 2005, 68 (71); *Stähr*, in: Hauck/Nofzt, SGB VIII § 37 Rn. 36; *Schmid-Obkirchner*, in: Wiesner, SGB VIII § 37 Rn. 54 f.; *Marquardt/Wilhelm*, FPR 2004, 437 (438).

136 *Eschelbach*, in: Coester-Waltjen/Lipp/Schumann/Veit, Das Pflegekindverhältnis, S. 42; *Schönecker/Meysen*, in: Münder/Meysen/Trenczek, SGB VIII § 37 Rn. 41; *Schmid-Obkirchner*, in: Wiesner, SGB VIII § 37 Rn. 54.

III. Jugendamt und Familiengericht

Eingriffe in das Elternrecht gemäß §§ 1666, 1666a BGB sind ausschließlich dem Familiengericht vorbehalten. Innerhalb des Verfahrens muss das Familiengericht jedoch gemäß § 162 FamFG das Jugendamt anhören. Außerdem steht das Jugendamt dem Familiengericht im Rahmen seiner Unterstützungs- und Mitwirkungspflicht nach § 50 SGB VIII zur Seite. Im Rahmen der weitergehenden Ermittlungen des Familiengerichts (§ 26 FamFG) ist insbesondere der Hilfeplan des Jugendamtes als Informationsgrundlage von zentraler Bedeutung, da sich aus ihm etwa der erzieherische Bedarf, bestehende Probleme und die konkreten Aufgaben und Ziele der Hilfeplanung entnehmen lassen.[137] Gegen die Entscheidung des Familiengerichts hat das Jugendamt ein Beschwerderecht nach § 162 Abs. 3 FamFG.

Das staatliche Wächteramt aus Art. 6 Abs. 2 S. 2 GG wird letztlich durch das Jugendamt und das Familiengericht gemeinsam ausgeübt und setzt für die effektive Umsetzung des staatlichen Schutzauftrages eine enge Zusammenarbeit voraus, denn in aller Regel erkennt das Jugendamt Anzeichen einer Kindeswohlgefährdung aufgrund durch Dritte übermittelter Informationen.[138] In der Folge ist es durch seinen direkten Zugang zu den Familien der Hauptinitiator von gerichtlichen Verfahren bei Kindeswohlgefährdungen. Innerhalb des Verfahrens ist das Familiengericht außerdem häufig auf die Erkenntnisse des Jugendamtes als sozialpädagogische Fachbehörde angewiesen.[139] Ein effektiver Kinderschutz ist damit nur durch eine enge institutionelle Kooperation möglich. Jugendamt und Familiengericht bilden in Ausübung des staatlichen Wächteramts somit eine „Verantwortungsgemeinschaft".[140]

---

137 *Eschelbach*, in: Coester-Waltjen/Lipp/Schumann/Veit, Das Pflegekindverhältnis, S. 40; vgl. Staudinger/*Salgo*, BGB § 1632 Rn. 60; im Einzelnen *Schönecker/Meysen*, in: Münder/Meysen/Trenczek, SGB VIII § 36 Rn. 52.

138 *Oberloskamp/Lewe*, FPR 2009, 553 (553). Derartige Dritte sind etwa andere soziale Dienste, die bereits in Kontakt zur Familie stehen, andere Institutionen wie Kindergärten, Schulen oder Krankenhäuser oder Nachbarn und Verwandte, s. *Hoffmann*, in: Fabian/Haller, Gefährdete Kinder, S. 196.

139 *Nahrwold*, in: Goldberg/Schorn, Kindeswohlgefährdung, S. 144; insbesondere bei der Beurteilung sozialpädagogischer Diagnosen oder der Geeignetheit bestimmter Hilfeleistungen, s. *Wapler*, RdJB 2009, 21 (29).

140 *Meysen*, in: Münder/Meysen/Trenczek, SGB VIII § 8a Rn. 45; *Coester*, in: Lipp/Schumann/Veit, Kindesschutz bei Kindeswohlgefährdung, S. 30; *Nahrwold*, in: Goldberg/Schorn, Kindeswohlgefährdung, S. 144; *Oberloskamp/Lewe*, FPR 2009, 553 (553); *Wiesner*, FPR 2007, 6 (8); *Wapler*, RdJB 2009, 21 (29); BT-Drucks. 16/6815, S. 1.

D. Die rahmensetzenden Grundrechte

Im Rahmen dieser Arbeit kommt den Grundrechtspositionen der einzelnen Beteiligten eine zentrale Bedeutung zu. Ziel dieses Kapitels ist, die Aussagen der Verfassung hinsichtlich der Familienpflege zu ermitteln. Eine maßgebliche Bedeutung kommt dabei der Rechtsprechung des Bundesverfassungsgerichts, die den Gesetzgeber als primären Verfassungsinterpreten bindet,[141] zu.

Art. 6 GG enthält als zentrale Verfassungsnorm für das gesamte Familienrecht zunächst eine Vielzahl von Grundrechten.[142] Zentraler dogmatischer Anknüpfungspunkt hinsichtlich der Rechtsstellung der Pflegefamilie ist Art. 6 Abs. 2 und Abs. 3 GG, wobei der verfassungsrechtliche Rahmen im Einzelnen durch ein „komplexes Grundrechtsgeflecht"[143] aus Eltern- und Kindesrechten ausgeprägt wird, das sich dogmatisch grundlegend von den klassischen Strukturen der Freiheitsgrundrechte unterscheidet. Darüber hinaus können auch die Pflegeeltern als Verband grundrechtlichen Schutz genießen.

Die Rechtspositionen der einzelnen Beteiligten sind je nach der jeweiligen Phase des Pflegeverhältnisses unterschiedlich zu akzentuieren. Zu unterscheiden sind im Wesentlichen die Phase der Herausnahme des Kindes aus der Herkunftsfamilie, diejenige der Fremdpflege durch die Pflegeeltern sowie gegebenenfalls jene der Beendigung der Familienpflege durch die Rückkehr des Kindes. Besonderer Wert soll auf das konsequente Auseinanderhalten von Eltern-, Kindes- und Pflegeelternrechten gelegt werden, damit sich gleichlaufende und gegenläufige Grundrechtspositionen präzise erfassen und würdigen lassen.

---

141 Vgl. *Bickenbach*, Einschätzungsprärogative des Gesetzgebers, S. 521 ff.

142 Neben Art. 6 Abs. 1 GG als Grundsatznorm des Ehe- und Familienrechts stehen die Abwehrrechte nach Art. 6 Abs. 1 und Abs. 2 S. 1 GG, die Handlungsaufträge an den Gesetzgeber nach Art. 6 Abs. 1, Abs. 4 GG, die Diskriminierungsverbote nach Art. 6 Abs. 1, Abs. 4 und Abs. 5 GG, der besondere Gleichheitssatz nach Art. 6 Abs. 5 GG sowie die Institutsgarantien in Art. 6 Abs. 1 GG, s. *v. Coelln*, in: Sachs, GG Art. 6 Rn. 1.

143 So *Britz*, FamRZ 2015, 793 (794); *Britz*, JAmt 2014, 286 (286).

I. Die Grundrechtsposition der Eltern

Die Grundrechte der Eltern ergeben sich im Wesentlichen aus Art. 6 Abs. 2 und 3 GG.

1. Das Elternrecht aus Art. 6 Abs. 2 S. 1 GG

Nach Art. 6 Abs. 2 S. 1 GG sind Pflege und Erziehung der Kinder das „natürliche Recht" der Eltern. Bereits dem Wortlaut lässt sich der abwehrrechtliche Gehalt des Elternrechts entnehmen.[144]

a) Der Schutzbereich des Elterngrundrechts aus Art. 6 Abs. 2 S. 1 GG

Der Umfang des Elterngrundrechts ist entsprechend der klassischen Grundrechtsdogmatik als sachlicher Schutzbereich ausgestaltet und in Art. 6 Abs. 2 S. 1 GG mit dem Begriffspaar „Pflege und Erziehung" umschrieben. Das Elternrecht umfasst nach dem Sinngehalt des Art. 6 Abs. 2 S. 1 GG die umfassende Gesamtsorge in körperlicher und seelischer Hinsicht, wodurch eine präzise inhaltliche Unterscheidung des Begriffspaars „Pflege und Erziehung" nicht erforderlich ist.[145] Pflege und Erziehung können als einheitlicher Begriff[146] verstanden werden und umfassen zusammen die Gesamtverantwortung für sämtliche Entscheidungen, welche die allgemeinen Lebens- und Entwicklungsbedingungen des Kindes betref-

---

144 BVerfG, Urt. v. 20.10.1954 – 1 BvR 527/52, in: BVerfGE 4, 52 (57); BVerfG, Beschl. v. 10.03.1958 – 1 BvL 42/56, in: BVerfGE 7, 320 (323); BVerfG, Beschl. v. 29.07.1968 – 1 BvL 20/63, 1 BvL 31/66, 1 BvL 5/67, in: BVerfGE 24, 119 (138); BVerfG, Beschl. v. 15.06.1971 – 1 BvR 192/70, in: BVerfGE 31, 194 (204 f.); BVerfG, Urt. v. 09.02.1982 – 1 BvR 845/79, in: BVerfGE 59, 360 (376); *Stern/Sachs/Dietlein*, in: Stern, Staatsrecht IV/1, § 100, S. 510; *Heiderhoff*, in: v. Münch/Kunig, GG Art. 6 Rn. 102; *Uhle*, in: BeckOK, GG Art. 6 Rn. 48; *Ossenbühl*, Das elterliche Erziehungsrecht, S. 43.

145 *Robbers*, in: v. Mangoldt/Klein/Starck, GG Art. 6 Rn. 143; *Stern/Sachs/Dietlein*, in: Stern, Staatsrecht IV/1, § 100, S. 515 f.; *Heiderhoff*, in: v. Münch/Kunig, GG Art. 6 Rn. 102.

146 *Badura*, in: Maunz/Dürig, GG Art. 6 Rn. 107; *Burgi*, in: Friauf/Höfling, GG Art. 6 Rn. 111; *Robbers*, in: v. Mangoldt/Klein/Starck, GG Art. 6 Rn. 143; *Uhle*, in: BeckOK, GG Art. 6 Rn. 51.

fen.[147] Das Bundesverfassungsgericht hat die Übertragung dieser Verantwortung auf die Eltern damit begründet, dass den Eltern als den „natürlichen Sachwaltern für die Erziehung des Kindes“[148] das Wohl des Kindes in aller Regel „mehr am Herzen liegt als irgendeiner anderen Person oder Institution.“[149]

Der Begriff der **Pflege** bezieht sich auf alle Maßnahmen, die das körperliche Wohl des Kindes betreffen.[150] Hierzu zählen etwa die Ernährung, Bekleidung, körperliche Hygiene, ein Mindestmaß an Bewegung sowie die Gesundheitsversorgung.[151] Unter dem Begriff **Erziehung** ist hingegen die elterliche Sorge für die geistige und seelische Entwicklung des Kindes zu verstehen.[152] Der Inhalt der Erziehung lässt sich aufgrund der Struktur und Eigentümlichkeit der Erziehung, die sich aus dem Zusammentreffen von Natur und Kultur ergibt, weder im Allgemeinen noch in seiner jeweiligen besonderen Gestalt genau bestimmen.[153] Vielmehr umfasst die lebenspraktische Bewältigung der Erziehung im vorrechtlichen Sinne eine unendliche Vielzahl von Verhaltensweisen wie die Vermittlung von klassischer Bildung sowie die Weitergabe familiärer, intellektueller, weltlicher und religiöser, kultureller, politischer und moralischer Werte.[154]

---

147 *Höfling*, in: Isensee/Kirchhof, HStR VII, § 155 Rn. 80; *Jestaedt/Reimer*, in: Bonner Kommentar, GG Art. 6 Abs. 2 und 3 Rn. 266; *Stern/Sachs/Dietlein*, in: Stern, Staatsrecht IV/1, § 100, S. 521; *Uhle*, in: BeckOK, GG Art. 6 Rn. 51; *Jarass*, in: Jarass/Pieroth, GG Art. 6 Rn. 42.

148 BVerfG, Urt. v. 06.12.1972 – 1 BvR 230/70, 1 BvR 95/71, in: BVerfGE 34, 165 (184); BVerfG, Beschl. v. 17.02.1982 – 1 BvR 188/80, in: BVerfGE 60, 79 (94).

149 BVerfG, Urt. v. 09.02.1982 – 1 BvR 845/79, in: BVerfGE 59, 360 (376); BVerfG, Urt. v. 03.11.1982 – 1 BvL 25/80, 1 BvL 38/80, 1 BvL 40/80, 1 BvL 12/81, in: BVerfGE 61, 358 (371).

150 *Jestaedt/Reimer*, in: Bonner Kommentar, GG Art. 6 Abs. 2 und 3 Rn. 267; *Burgi*, in: Friauf/Höfling, GG Art. 6 Rn. 111; *Brosius-Gersdorf*, in: Dreier, GG Art. 6 Rn. 158; *Jarass*, in: Jarass/Pieroth, GG Art. 6 Rn. 42; *Uhle*, in: BeckOK, GG Art. 6 Rn. 51; *Heiderhoff*, in: v. Münch/Kunig, GG Art. 6 Rn. 136; *v. Coelln*, in: Sachs, GG Art. 6 Rn. 60; *Ossenbühl*, Das elterliche Erziehungsrecht, S. 48.

151 *Brosius-Gersdorf*, in: Dreier, GG Art. 6 Rn. 158; *Jestaedt/Reimer*, in: Bonner Kommentar, GG Art. 6 Abs. 2 und 3 Rn. 270 m. w. N.

152 *Brosius-Gersdorf*, in: Dreier, GG Art. 6 Rn. 159; *Burgi*, in: Friauf/Höfling, GG Art. 6 Rn. 111; *Heiderhoff*, in: v. Münch/Kunig, GG Art. 6 Rn. 136; *Jarass*, in: Jarass/Pieroth, GG Art. 6 Rn. 42; *Uhle*, in: BeckOK, GG Art. 6 Rn. 51; *Ossenbühl*, Das elterliche Erziehungsrecht, S. 48; *Böckenförde*, in: Krautscheidt/Marré, Essener Gespräche 14, S. 59.

153 Vgl. *Winkler*, in: Drerup/Schweiger, Handbuch Philosophie der Kindheit, S. 99 f. und 104.

154 Zur Weitergabe weltlicher Werte vgl. BVerfG, Beschl. v. 10.03.1958 – 1 BvL 42/56, in: BVerfGE 7, 320 (323); BVerfG, Beschl. v. 21.12.1977 – 1 BvL 1/75,

Die spezifische verfassungsgemäße Leistung von Erziehung besteht darin, die Entwicklung des Kindes zu einer eigenständigen, selbstbestimmten Persönlichkeit innerhalb der sozialen Gemeinschaft zu ermöglichen.[155] Insoweit sind die Erziehungsinhalte eng mit dem Menschenbild des Grundgesetzes verbunden. Zur Erziehung gehört, dass sich die Kinder in ihrer Subjektivität, Besonderheit und Eigenart entwickeln können und ihnen ermöglicht wird, nach Bewusstsein und Vernunft im eigenen freien Willen zu handeln.[156] Bewusst oder unbewusst verfolgt die Erziehung somit jedenfalls Erziehungsziele. In deren Wahl sind die Eltern frei von staatlicher Einflussnahme.[157] Das umfangreiche Spektrum von Werten und Verhaltensweisen, das durch die Eltern vermittelt wird, unterliegt hinsichtlich seiner Festlegung keinen staatlichen Vorgaben.[158] Jegliche Auferlegung von kollektiven Erziehungszielen würde der Individualität der verschiedenen Lebensläufe nicht ausreichend Rechnung tragen und liefe der Neutralität der Verfassung zuwider.[159] Um zur Heranbildung elementarer verfassungsrechtlicher Werte wie Individualität, Meinungs- und Wertepluralität in einer demokratischen Gesellschaft beizutragen zu können, müssen die

---

1 BvR 147/75, in: BVerfGE 47, 46 (70); zu religiösen Werten vgl. BVerfG, Urt. v. 06.12.1972 – 1 BvR 230/70, 1 BvR 95/71, in: BVerfGE 34, 165 (183); BVerfG, Beschl. v. 17.12.1975 – 1 BvR 63/68, in: BVerfGE 41, 29 (47); BVerfG, Beschl. v. 16.05.1995 – 1 BvR 1087/91, in: BVerfGE 93, 1 (17); im Einzelnen jeweils m. w. N. *Stern/Sachs/Dietlein*, in: Stern, Staatsrecht IV/1, § 100, S. 521 ff.; *Jestaedt/Reimer*, in: Bonner Kommentar, GG Art. 6 Abs. 2 und 3 Rn. 277; *Uhle*, in: BeckOK, GG Art. 6 Rn. 54.

155 BVerfG, Beschl. v. 29.07.1968 – Az. 1 BvL 20/63, 1 BvL 31/66, 1 BvL 5/67, in: BVerfGE 24, 119 (144); vgl. BVerfG, Urt. v. 15.01.1958 – Az. 1 BvR 400/51, in: BVerfGE 7, 198 (205); *Böckenförde*, in: Krautscheidt/Marré, Essener Gespräche 14, S. 63; vgl. *Schmitt Glaeser*, Das elterliche Erziehungsrecht, S. 41; vgl. *Jeand'Heur*, Verfassungsrechtliche Schutzgebote zum Wohl des Kindes, S. 109.

156 *Winkler*, in: Drerup/Schweiger, Handbuch Philosophie der Kindheit, S. 100; vgl. *Leder*, in: Kraetzer, Das Menschenbild des Grundgesetzes, S. 69.

157 *Stern/Sachs/Dietlein*, in: Stern, Staatsrecht VI/1, § 100, S. 516 f.; *Burgi*, in: Friauf/Höfling, GG Art. 6 Rn. 113; *Heiderhoff*, in: v. Münch/Kunig, GG Art. 6 Rn. 140; *Uhle*, in: BeckOK, GG Art. 6 Rn. 51; *Schmahl*, DÖV 2006, 885 (888).

158 Vgl. BVerfG, Beschl. v. 15.06.1971 – 1 BvR 192/70, in: BVerfGE 31, 194 (204); BVerfG, Beschl. v. 14.11.1984 – 1 BvR 14/82, 1 BvR 1642/82, in: BVerfGE 68, 256 (269).

159 Vgl. BVerfG, Urt. v. 14.12.1965 – 1 BvR 413/60, 1 BvR 416/60, in: BVerfGE 19, 206 (216).

Eltern frei von staatlicher Einflussnahme über die Lebensverhältnisse und Entwicklungsziele des Kindes entscheiden können.[160]

Über die Erziehungsziele hinaus umfasst das Erziehungsrecht der Eltern auch die freie Wahl der Erziehungsmittel nach ihren eigenen Vorstellungen.[161] Als zulässige Erziehungsmittel kommen grundsätzlich „Lob wie Tadel, Anreiz wie Strafe"[162] in Betracht. Auch Sanktionierungen wie etwa Ermahnungen, Hausarreste, Taschengeldentzug und die körperliche Einwirkung ohne Strafabsicht sind verfassungsrechtlich zulässig.[163] Unzulässig sind dagegen etwa das Kind grob herabwürdigende oder körperlich beeinträchtigende Verhaltensweisen der Eltern.[164]

An dieser Stelle wird deutlich, dass nur diejenigen elterlichen Verhaltensweisen, die nicht im offensichtlichen Gegensatz zum Kindeswohl stehen, innerhalb der tatbestandsimmanenten Grenzen des Pflege- und Erziehungsrechts liegen. Ein Elternverhalten, das innerhalb weitester Grenzen der Elternautonomie nicht mehr als Pflege und Erziehung, sondern als vernachlässigende Untätigkeit gegenüber dem Kind zu werten ist, genießt keinen Grundrechtsschutz.[165] Die Frage nach der Vertretbarkeitsgrenze gestaltet sich im Einzelfall schwierig. Außerhalb des Schutzbereiches liegt jedenfalls diejenige elterliche Pflege und Erziehung, die grundlegende soziale, kognitive oder sprachliche Fähigkeiten wie das Erlernen der Muttersprache nicht vermittelt oder die körperliche oder seelische Unversehrtheit des Kindes gefährdet.

---

160 *Höfling*, in: Isensee/Kirchhof, HStR VII, § 155 Rn. 80; *Schmitt Glaeser*, Das elterliche Erziehungsrecht, S. 41 f.; *Burgi*, in: Friauf/Höfling, GG Art. 6 Rn. 114; *Badura*, Staatsrecht, S. 219; vgl. *G. Kirchhof*, AöR 129 (2004), 542 (545).

161 *Stern/Sachs/Dietlein*, in: Stern, Staatsrecht VI/1, § 100, S. 516 f.; *Burgi*, in: Friauf/Höfling, GG Art. 6 Rn. 116; *Brosius-Gersdorf*, in: Dreier, GG Art. 6 Rn. 160; *Uhle*, in: BeckOK, GG Art. 6 Rn. 53.

162 *Robbers*, in: v. Mangoldt/Klein/Starck, GG Art. 6 Rn. 154; *Jestaedt/Reimer*, in: Bonner Kommentar, GG Art. 6 Abs. 2 und 3 Rn. 287.

163 *Jestaedt/Reimer*, in: Bonner Kommentar, GG Art. 6 Abs. 2 und 3 Rn. 287; *Brosius-Gersdorf*, in: Dreier, GG Art. 6 Rn. 160; *Kellner*, NJW 2001, 796 (797).

164 *Badura*, in: Maunz/Dürig, GG Art. 6 Rn. 114; *v. Coelln*, in: Sachs, GG Art. 6 Rn. 65; vgl. *Kellner*, NJW 2001, 796 (797); vgl. auch *Brosius-Gersdorf*, in: Dreier, GG Art. 6 Rn. 163.

165 BVerfG, Beschl. v. 29.07.1968 – 1 BvL 20/63, 1 BvL 31/66, 1 BvL 5/67, in: BVerfGE 24, 119 (143 f.); *v. Coelln*, in: Sachs, GG Art. 6 Rn. 53; *Stern/Sachs/Dietlein*, in: Stern, Staatsrecht IV/1, § 100, S. 521; *Jestaedt/Reimer*, in: Bonner Kommentar, GG Art. 6 Abs. 2 und 3 Rn. 77; *Burgi*, in: Friauf/Höfling, GG Art. 6 Rn. 112; *Brosius-Gersdorf*, in: Dreier, GG Art. 6 Rn. 161.

b) Das Verhältnis von Elternrecht und Elternpflicht im Rahmen des Art. 6 Abs. 2 S. 1 GG

Wie sich dem Wortlaut des Art. 6 Abs. 2 S. 1 GG entnehmen lässt, haben die Eltern nicht nur das Recht, sondern auch die Pflicht zur Pflege und Erziehung. Die unmittelbare Verknüpfung von Recht und Pflicht lässt sich in ihrer komplexen[166] Funktionsweise nur in den Strukturen des Dreiecksverhältnisses von Eltern, Kind und Staat erschließen.[167]

Die abwehrrechtliche Komponente des Elternrechts aus Art. 6 Abs. 2 S. 1 GG impliziert, wie bereits erwähnt wurde, dass die Eltern grundsätzlich frei entscheiden können, in welcher Art und Weise sie die Pflege und Erziehung des Kindes ausgestalten. Jedoch darf „eine Verfassung, welche die Würde des Menschen in den Mittelpunkt ihres Wertsystems stellt, [...] bei der Ordnung zwischenmenschlicher Beziehungen grundsätzlich niemandem Rechte an der Person eines anderen einräumen, die nicht zugleich pflichtgebunden sind und die Menschenwürde des anderen respektieren."[168] Daher weist das Elternrecht, da Art. 6 Abs. 2 S. 1 GG wesensbestimmend in ein Rechtsverhältnis zu Dritten eingebunden ist, eine fremdnützige, dem Interesse des Kindes dienende Komponente auf.[169]

---

166 Begriff bei *Jestaedt/Reimer*, in: Bonner Kommentar, GG Art. 6 Abs. 2 und 3 Rn. 76.

167 *Heiß*, NZFam 2015, 491 (492); *Stern/Sachs/Dietlein*, in: Stern, Staatsrecht IV/1, § 100, S. 507.

168 BVerfG, Beschl. v. 29.07.1968 – 1 BvL 20/63, 1 BvL 31/66, 1 BvL 5/67, in: BVerfGE 24, 119 (144).

169 BVerfG, Urt. v. 09.02.1982 – Az. 1 BvR 845/79, in: BVerfGE 59, 360 (376 f.); BVerfG, Urt. v. 03.11.1982 – Az. 1 BvL 25/80, 1 BvL 38/80, 1 BvL 40/80, 1 BvL 12/81, in: BVerfGE 61, 358 (372); *Höfling*, in: Isensee/Kirchhof, HStR VII, § 155 Rn. 31; *Badura*, in: Maunz/Dürig, GG Art. 6 Rn. 109; *Stern/Sachs/Dietlein*, in: Stern, Staatsrecht VI/1, § 100, S. 505 f.; *Badura*, Staatsrecht, S. 221; *Jarass*, in: Jarass/Pieroth, GG Art. 6 Rn. 45; *Ossenbühl*, Das elterliche Erziehungsrecht, S. 51; *Böckenförde*, in: Krautscheidt/Marré, Essener Gespräche 14, S. 68; *Coester*, FPR 2005, 60 (60); krit. *Burgi*, in: Friauf/Höfling, GG Art. 6 Rn. 123. Das Bundesverfassungsgericht spricht daher von „Elternverantwortung", vgl. BVerfG, Beschl. v. 29.07.1968 – 1 BvL 20/63, 1 BvL 31/66, 1 BvL 5/67, in: BVerfGE 24, 119 (144). Der Begriff ist an sich treffender, da er den fiduziarischen Charakter des Elternrechts hervorhebt. Im Rahmen dieser Arbeit, die schwerpunktmäßig die einzelnen Grundrechtspositionen der Beteiligten gegenüberstellt und gewichtet, ist der Begriff des Elternrechts jedoch anschaulicher.

Elternrecht und Elternpflicht sind zwar untrennbar miteinander verbunden,[170] dennoch bestehen inhaltliche Unterschiede. Während sich die abwehrrechtliche Komponente gerade in der Bestimmung der Erziehungsinhalte, -methoden und -ziele entfaltet, beschränkt sich die Elternpflicht lediglich darauf, das Kind überhaupt zu pflegen und zu erziehen.[171] In welcher Weise dies genau zu erfolgen hat, bestimmt die Elternpflicht nicht. Eine Verletzung der Pflicht stellt erst die missbräuchliche Ausübung des Elternrechts dar, die weder Pflege noch Erziehung im Sinne des Art. 6 Abs. 2 S. 1 GG sein kann. Dies ergibt sich aus der immanenten Bindung des Elternrechts zugunsten des Kindeswohls.[172]

Verletzen die Eltern die ihnen auferlegte Pflicht, ist der Staat im Rahmen seines Wächteramtes aus Art. 6 Abs. 2 S. 2 GG berechtigt und verpflichtet, Maßnahmen zur Herstellung des Kindeswohls zu ergreifen. Der Staat hat treuhänderisch für das Kind zu gewährleisten, dass sich die Wahrnehmung des Elternrechts an dessen Wohl bemisst.[173] Die Pflicht der Eltern ist nicht erst dann verletzt, wenn diese ihr Kind vollkommen vernachlässigen, sondern bereits dann, wenn ihre Erziehungsweise dem Kind und seiner Persönlichkeitsentwicklung schadet.[174] Zur Trennung des Kindes von der Familie berechtigt und verpflichtet die Verletzung der elterlichen Pflicht den Staat jedoch erst, sofern die Voraussetzungen des Art. 6 Abs. 3 GG vorliegen.

Ob die Eltern **schuldhaft** ihre Pflicht zur Pflege und Erziehung des Kindes verletzt haben, ist nicht entscheidungsrelevant.[175] Dies ergibt sich bereits aus dem treuhänderischen Charakter des Elternrechts zugunsten des Kindes und dem staatlichen Wächteramt; dessen Sinn und Zweck liegt

---

170 BVerfG, Urt. v. 29.07.1959 – Az. 1 BvR 205/58, 1 BvR 332/58, 1 BvR 333/58, 1 BvR 367/58, 1 BvL 27/58, 1 BvL 100/58, in: BVerfGE 10, 59 (67); BVerfG, Beschl. v. 29.07.1968 – Az. 1 BvL 20/63, 1 BvL 31/66, 1 BvL 5/67, in: BVerfGE 24, 119 (143); *Heiß*, NZFam 2015, 491 (492).

171 *Jestaedt/Reimer*, in: Bonner Kommentar, GG Art. 6 Abs. 2 und 3 Rn. 78.

172 *Badura*, in: Maunz/Dürig, GG Art. 6 Rn. 133; *Jestaedt/Reimer*, in: Bonner Kommentar, GG Art. 6 Abs. 2 und 3 Rn. 76.

173 *Böckenförde*, in: Krautscheidt/Marré, Essener Gespräche 14, S. 75; *Heiß*, NZFam 2015, 491 (493); *v. Coelln*, in: Sachs, GG Art. 6 Rn. 69.

174 *Jestaedt/Reimer*, in: Bonner Kommentar, GG Art. 6 Abs. 2 und 3 Rn. 77; *Brosius-Gersdorf*, in: Dreier, GG Art. 6 Rn. 184.

175 BVerfG, Beschl. v. 17.02.1982 – Az. 1 BvR 188/80, in: BVerfGE 60, 79 (88); *Badura*, in: Maunz/Dürig, GG Art. 6 Rn. 141; *v. Coelln*, in: Sachs, GG Art. 6 Rn. 85; *Brosius-Gersdorf*, in: Dreier, GG Art. 6 Rn. 179; *Böckenförde*, in: Krautscheidt/Marré, Essener Gespräche 14, S. 78; *Schütz*, FamRZ 1986, 947 (948); *Britz*, in: NZFam 2016, 1113 (1114).

nicht darin, die Eltern zu bestrafen, vielmehr soll es das Wohl des Kindes vor Schaden schützen.[176] Das Kindeswohl kann auch dann gefährdet sein, wenn die Eltern die Pflege und Erziehung des Kindes im Rahmen ihrer Fähigkeiten nach „bestem Willen und persönlichem Einsatz“[177] ausüben.

Unverschuldete Pflichtverletzungen sind beispielsweise die mangelhafte Erziehungs- und Pflegeleistung infolge von geistigen oder psychischen Beeinträchtigungen[178] oder aufgrund von Alkohol- oder Substanzabhängigkeit. Gewalteinwirkungen auf das Kind gelten hingegen stets als verschuldetes Versagen. Auch der unzureichende Schutz vor den kindeswohlbeeinträchtigenden Einwirkungen Dritter stellt eine Pflichtverletzung dar.[179]

Mit Blick auf den verfassungsrechtlich gebotenen effektiven Kinderschutz sprechen darüber hinaus praktische Erwägungen für die Unerheblichkeit des Verschuldens. Zum einen ist häufig problematisch, den Eltern ein konkretes Fehlverhalten sowie die Ursächlichkeit für die Gefährdung des Kindeswohls nachzuweisen.[180] Zum anderen kann es sich auf die zukünftige Zusammenarbeit zwischen Herkunftseltern, Jugendamt und Familiengericht nachteilig auswirken, den Eltern im Rahmen der familiengerichtlichen Entscheidung ein ausdrückliches Versagen vorzuwerfen, da sie dies nicht selten als diskriminierend empfinden.[181] Maßgeblich für die Pflichtverletzung ist daher allein, ob das Wohl des Kindes bei Verbleiben in der Herkunftsfamilie gefährdet ist.

2. Die einzelnen Phasen des Pflegeverhältnisses im Hinblick auf Art. 6 Abs. 3 GG

Eine ganz maßgebliche Bedeutung innerhalb des Pflegekindschaftsrechts entfaltet Art. 6 Abs. 3 GG. Die Betreuung eines Kindes in einer Pflegefami-

---

176 *Böckenförde*, in: Krautscheidt/Marré, Essener Gespräche 14, S. 78; bzgl. des Treuhandgedankens *Ossenbühl*, Das elterliche Erziehungsrecht, S. 88; vgl. dazu BVerfG, Beschl. v. 29.07.1968 – Az. 1 BvL 20/63, 1 BvL 31/66 und 1 BvL 5/67, in: BVerfGE 24, 119 (144 f.).

177 BVerfG, Beschl. v. 17.02.1982 – 1 BvR 188/80, in: BVerfGE 60, 79 (89); BT-Drucks. 7/2060, S. 28.

178 BVerfG, Beschl. v. 17.02.1982 – 1 BvR 188/80, in: BVerfGE 60, 79 (88 f.).

179 BVerfG, Beschl. v. 17.02.1982 – Az. 1 BvR 188/80, in: BVerfGE 60, 79 (80); *Badura*, in: Maunz/Dürig, GG Art. 6 Rn. 140.

180 BVerfG, Beschl. v. 17.02.1982 – Az. 1 BvR 188/80, in: BVerfGE 60, 79 (89); *Fellenberg*, FPR 2008, 125 (126); BT-Drucks. 7/2060, S. 28.

181 So BVerfG, Beschl. v. 17.02.1982 – 1 BvR 188/80, in: BVerfGE 60, 79 (89); *Willutzki*, ZKJ 2008, 139 (140); BT-Drucks. 7/2060, S. 28.

lie setzt zwingend die vorherige Trennung von seiner Herkunftsfamilie voraus. Die Voraussetzungen hierfür normiert Art. 6 Abs. 3 GG. Über diesen Kerngehalt der (erstmaligen) Trennung hinaus ist die Wertung des Art. 6 Abs. 3 GG jedoch auch dann einzubeziehen, wenn es um ein Rückführungsverlangen der Herkunftseltern sowie das Recht auf Umgang geht.[182] Damit stellt Art. 6 Abs. 3 GG die zentrale Verfassungsnorm für die gesamte Dauer des Getrenntseins des Kindes von der Herkunftsfamilie im Rahmen des Pflegeverhältnisses dar.

a) Die Trennung von der Herkunftsfamilie

Für die Trennung als schwersten Eingriff im Rahmen des Wächteramtes normiert Art. 6 Abs. 3 GG, dass das Kind gegen den Willen der Eltern nur aufgrund eines Gesetzes getrennt werden darf, wenn die Erziehungsberechtigten versagen oder es aus anderen Gründen zu verwahrlosen droht.[183]

Unter einer Trennung von der Familie ist die tatsächliche Entfernung des Kindes aus dem häuslichen Bereich der Familiengemeinschaft bei grundsätzlichem Fortbestand der Eltern-Kind-Beziehung zu verstehen.[184] Daneben stellt sich die Frage nach der Bedeutung des Begriffs der **Verwahrlosung.** Deutlich wird zunächst, dass die Eingriffsmöglichkeit des Staates in das Elternrecht untrennbar an die Interessen des Kindes gebunden ist, womit andere als im Kindeswohl liegende Gründe als Rechtfertigung für die Trennung von den Eltern ausscheiden.[185] Ist das Wohl des Kindes in der Herkunftsfamilie jedoch in einem solchen Maße gefährdet,

---

182 Vgl. BVerfG, Beschl. v. 22.05.2014 – Az. 1 BvR 2882/13, in: BeckRS 2014, 15448 Rn. 34.

183 Damit ist Art. 6 Abs. 3 GG zwar eng mit dem staatlichen Wächteramt verbunden, konkretisiert jedoch Art. 6 Abs. 2 S. 2 GG als lex specialis für den Fall der Trennung des Kindes von den Eltern, sodass sich die Trennung als Unterfall des staatlichen Wächteramts qualifizieren lässt, s. *v. Coelln*, in: Sachs, GG Art. 6 Rn. 84; *Wapler*, Kinderrechte und Kindeswohl, S. 145.

184 BVerfG, Beschl. v. 29.07.1968 – Az. 1 BvL 20/63, 1 BvR 31/66, 1 BvL 5/67, in: BVerfGE 24, 119 (120); BVerfG, Beschl. v. 05.05.1987 – Az. 2 BvR 599/86, in: NJW 1988, 1256 (1257); vgl. BVerfG, Beschl. v. 15.06.1971 – Az. 1 BvR 192/70, in: BVerfGE 31, 194 (210); *Stern/Sachs/Dietlein*, in: Stern, Staatsrecht IV/1, § 100, S. 539; *v. Coelln*, in: Sachs, GG Art. 6 Rn. 89; *Uhle*, in: BeckOK Grundgesetz, GG Art. 6 Rn. 67.

185 *Wapler*, Kinderrechte und Kindeswohl, S. 149; *Jarass*, in: Jarass/Pieroth, GG Art. 6 Rn. 65; vgl. *v. Coelln*, in: Sachs, GG Art. 6 Rn. 77.

dass nicht mehr verantwortet werden kann, das Kind in seiner Familie zu belassen, erfolgt der Eingriff rechtmäßig.[186] Dafür muss das Fehlverhalten der Eltern ein solches Ausmaß erreicht haben, dass das Kind durch ein Verbleiben in der Familie in seinem körperlichen, geistigen oder seelischen Wohl nachhaltig gefährdet ist.[187] Insoweit ist nicht jedes elterliche Versagen oder jede einmalige Nachlässigkeit für die Herausnahme des Kindes aus der Familie ausreichend.[188] Allerdings gilt hier ebenfalls, dass die von Art. 6 Abs. 3 GG vorausgesetzte nachhaltige Nichterfüllung der Erziehungspflichten auch unverschuldet sein kann.[189] Dies ergibt sich aus der Formulierung, dass die Trennung auch zulässig ist, wenn die Kinder aus anderen Gründen – das heißt ohne elterliches Verschulden – zu verwahrlosen drohen.[190]

Die Trennung des Kindes ist nur durch die **Entscheidung eines Gerichts** möglich. Aus Art. 6 Abs. 2 S. 1 GG folgt für die Eltern das subjektive Recht,[191] dass ein Gericht im Einzelfall prüft, ob der Staat das Elternrecht aus Art. 6 Abs. 2 S. 1 GG verletzt hat oder die Herausnahme innerhalb der Grenzen des Art. 6 Abs. 2 S. 1 und Abs. 3 GG zur Abwendung der nachhaltigen Gefahr für das Wohl des Kindes geeignet und erforderlich ist und dazu in angemessenem Verhältnis steht.[192] Damit die Trennung des Kindes von seinen Eltern den verfassungsrechtlichen Anforderungen genügt,

---

186 *v. Coelln*, in: Sachs, GG Art. 6 Rn. 85; *Badura*, in: Maunz/Dürig, GG Art. 6 Rn. 141; *Wapler*, Kinderrechte und Kindeswohl, S. 149.

187 BVerfG, Beschl. v. 17.02.1982 – Az. 1 BvR 188/80, in: BVerfGE 60, 79 (91); BVerfG, Beschl. v. 19.11.2014 – Az. 1 BvR 1178/14, in: NJW 2015, 223 (223); *Badura*, in: Maunz/Dürig, GG Art. 6 Rn. 141; *Brosius-Gersdorf*, in: Dreier, GG Art. 6 Rn. 198; *Britz*, NZFam 2016, 1113 (1115).

188 BVerfG, Beschl. v. 17.02.1982 – 1 BvR 188/80, in: BVerfGE 60, 79 (91); BVerfG, Beschl. v. 24.03.2014 – Az. 1 BvR 160/14, in: BeckRS 2014, 49403 Rn. 28; BVerfG, Beschl. v. 19.11.2014 – Az. 1 BvR 1178/14, in: NJW 2015, 223 (223); *Burgi*, in: Friauf/Höfling, GG Art. 6 Rn. 147; *Heiderhoff*, in: v. Münch/Kunig, GG Art. 6 Rn. 193.

189 BVerfG, Beschl. v. 17.02.1982 – 1 BvR 188/80, in: BVerfGE 60, 79 (91); *Badura*, in: Maunz/Dürig, GG Art. 6 Rn. 141; *v. Coelln*, in: Sachs, GG Art. 6 Rn. 85; *Jarass*, in: Jarass/Pieroth, GG Art. 6 Rn. 65.

190 *Wapler*, Kinderrechte und Kindeswohl, S. 145; *Brosius-Gersdorf*, in: Dreier, GG Art. 6 Rn. 202.

191 *Brosius-Gersdorf*, in: Dreier, GG Art. 6 Rn. 172; vgl. *Jestaedt/Reimer*, in: Bonner Kommentar, GG Art. 6 Abs. 2 und 3 Rn. 167.

192 BVerfG, Beschl. v. 24.03.2014 – Az. 1 BvR 160/14, in: BeckRS 2014, 49403 Rn. 37.

müssen die strikten Anforderungen des Verhältnismäßigkeitsgrundsatzes erfüllt sein.[193]

Aus verfassungsdogmatischer Sicht ist die Anwendung des Verhältnismäßigkeitsgrundsatzes nicht widerspruchsfrei. Die missbräuchliche Ausübung des Elternrechts eröffnet wie dargestellt nicht den Schutzbereich des Elternrechts aus Art. 6 Abs. 2 S. 1 GG, sodass die berechtigte Trennung durch den Staat bei Vorliegen der Voraussetzungen des Art. 6 Abs. 3 GG keinen Eingriff in das Elternrecht darstellt.[194] Das Elternrecht gewährt den Eltern ausschließlich ein Abwehrrecht gegen staatliche Eingriffe, soweit diese nicht durch das Wächteramt des Staates aus Art. 6 Abs. 2 S. 2 gedeckt sind.[195]

Dass die Trennung des Kindes dennoch einen Eingriff in das Elternrecht darstellt, der verhältnismäßig sein muss, lässt sich zum einen damit begründen, dass der Staat durch die Trennung gegen den Willen der Eltern insoweit in das Elternrecht eingreift, als eine derartige Maßnahme in die Zukunft gerichtet ist und als solche Tatsachen schafft, die sich nicht ohne Weiteres korrigieren lassen.[196] Zum anderen ließe es sich mit der Bedeutung des Elternrechts nicht in Einklang bringen, wenn die Trennung des Kindes als der „stärkste vorstellbare Eingriff in das Elternrecht"[197] nicht den strengen Anforderungen aus der Anwendung des Verhältnismäßigkeitsgrundsatzes genügen müsste. Die Trennung des Kindes von den El-

193 Beschl. v. 29.07.1968 – Az. 1 BvL 20/63, 1 BvL 31/66, 1 BvL 5/67, in: BVerfGE 24, 119 (145); BVerfG, Beschl. v. 12.10.1988 – Az. 1 BvR 818/88, in: BVerfGE 79, 51 (60); vgl. BVerfG, Beschl. v. 17.02.1982 – Az. 1 BvR 188/80, in: BVerfGE 60, 79 (89); vgl. *Badura*, in: Maunz/Dürig, GG Art. 6 Rn. 115.

194 BVerfG, Beschl. v. 29.07.1968 – Az. 1 BvL 20/63, 1 BvL 31/66, 1 BvL 5/67, in: BVerfGE 24, 119 (143); BVerfG, Urt. v. 06.02.2001 – Az. 1 BvR 21/92, in: BVerfGE 103, 89 (107); *Höfling*, in: Isensee/Kirchhof, HStR VII, § 155 Rn. 46; *Brosius-Gersdorf*, in: Dreier, GG Art. 6 Rn. 172.

195 BVerfG, Beschl. v. 21.12.1977 – Az. 1 BvL 1/75, 1 BvR 147/75, in: BVerfGE 47, 46 (70); BVerfGE, Beschl. v. 15.06.1971 – Az. 1 BvR 192/70, in: BVerfGE 31, 194 (204 f.); im Anschluss an BVerfG, Urt. v. 20.10.1954 – Az. 1 BvR 527/52, in: BVerfGE 4, 52 (57); BVerfG, Beschl. v. 10.03.1958 – Az. 1 BvL 42/56, in: BVerfGE 7, 320 (323); BVerfG, Beschl. v. 29.07.1968 – Az. 1 BvL 20/63, 1 BvL 31/66, 1 BvL 5/67, in: BVerfGE 24, 119 (138); *Ossenbühl*, Das elterliche Erziehungsrecht, S. 43.

196 Vgl. *Jestaedt/Reimer*, in: Bonner Kommentar, GG Art. 6 Abs. 2 und 3 Rn. 168; *Schmid/Meysen*, in: Kindler/Lillig/Blüml/Meysen/Werner, Handbuch Kindeswohlgefährdung, S. 4.

197 BVerfG, Beschl. v. 17.02.1982 – Az. 1 BvR 188/80, in: BVerfGE 60, 79 (91); BVerfG, Beschl. v. 12.10.1988 – Az. 1 BvR 818/88, in: BVerfGE 79, 51 (60).

tern ist daher als Grundrechtseingriff in das Elternrecht zu werten, der die strikte Anwendung des Verhältnismäßigkeitsgrundsatzes voraussetzt.

aa) Die Geeignetheit

Im Einzelnen bedeutet dies, dass die Herausnahme zunächst **geeignet** sein muss. Dies ist der Fall, sofern die konkrete Gefahr, die dem Kind bei einem Verbleib in der Herkunftsfamilie droht, durch die Herausnahme beseitigt oder abmildert wird.[198] Die Situation muss sich durch die Maßnahme mindestens verbessern.[199] Nicht ohne Weiteres anzunehmen ist die Geeignetheit der Herausnahme, wenn sie ihrerseits anderweitige nachteilige Folgen für das Kindeswohl entfaltet.[200] Werden diese Nachteile insgesamt nicht durch Vorteile aufgewogen, fehlt es an der Geeignetheit.[201]

bb) Die Erforderlichkeit

Die Herausnahme des Kindes ist **erforderlich**, wenn zur Erreichung des Ziels keine gleichermaßen geeigneten, milderen Mittel ersichtlich sind, sodass die Herausnahme die das Elternrecht am wenigsten beeinträchtigende Maßnahme darstellt.[202] Auf der Ebene der Erforderlichkeit ist daher zu prüfen, ob die Eltern durch helfende, unterstützende Maßnahmen des Staates in der Lage sind, die Erziehungsfähigkeit wiederzuerlangen.[203] Hierfür kommen standardmäßig etwa die Erziehungsbera-

---

198 BVerfG, Beschl. v. 22.09.2014 – Az. 1 BvR 2108/14, in: NZFam 2014, 1091 (1093).

199 BVerfG, Beschl. v. 27.08.2014 – Az. 1 BvR 1822/14, in: BeckRS 2014, 57436 Rn. 35; BVerfG, Beschl. v. 17.03.2014 – Az. 1 BvR 2695/13, in: BeckRS 2014, 51212 Rn. 33; *Britz*, NZFam 2016, 1113 (1117).

200 BVerfG, Beschl. v. 24.03.2014 – Az. 1 BvR 160/14 in: BeckRS 2014, 49403 Rn. 38.

201 BVerfG, Beschl. v. 22.09.2014 – Az. 1 BvR 2108/14, in: NZFam 2014, 1091 (1093); BVerfG, Beschl. v. 17.03.2014 – Az. 1 BvR 2695/13, in: BeckRS 2014, 51212 Rn. 30; *Britz*, NZFam 2016, 1113 (1116).

202 BVerfG, Beschl. v. 22.09.2014 – Az. 1 BvR 2108/14, in: NZFam 2014, 1091 (1094); BVerfG, Beschl. v. 28.02.2012 – Az. 1 BvR 3116/11, in: FamRZ 2012, 1127 (1129); *Britz*, NZFam 2016, 1113 (1116).

203 BVerfG, Beschl. v. 29.07.1968 – Az. 1 BvL 20/63, 1 BvL 31/66, 1 BvL 5/67, in: BVerfGE 24, 119 (145); *Badura*, in: Maunz/Dürig, GG Art. 6 Rn. 115; *Britz*, NZFam 2016, 1113 (1116).

tung (§ 28 SGB VIII), die Erziehungsbeistandschaft (§ 30 SGB VIII), die sozialpädagogische Familienhilfe als Kriseninterventionsmaßnahme (§ 31 SGB VIII), die Tagesgruppe (§ 32 SGB VIII) oder die sozialpädagogische Intensivbetreuung (§ 35 SGB VIII) in Betracht.[204] Erforderlich ist die Herausnahme des Kindes nur dann, wenn alle Maßnahmen, die sein Verbleiben bei den Eltern unter staatlicher Hilfe ermöglichen, nicht als gleichermaßen wirksam zu prognostizieren sind.[205] Darüber hinaus stellt die Unterbringung des Kindes bei Verwandten regelmäßig ein milderes Mittel gegenüber derjenigen bei den Eltern unbekannten Pflegepersonen dar.[206]

cc) Die Verhältnismäßigkeit im engeren Sinne

Die **Verhältnismäßigkeit im engeren Sinne** setzt voraus, dass die Trennung unter Berücksichtigung aller Umstände des Einzelfalls zumutbar ist. Art und Ausmaß des staatlichen Eingriffs richten sich nach dem Interesse des Kindes, wobei insbesondere das Verhältnis zwischen der Schwere des Eingriffs und seiner Folgen, dem Gewicht des dem Kind drohenden Schadens und dem Grad der Gefahr zu berücksichtigen ist. Die Herausnahme des Kindes als Ultima ratio ist nur bei einer nachhaltigen Gefährdung des Kindes mit einer – ebenfalls im Einzelfall durch Abwägung aller Umstände zu bestimmenden – ziemlichen Sicherheit des Schadenseintrittes verhältnismäßig.[207] Auch sind die negativen Folgen einer Trennung des Kindes von seinen Eltern und einer Fremdunterbringung zu berücksichtigen. Diese müssen durch die hinreichend gewisse Aussicht auf Beseitigung

---

204 *Höfling*, in: Isensee/Kirchhof, HStR VIII, § 155 Rn. 97; *Balloff*, Kinder vor dem Familiengericht, S. 289.

205 Vgl. BVerfG, Beschl. v. 24.03.2014 – Az. 1 BvR 160/14, in: BeckRS 2014, 49403 Rn. 42; BVerfG, Beschl. v. 17.02.1982 – Az. 1 BvR 188/80, in: BVerfGE 60, 79 (93); BVerfG, Beschl. v. 29.07.1968 – Az. 1 BvL 20/63, 1 BvL 31/66, 1 BvL 5/67, in: BVerfGE 24, 119 (145).

206 BVerfG, Beschl. v. 08.03.2012 – Az. 1 BvR 206/12, in: BeckRS 2012, 51044 Rn. 28.

207 BVerfG, Beschl. v. 23.04.2018 – Az. 1 BvR 383/18, in: NZFam 2018, 599 (600); BVerfG, Beschl. v. 03.02.2017 – Az. 1 BvR 2569/16, in: NZFam 2017, 261 (266); BVerfG, Beschl. v. 19.11.2014 – Az. 1 BvR 1178/14, in: NJW 2015, 223 (223 f.); BVerfG, Beschl. v. 24.03.2014 – Az. 1 BvR 160/14, in: BeckRS 2014, 49403 Rn. 28.

der festgestellten Gefahr aufgewogen werden, sodass sich die Situation des Kindes in der Gesamtbetrachtung verbessert.[208]

Eine Abwägung von Eltern- und Kindesrechten im Rahmen der Verhältnismäßigkeit bei Vorliegen der Voraussetzungen des Art. 6 Abs. 3 GG stößt jedoch auf Bedenken. Hierbei ist zum einen wie dargestellt bereits der Schutzbereich des Elternrechts nicht eröffnet. Zum anderen widerspricht eine Abwägung dem besonderen Bezug des Kindeswohls zur Menschenwürde, der sich daraus ergibt, dass das Bundesverfassungsgericht einerseits das Erziehungsziel am Menschenbild des Grundgesetzes bemisst[209] und andererseits das Grundrecht des Kindes auf Entfaltung seiner Persönlichkeit an Art. 2 Abs. 1 und Art. 1 Abs. 1 GG ausrichtet.[210]

b) Rückführungsverlangen der Herkunftseltern

Über die Trennung des Kindes von den Eltern hinaus findet Art. 6 Abs. 3 GG auch Anwendung, wenn das Kind bereits in der Pflegefamilie lebt, denn gemeint ist die tatsächliche Trennung bei grundsätzlichem Fortbestand der Eltern-Kind-Beziehung und der darauf beruhenden Rechte und Pflichten, wobei aber das Erziehungsrecht praktisch auf den Staat übergeht.[211] Erfasst ist mithin nicht nur die erstmalige Trennung des Kindes von der Familie, sondern auch deren Aufrechterhaltung.[212] Dadurch stellt Art. 6 Abs. 3 GG während aller Phasen des Pflegeverhältnisses die Recht-

---

208 BVerfG, Beschl. v. 23.04.2018 – Az. 1 BvR 383/18, in: NZFam 2018, 599 (600); BVerfG, Beschl. v. 24.03.2014 – Az. 1 BvR 160/14, in: BeckRS 2014, 49403 Rn. 38; BGH, Beschl. v. 26.10.2011 – Az. XII ZB 247/11, in: FPR 2012, 389 (391).

209 BVerfG, Beschl. v. 29.07.1968 – Az. 1 BvL 20/63, 1 BvL 31/66, 1 BvL 5/67, in: BVerfGE 24, 119 (144).

210 BVerfG, Beschl. v. 14.04.1987 – Az. 1 BvR 332/86, in: BVerfGE 75, 201 (218); BVerfG, Beschl. v. 12.10.1988 – Az. 1 BvR 818/88, in: BVerfGE 79, 51 (64).

211 BVerfG, Beschl. v. 15.06.1971 – Az. 1 BvR 192/70, in: BVerfGE 31, 194 (210); *v. Coelln*, in: Sachs, GG Art. 6 Rn. 89; *Badura*, in: Maunz/Dürig, GG Art. 6 Rn. 141.

212 BVerfG, Beschl. v. 17.10.1984 – Az. 1 BvR 284/84, in: BVerfGE 68, 176 (187); BVerfG, Beschl. v. 11.11.1988 – Az. 1 BvR 585/88, in: BeckRS 1988, 3543 Rn. 24; BVerfG, Beschl. v. 23.08.2006 – Az. 1 BvR 476/04, in: NJOZ 2006, 3851 (3854); BVerfG, Beschl. v. 22.05.2014 – Az. 1 BvR 2882/13, in: BeckRS 2014, 15448 Rn. 34; *Burgi*, in: Friauf/Höfling, GG Art. 6 Rn. 148; *Hufen*, JuS 2011, 375 (376); *Salgo*, in: Staudinger, BGB § 1632 Rn. 47; *Veit*, in: BeckOK, BGB § 1632 Rn. 43.

mäßigkeit der Einschränkungen des Elternrechts unter die Voraussetzung, dass das Versagen der Eltern oder die Verwahrlosung des Kindes drohen.

Dies umfasst zunächst etwaige Rückführungsverlangen der Herkunftseltern: Ein Rückführungsverlangen seitens Eltern darf nur abgelehnt werden, sofern durch die Rückkehr das Kindeswohl gefährdet ist. Mit der Frage, welches Risiko hierbei für die Kinder im Rahmen einer Rückführung noch zu vertreten ist, hat sich das Bundesverfassungsgericht in einer jüngeren Entscheidung befasst. Danach ist die Risikogrenze überschritten, wenn mit überwiegender Wahrscheinlichkeit nicht auszuschließen ist, dass durch die Trennung des Kindes von seinen Pflegeeltern psychische oder psychische Schädigungen eintreten können.[213] Mit dem Elternrecht aus Art. 6 Abs. 2 S. 1 GG unvereinbar wäre, das Herausnahmeverlangen etwa aufgrund der Erwägung abzulehnen, dass die Pflegeeltern zur Betreuung des Kindes geeigneter erscheinen.[214]

Im Übrigen finden aufgrund des Art. 6 Abs. 3 GG auch weiterhin die strengen Anforderungen aus der Prüfung der Verhältnismäßigkeit Anwendung,[215] sodass auf die obigen Ausführungen verwiesen werden kann.

aa) Geeignetheit und Erforderlichkeit

Ein milderes Mittel im Rahmen der **Erforderlichkeit** kann etwa eine Befristung der Verbleibensanordnung sein. Zwar stellt sich hinsichtlich einer solchen Vorgehensweise das grundlegende Problem, dass sich das Andauern der zur Verbleibensanordnung führenden Kindeswohlverletzung in aller Regel nicht abschätzen lässt, sodass zugunsten des Kindeswohls auch eine Verbleibensanordnung ohne festgelegten Endpunkt zulässig sein muss.[216] Der Verhältnismäßigkeitsgrundsatz erfordert jedoch, dass die Möglichkeit der Befristung in jedem Fall geprüft wird.[217] Darüber hinaus ist im Rahmen der Erforderlichkeit festzustellen, ob nicht mit langfristig

---

213 BVerfG, Beschl. v. 31.03.2010 – Az. 1 BvR 2910/09, in: NJW 2010, 2336 (2337).

214 Vgl. BVerfG, Beschl. v. 29.01.2010 – Az. 1 BvR 374/09, in: NJW 2010, 2333 (2335); *Siedhoff*, NJW 1994, 616 (617).

215 BVerfG, Beschl. v. 22.05.2014 – Az. 1 BvR 2882/13, in: BeckRS 2014, 15448 Rn. 34; Vgl. *Obermann*, NZFam 2019, 293 (295).

216 *Huber*, in: MünchKomm, § 1632 Rn. 61; vgl. dazu auch BGH, Beschl. v. 22.01.2014 – Az. XII ZB 68/11, in: NJW 2014, 1004 (1006).

217 Vgl. *Kerscher*, in: BeckOGK, BGB § 1632 Rn. 139.

angelegten öffentlichen Hilfen doch eine Rückführung in die Herkunftsfamilie möglich ist.[218]

Ordnet das Familiengericht den Verbleib des Kindes in der Pflegefamilie an, verlangt der Verhältnismäßigkeitsgrundsatz, dass, wenn schon keine milderen Mittel zur Verfügung stehen, zumindest die Härte des Eingriffs in das Elternrecht bestmöglich abgemildert wird.[219] Deshalb hat das Familiengericht neben einer Befristungsmöglichkeit zu prüfen, ob der Eingriff durch die Gestaltung der Besuchs- und Umgangsregelung zugunsten der leiblichen Eltern entschärft werden kann.[220]

bb) Verhältnismäßigkeit im engeren Sinne

Innerhalb der **Verhältnismäßigkeit im engeren Sinne** kollidiert das Elternrecht regelmäßig mit den Bindungen, die das Kind zu den Pflegeeltern aufgebaut hat.[221] Dabei wiegt der Bindungsabbruch regelmäßig umso schwerer, je länger das Kind bereits in der Pflegefamilie lebt. Das Persönlichkeitsrecht des Kindes setzt sich gegenüber dem elterlichen Recht aus Art. 6 Abs. 2 S. 1 GG durch, sofern zwischen Pflegekind und Pflegefamilie Bindungen gewachsen sind, deren Abbruch das Kind mit überwiegender Wahrscheinlichkeit schädigen würde.[222] Damit setzt das Verbleiben des Kindes – anders als seine ursprüngliche Herausnahme – nicht voraus, dass eine Kindeswohlgefährdung bei einer Rückkehr mit ziemlicher Sicherheit zu erwarten ist.[223] An den Verbleib des Kindes in der Pflegefamilie sind daher keine zu hohen Anforderungen zu stellen.[224]

---

218 BVerfG, Beschl. v. 22.05.2014 – Az. 1 BvR 2882/13, in: BeckRS 2014, 15448 Rn. 36; *Obermann*, NZFam 2019, 293 (295).

219 *Huber*, in: MünchKomm, BGB § 1632 Rn. 60.

220 *Huber*, in: MünchKomm, BGB § 1632 Rn. 60; vgl. dazu BVerfG, Beschl. v. 25.11.2003 – Az. 1 BvR 1248/03, in: FPR 2004, 472 (473); vertiefend *Siedhoff*, NJW 1994, 616 (619).

221 In diesem Zusammenhang ist als Bindung „eine lang andauernde, emotionale, *gelebte* Beziehung des Kindes mit Personen, die alltägliche Betreuung, Versorgung, Unterstützung und fortwährenden Schutz bieten", zu verstehen, s. *Balloff*, FPR 2004, 431 (432); *Fegert/Kliemann*, in: Götz/Schwenzer/Seelmann/Taupitz, FS Brudermüller, S. 180.

222 BVerfG, Beschl. v. 31.03.2010 – Az. 1 BvR 2910/09, in: NJW 2010, 2336 (2337).

223 So *Salgo*, in: Coester-Waltjen/Lipp/Schumann/Veit, Das Pflegekindverhältnis, S. 64 unter Verweis auf BVerfG, Beschl. v. 31.03.2010 – Az. 1 BvR 2910/09.

224 So *Huber*, in: MünchKomm, BGB § 1632 Rn. 46; *Siedhoff*, NJW 1994, 616 (619); *Salgo*, in: Staudinger, BGB § 1632 Rn. 49a.

Gleichzeitig hat das Bundesverfassungsgericht jedoch wiederholt klargestellt, dass – wenngleich das zu ermittelnde Kindeswohl stets Vorrang genießt – die seelische Belastung durch den Bindungsabbruch nicht dazu führen darf, eine Rückkehr sei stets ausgeschlossen, sofern das Kind soziale Bindungen zu den Pflegeeltern aufgebaut hat.[225] Aus Art. 6 Abs. 2 S. 1 GG folgend darf das Pflegeverhältnis nicht in dem Maße verfestigt werden, dass die Rückführung praktisch in jedem Fall ausgeschlossen ist.[226]

Im Rahmen der Verhältnismäßigkeit im engeren Sinn ist jedoch nicht nur die Grundrechtsposition des Kindes, sondern auch diejenige der Pflegeeltern zu berücksichtigen. Das Bundesverfassungsgericht hat die einfachgesetzliche Vorschrift des § 1632 Abs. 4 BGB als mit dem Elternrecht aus Art. 6 abs. 2 S. 1 GG vereinbar erklärt, da neben den Grundrechten des Kindes aus Art. 2 Abs. 1 in Verbindung mit Art. 1 Abs. 1 GG auch die Pflegefamilie den Schutz des Art. 6 Abs. 1 GG genießt.[227] Im Rahmen der Entscheidung über das Rückführungsverlangen muss das Familiengericht eine Konkordanz der gegenüberstehenden Grundrechte herstellen.[228] Gegenüber allen Grundrechtspositionen setzt sich dabei das Kindeswohl als „oberste Richtschnur“[229] durch. Die Grundrechtsposition der Eltern geht stets gegenüber der Grundrechtsposition der Pflegeeltern vor.[230] Der Letzteren ist somit ein vergleichsweise geringes Gewicht im Rahmen der Verbleibensentscheidung beizumessen.

---

225 BVerfG, Beschl. v. 17.10.1984 – Az. 1 BvR 284/84, in: BVerfGE 68, 176 (189); BVerfG, Beschl. v. 14.04.1987 – Az. 1 BvR 332/86, in: BVerfGE 75, 201 (219); BVerfG, Beschl. v. 31.03.2010 – Az. 1 BvR 2910/09, in: NJW 2010, 2336 (2337); *Obermann*, NZFam 2019, 293 (295).

226 BVerfG, Beschl. v. 17.10.1984 – Az. 1 BvR 284/84, in: BVerfGE 68, 176 (189); BVerfG, Beschl. v. 14.04.1987 – Az. 1 BvR 332/86, in: BVerfGE 75, 201 (219).

227 Vgl. dazu BVerfG, Beschl. v. 17.10.1984 – 1 BvR 284/84, in: BVerfGE 68, 176 (187).

228 BVerfG, Beschl. v. 23.08.2006 – Az. 1 BvR 476/04, in: NJOZ 2006, 3851 (3855).

229 BVerfG, Urt. v. 03.11.1982 – Az. 1 BvL 25/80, 1 BvL 38/80, 1 BvL 40/80, 1 BvL 12/81, in: BVerfGE 61, 358 (372); BVerfG, Beschl. v. 17.02.1982 – Az. 1 BvR 188/80, in: BVerfGE 60, 79 (88); BVerfG, Urt. v. 16.01.2003 – Az. 2 BvR 716/01, in: BVerfGE 107, 104 (117).

230 Vgl. BVerfG, Beschl. v. 12.10.1988 – Az. 1 BvR 818/88, in: BVerfGE 79, 51 (60); vgl. BVerfG, Beschl. v. 17.10.1982 – Az. 1 BvR 284/84, in: BVerfGE 68, 176 (187 f.); *Windel*, FamRZ 1997, 713 (715).

c) Das Umgangsrecht

Darüber hinaus schützt Art. 6 Abs. 3 GG das Recht der leiblichen Eltern auf regelmäßigen **Umgang**. Dem Umgang kommt verfassungsrechtlich ein sehr hohes Gewicht zu, da er zwei von Art. 6 Abs. 2 S. 1 GG geschützte Aspekte verwirklicht: Zum einen sichert der regelmäßige Umgang die Aufrechterhaltung der Eltern-Kind-Beziehung und damit die Rückkehrmöglichkeit des Kindes in seine Herkunftsfamilie, denn die Verlagerung des Lebensmittelpunktes in die Pflegefamilie führt zu einer Verfestigung der Beziehung des Kindes zu seinen Pflegeeltern und birgt dadurch die Gefahr, die Rückkehrwahrscheinlichkeit zu verringern. Zum anderen haben die leiblichen Eltern das natürliche Recht, zu ihrem Kind zumindest in regelmäßigen Abständen persönlichen Kontakt zu pflegen und sich auszutauschen. Da die Beschränkung oder der Ausschluss des Umgangs somit letztlich eine (weitere) Trennung des Kindes von seinen leiblichen Eltern darstellt, ist auch eine solche Maßnahme nur unter den strengen Voraussetzungen des Art. 6 Abs. 3 GG zulässig.[231] Nach der Kammerentscheidung vom 29. November 2012 bedeutet dies konkret, dass die Beschränkung oder der Ausschluss des Umgangs nur dann gerechtfertigt ist, wenn „der Schutz des Kindes dies nach den konkreten Umständen des Einzelfalls fordert, um eine konkrete Gefährdung seiner seelischen oder körperlichen Entwicklung abzuwehren“[232].

Auch die Beschränkung oder der Ausschluss des Umgangs verlangen die Prüfung der **Verhältnismäßigkeit**. Als milderes Mittel im Rahmen der Erforderlichkeit ist in Betracht zu ziehen, ob der Ausschluss des Umgangs durch die Anordnung begleiteter Umgangskontakte vermieden werden kann.[233] Außerdem ist der Staat weiterhin verpflichtet, den Eltern unterstützende Maßnahmen zur Wiedererlangung der Erziehungs- beziehungsweise Umgangsfähigkeit zu gewähren.

Darüber hinaus ist die Rückkehrwahrscheinlichkeit des Kindes zu beachten. Sofern eine Rückführung nicht völlig ausgeschlossen ist, darf der Staat nach Art. 6 Abs. 2 S. 1 GG die Rückkehrwahrscheinlichkeit nicht durch Beschränkung oder Ausschluss des Umgangsrechts verringern. Aller-

---

231 *Obermann*, NZFam 2019, 293 (295); vgl. BVerfG, Beschl. v. 29.11.2012 – Az. 1 BvR 335/12, in: NJW 2013, 1867 (1868).

232 BVerfG, Beschl. v. 29.11.2012 – 1 BvR 335/12, in: NJW 2013, 1867 (1868); hierzu *Gottschalk/Heilmann*, ZKJ 2012, 113 (113 f.); *Heilmann*, in: Coester-Waltjen/Lipp/Schumann/Veit, Das Pflegekindverhältnis, S. 94.

233 Vgl. etwa OLG Nürnberg, Beschl. v. 19.07.2016 – Az. 7 UF 746/16, in: BeckRS 2016, 17556 Rn. 38.

dings kann bezüglich des Umgangs durchaus das Verschulden, das den Eltern im Rahmen ihrer Pflege- und Erziehungsleistung zur Last gelegt wurde, eine Rolle spielen. Da das Kindeswohl aufgrund der Pflichtgebundenheit inzident im Elternrecht enthalten ist, gilt auch für den Umgang, dass das Kindeswohl die maßgebliche Richtschnur der Entscheidung über den Umgang ist.[234] Das Durchsetzen eines regelmäßigen Umgangs gegen den Willen des Kindes ist aus verfassungsrechtlicher Sicht unzulässig, wenn erzwungene Umgangskontakte das Kindeswohl beeinträchtigen würden.[235]

II. Die Kinderrechte

Nachfolgend wird der Blick auf die Grundrechtsposition des Pflegekindes gerichtet. Zunächst fällt auf, dass das Kind als eigenständiges Subjekt innerhalb des Grundgesetzes nicht ausdrücklich erwähnt ist. Dennoch haben seine Rechte in der Verfassung ihren Platz.

Dass auch Minderjährige Träger von Grundrechten sind, ist allgemein anerkannt.[236] Als verfassungsrechtliche Vorgaben für alle Menschen gelten daher auch für Kinder die Menschenwürde, die geistige und körperliche Integrität sowie die Entfaltungsfreiheit. Darüber hinaus treten die Rechte des Kindes in Verbindung mit den Elternrechten in Art. 6 GG in Erscheinung. Hier ist insbesondere die Pflichtgebundenheit des elterlichen Pflege- und Erziehungsrechts als verfassungsrechtliche Konkretisierung des Kindeswohls zu verstehen. Ferner hat das Bundesverfassungsgericht ein Grundrecht des Kindes auf Pflege und Betreuung durch seine natürlichen Eltern aus Art. 6 Abs. 2 S. 1 in Verbindung mit Art. 2 Abs. 1 GG konstruiert. Demgemäß lässt sich die verfassungsrechtliche Stellung des Kindes nur umfassend aus dem dreiseitigen Verhältnis von Kind, Eltern und Staat ermitteln.

---

234 BVerfG, Urt. v. 01.04.2008 – Az. 1 BvR 1620/04, in: BVerfGE 121, 69 (92); vgl. BVerfG, Beschl. 14.07.2010 – Az. 1 BvR 3189/09, in: BeckRS 2010, 51310 Rn. 21; *Heilmann*, in: Coester-Waltjen/Lipp/Schumann/Veit, Das Pflegekindverhältnis, S. 95.

235 Dazu BVerfG, Beschl. v. 29.11.2012 – 1 BvR 335/12, in: NJW 2013, 1867 (1868).

236 BVerfG, Urt. v. 25.02.1975 – Az. 1 BvF 1/74, 1 BvF 2/74, 1 BvF 3/74, 1 BvF 4/74, 1 BvF 5/74, 1 BvF 6/74, in: BVerfGE 39, 1 (36 ff.); BVerfG, Urt. v. 28.05.1993 – Az. 2 BvF 2/90, 2 BvF 4/92, 2 BvF 5/92, in: BVerfGE 88, 203 (251 ff.).

1. Das Kindeswohl als Verfassungsrechtsbegriff

Auch wenn sich der Verfassung keine unmittelbaren Aussagen über das Kindeswohl entnehmen lassen, hat es in der Verfassung dennoch seinen Platz. Neben dem Grundrecht des Kindes auf freie Entfaltung seiner Persönlichkeit aus Art. 2 Abs. 1 GG tritt es insbesondere in Art. 6 Abs. 2 und 3 GG mittelbar in Erscheinung: Das „mitgedachte"[237] Kindeswohl markiert hier die Rechte des Kindes auf Achtung, Schutz und Förderung seiner Persönlichkeitsentwicklung.

Über den konkreten Wesensgehalt des Kindeswohls lassen sich der Verfassung lediglich Anhaltspunkte entnehmen. Dies liegt nicht zuletzt daran, dass der Rechtsbegriff des Kindeswohls – als vorrechtlicher Zustand begriffen – stellvertretend für die gesamte individuelle Entwicklung des Kindes steht, deren Wirklichkeitsgehalt sich nicht definitorisch auf einen Begriff konkretisieren lässt.[238] Es handelt sich um einen unbestimmten „wertausfüllungsbedürftigen Rechtsbegriff"[239], der im Einzelfall subjektiviert werden muss.[240]

Damit schließt sich die Frage an, wer zur Konkretisierung des Kindeswohls berufen ist. Im Regelfall sind dies gemäß Art. 6 Abs. 2 S. 1 GG die Eltern. Bei ihnen liegt die primäre Entscheidungskompetenz, das Kindeswohl nach ihren Vorstellungen und frei von staatlicher Einflussnahme zu bestimmen: Sie haben das sogenannte Interpretationsprimat.[241] Erst ab der Schwelle zu einer missbräuchlichen Handhabung des Elternrechts gemäß Art. 6 Abs. 3 GG ist der Staat berechtigt und verpflichtet, Maßnahmen zu ergreifen, um die Eltern von der Pflege und Erziehung auszuschließen.[242] Diese Grenze ist überschritten, wenn das elterliche Fehlverhalten ein solches Maß erreicht hat, dass das Kind bei einem Verbleiben in der

---

237 So *Badura*, in: Maunz/Dürig, GG Art. 6 Rn. 112.

238 *Jestaedt/Reimer*, in: Bonner Kommentar, GG Art. 6 Abs. 2 und 3 Rn. 81; *Simitis*, in: Dieckmann/Frank/Hanisch/Simitis, FS Müller-Freienfels, S. 606; vgl. *Coester*, Das Kindeswohl als Rechtsbegriff, S. 176.

239 *Coester*, Das Kindeswohl als Rechtsbegriff, S. 173.

240 Dazu im Einzelnen *Coester*, in: Lipp/Schumann/Veit, Kindesschutz bei Kindeswohlgefährdung, S. 26 ff.

241 *Isensee*, in: Isensee/Kirchhof, HStR IX, § 191 Rn. 40; *Höfling*, in: Isensee/Kirchhof, HStR VII, § 155 Rn. 80; *Schumann*, in: Behrends/Schumann, Gesetzgebung, Menschenbild und Sozialmodell im Familien- und Sozialrecht, S. 176; *Böckenförde*, in: Krautscheidt/Marré, Essener Gespräche 14, S. 72; *Ossenbühl*, Das elterliche Erziehungsrecht, S. 64.

242 BVerfG, Beschl. v. 17.02.1982 – 1 BvR 188/80, in: BVerfGE 60, 79 (91); BVerfG, Beschl. v. 24.03.2014 – Az. 1 BvR 160/14, in: BeckRS 2014, 49403 Rn. 28.

Familie in seinem körperlichen, geistigen oder seelischen Wohl nachhaltig gefährdet ist.[243] Nach dem Bundesverfassungsgericht ist eine Kindeswohlgefährdung ein „bereits eingetretener Schaden oder eine gegenwärtige, in einem solchen Maße vorhandene Gefahr, dass sich bei seiner weiteren Entwicklung eine erhebliche Schädigung mit ziemlicher Sicherheit voraussehen lässt"[244]. Daraus lässt sich schließen, dass sich der verfassungsrechtliche Kindeswohlbegriff lediglich auf die **Abwehr** von drohenden Schäden beschränkt und insbesondere nicht der Optimierung der elterlichen Erziehung dient.[245] Der Kindeswohlbegriff umfasst nicht, dass der Staat gegen den Willen der Eltern bestmögliche Entwicklungsverhältnisse für das Kind durchsetzt.[246] Wirken sich die Entscheidungen, welche die Eltern in Bezug auf das Kind treffen, vermeintlich oder tatsächlich nachteilig auf das Kind aus, ist dies hinzunehmen.[247] Bezieht sich die Verfassung mittelbar auf das Kindeswohl, geht es mithin um das Mindestmaß an Pflege und Erziehung, das Eltern und Staat zu gewährleisten verpflichtet sind.[248]

Dieses Mindestmaß an Fürsorge ist jedoch mit anderen Belangen und Interessen innerhalb der Verhältnismäßigkeit von Entscheidungen nicht abwägbar. Als absolute verfassungsrechtliche Größe darf das Kindeswohl nicht zu einem bloßen Abwägungsbelang herabgestuft werden.[249] Dies liegt, wie bereits erwähnt wurde, zum einen darin begründet, dass das Bundesverfassungsgericht das Grundrecht des Kindes auf Entfaltung seiner Persönlichkeit an Art. 2 Abs. 1 und Art. 1 Abs. 1 GG ausrichtet[250] und das

---

243 BVerfG, Beschl. v. 17.02.1982 – 1 BvR 188/80, in: BVerfGE 60, 79 (91); BVerfG, Beschl. v. 24.03.2014 – Az. 1 BvR 160/14, in: BeckRS 2014, 49403 Rn. 28.

244 BVerfG, Beschl. v. 17.06.2009 – Az. 1 BvR 467/09, in: FamRZ 2009, 1472 (1474).

245 Ständige Rechtsprechung des BVerfG, s. BVerfG, Beschl. v. 18.06.1986 – Az. 1 BvR 857/85, in: BVerfGE 72, 122 (137 f.); BVerfG, Beschl. v. 17.02.1982 – Az. 1 BvR 188/80, in: BVerfGE 60, 79 (94); BVerfG, Urt. v. 01.04.2008 – Az. 1 BvR 1620/04, in: NJW 2008, 1287 (1292).

246 BVerfG, Beschl. v. 17.02.1982 – 1 BvR 188/80, in: BVerfGE 60, 79 (94); BVerfG, Beschl. v. 24.03.2014 – Az. 1 BvR 160/14, in: BeckRS 2014, 49403 Rn. 28; *Jestaedt*, in: Lipp/Schumann/Veit, Kindesschutz bei Kindeswohlgefährdung, S. 14.

247 BVerfG, Beschl. v. 17.02.1982 – Az. 1 BvR 188/80, in: BVerfGE 60, 79 (94); BVerfG, Beschl. v. 24.03.2014 – Az. 1 BvR 160/14, in: BeckRS 2014, 49403 Rn. 28.

248 *Brosius-Gersdorf*, in: Dreier, GG Art. 6 Rn. 161; *Jestaedt*, in: Lipp/Schumann/Veit, Kindesschutz bei Kindeswohlgefährdung, S. 14.

249 Dazu *Gernhuber*, FamRZ 1973, 229 (230); *Jestaedt/Reimer*, in: Bonner Kommentar, GG Art. 6 Abs. 2 und 3 Rn. 86.

250 BVerfG, Beschl. v. 14.04.1987 – 1 BvR 332/86, in: BVerfGE 75, 201 (218); BVerfG, Beschl. v. 12.10.1988 – Az. 1 BvR 818/88, in: BVerfGE 79, 51 (64).

Erziehungsziel am Menschenbild des Grundgesetzes bemisst.[251] Zum anderen ist das Kindeswohl eine „spezifische Adaption der Menschenwürde für die besondere Situation des Kindes“[252] und daher gleich der Würde des Menschen „abwägungsresistent“[253].

Wohl aber ist das Kindeswohl als Verfassungsrechtsbegriff „in sich selbst“ abzuwägen. Aus Art. 2 Abs. 1 GG folgt, dass das Kindeswohl über das gegenwärtige körperliche, geistige und seelische Wohl hinaus auch den zukünftigen Entwicklungsprozess des Kindes umfasst.[254] Dies erfordert, den Blick über den Istzustand hinaus auch auf die zukünftige Entwicklung des Kindes zu richten. Der verfassungsrechtliche Kindeswohlbegriff weist daher sowohl eine Gegenwarts- als auch eine **Zukunftskomponente** auf.[255] Bei der Trennung des Kindes von seinen Eltern ist die gegenwärtige Situation des Kindes im Falle eines Verbleibens mit der zu prognostizierenden Situation nach der erfolgten Herausnahme zu vergleichen. Eine durch eine Maßnahme herbeigeführte kurzfristige Kindeswohlgefährdung ist nach dem verfassungsrechtlichen Kindeswohlbegriff dann zulässig, wenn sie der mittel- oder langfristigen Sicherstellung des Kindeswohls dient.[256] Der Gegenwarts- und Zukunftsbezug des Kindeswohls ermöglicht insoweit, die kurz-, mittel- und langfristigen Folgen in unterschiedlichem Maße zu gewichten.[257]

2. Die Rechte des Kindes aus Art. 2 Abs. 1 und Art. 1 Abs. 1 GG

Eine maßgebende Bedeutung für die Ausgestaltung des Pflegekindschaftsrechts entfalten die Grundrechte des Kindes aus Art. 2 Abs. 1 und Art. 1 Abs. 1 GG. Das Kind als Mensch ist ein Wesen mit eigener Menschenwürde und dem Recht auf Entfaltung seiner Persönlichkeit im Sinne von

---

251 BVerfG, Beschl. v. 29.07.1968 – 1 BvL 20/63, 1 BvL 31/66, 1 BvL 5/67, in: BVerfGE 24, 119 (144).

252 *Jestaedt/Reimer*, in: Bonner Kommentar, GG Art. 6 Abs. 2 und 3 Rn. 86; *Schmahl*, DÖV 2006, 885 (888); vgl. *Jeand'Heur*, Verfassungsrechtliche Schutzgebote zum Wohl des Kindes, S. 215.

253 Begriff bei *Jestaedt/Reimer*, in: Bonner Kommentar, GG Art. 6 Abs. 2 und 3 Rn. 86.

254 *Jestaedt/Reimer*, in: Bonner Kommentar, GG Art. 6 Abs. 2 und 3 Rn. 82.

255 *Jestaedt/Reimer*, in: Bonner Kommentar, GG Art. 6 Abs. 2 und 3 Rn. 82; *Schmid/Meysen*, in: Kindler/Lillig/Blüml/Meysen/Werner, Handbuch Kindeswohlgefährdung, S. 3.

256 BVerfG, Beschl. v. 12.10.1988 – Az. 1 BvR 818/88, in: BVerfGE 79, 51 (64).

257 *Jestaedt/Reimer*, in: Bonner Kommentar, GG Art. 6 Abs. 2 und 3 Rn. 82.

Art. 2 Abs. 1 und Art. 1 Abs. 1 GG. Aus Art. 2 Abs. 1 GG folgt wegen der besonderen Hilfsbedürftigkeit von Kindern eine gesteigerte verfassungsrechtliche Schutzverantwortung für deren Entwicklung zu einer eigenverantwortlichen Persönlichkeit innerhalb der sozialen Gemeinschaft.[258]

Die Grundrechte des Kindes aus Art. 1 Abs. 1 und Art. 2 Abs. 1 GG prägen zusammen eine allgemeine Schutzverantwortung des Staates aus: Je nach Lebenssituation des Kindes kann diese Verantwortung sowohl den Schutz des Aufwachsens in der Obhut der Eltern als auch die staatliche Pflicht zum Schutz des Kindes vor den Eltern erfassen.[259] Im Regelfall wird das Interesse des Kindes an der Pflege und Erziehung durch seine natürlichen Eltern (Art. 2 Abs. 1 GG) geschützt, sodass die Schutzwirkung in gleicher Richtung wie das in Art. 6 Abs. 2 S. 1 GG verankerte Elternrecht sowie das Grundrecht des Kindes auf Gewährleistung der Pflege und Erziehung durch seine Eltern verläuft.[260] Im Falle einer missbräuchlichen Handhabung des Elternrechts ändern Art. 2 Abs. 1 und Art. 1 Abs. 1 GG hingegen ihre Zielrichtung und verpflichten den Staat zum Handeln nach Art. 6 Abs. 2 S. 2 GG.[261] In diesem Fall begründen Art. 2 Abs. 1 und Art. 1 Abs. 1 GG einen Anspruch des Kindes auf Beseitigung der nachhaltigen Gefahr durch seine Eltern.[262] Im Falle von Gesundheitsverletzungen, Missbrauch oder körperlicher und seelischer Vernachlässigung ist der Staat darüber hinaus aus Art. 2 Abs. 2 S. 1 GG verpflichtet, sich schützend und fördernd vor die Rechte des Kindes auf Leben und körperliche Unversehrtheit zu stellen. Trennt der Staat das Kind von seiner Familie, darf er sich

258 Vgl. BVerfG, Urt. v. 19.02.2013 – Az. 1 BvL 1/11, 1 BvR 3247/09, in: BVerfGE 133, 59 (74); vgl. BVerfG, Urt. v. 01.04.2008 – Az. 1 BvR 1620/04, in: BVerfGE 121, 69 (92 f.); vgl. BVerfG, Beschl. v. 29.07.1968 – Az. 1 BvL 20/63, 1 BvL 31/66, 1 BvL 5/67, in: BVerfGE 24, 119 (144); *Britz*, JZ 2014, 1069 (1070).

259 So zusammenfassend das BMFSFJ, Pflegefamilien als soziale Familien, S. 35.

260 BMFSFJ, Pflegefamilien als soziale Familien, S. 35.

261 BVerfG, Beschl. v. 29.10.1998 – Az. 2 BvR 1206/98, in: BVerfGE 99, 145 (156); vgl. BVerfG, Beschl. v. 29.07.1968 – Az. 1 BvL 20/63, 1 BvL 31/66, 1 BvL 5/67, in: BVerfGE 24, 119 (144); *Böckenförde*, in: Krautscheidt/Marré, Essener Gespräche 14, S. 73; *Robbers*, in: v. Mangoldt/Klein/Starck, GG Art. 6 Rn. 241; vgl. *Badura*, in: Maunz/Dürig, GG Art. 6 Rn. 139.

262 BVerfG, Beschl. v. 03.02.2017 – Az. 1 BvR 2569/16, in: NZFam 2017, 261 (265); BVerfG, Urt. v. 16.01.2003 – Az. 2 BvR 716/01, in: BVerfGE 107, 104 (117); BVerfG, Beschl. v. 17.02.1982 – Az. 1 BvR 188/80, in: BVerfGE 60, 79 (88); *Uhle*, in: BeckOK, GG Art. 6 Rn. 60a.

nicht allein mit der Herausnahme begnügen, sondern muss „positiv die Lebensbedingungen für ein gesundes Aufwachsen des Kindes schaffen."[263]

Lebt das Kind infolge der Trennung in einer Pflegefamilie, schützt Art. 2 Abs. 1 GG das Kind vor einer Herausnahme, die sein Wohl aufgrund der entwickelten Bindungen zu der Pflegefamilie gefährden würde, und steht damit in einem Spannungsverhältnis zum Elternrecht aus Art. 6 Abs. 2 S. 1 GG. Im Hinblick auf das Umgangsrecht der leiblichen Eltern entfalten Art. 2 Abs. 1 und Art. 1 Abs. 1 GG abermals gegensätzliche Schutzrichtungen. Auf der einen Seite schützt Art. 2 Abs. 1 in Verbindung mit Art. 1 Abs. 1 GG das Interesse des Kindes an regelmäßigen Umgangskontakten, sofern diese einen Mehrwert für seine Entwicklung darstellen. Gefährden sie diese hingegen, ist der Staat verpflichtet, entsprechende Maßnahmen zu ergreifen. Im Rahmen einer Entscheidung über die Einschränkung oder den Ausschluss des Umgangs kommt mit Blick auf Art. 1 und Art. 2 GG dem **Willen des Kindes** eine maßgebliche Bedeutung zu.[264] Für die konkrete Gewichtung des Kindeswillens im Einzelfall ist nicht auf das Alter des Kindes, sondern auf seinen individuellen geistig-seelischen Reifestand sowie die Intensität des geäußerten Willens abzustellen.[265]

Für die kindliche Entwicklung ist die Erfahrung, dass seine Wünsche und Bedürfnisse geachtet und berücksichtigt werden, von grundlegender Bedeutung.[266] Zwar stellen sich in diesem Zusammenhang einige Probleme wie etwa die Beeinflussung des Kindeswillens oder die Tatsache, dass dessen Umsetzung dem Wohl des Kindes objektiv durchaus schaden kann.[267] Jedenfalls lässt sich feststellen, dass eine Durchsetzung von Umgangskontakten über den anderslautenden, aus ernsten Gründen wiederholt geäußerten kindlichen Willen hinweg weder mit der Menschenwürde aus Art. 1 Abs. 1 GG noch mit dem allgemeinen Persönlichkeitsrecht aus Art. 2 Abs. 1 GG im Einklang stünde.[268] Prinzipiell sollte der Kindeswille daher soweit wie möglich akzeptiert werden und der Staat nur dann regle-

---

263 BVerfG, Beschl. v. 29.07.1968 – 1 BvL 20/63, 1 BvL 31/66, 1 BvL 5/67, in: BVerfGE 24, 119 (145).

264 *Lack*, FamFR 2013, 73 (74); *Coester*, Das Kindeswohl als Rechtsbegriff, S. 261.

265 *Coester*, Das Kindeswohl als Rechtsbegriff, S. 280; vgl. *Lack*, FamFR 2013, 73 (75); ausführlich dazu *Dettenborn/Walter*, Familienrechtspsychologie, S. 393 ff.

266 *Hohmann-Dennhardt*, FPR 2008, 476 (477).

267 Zur Beeinflussung des Kindeswillens im Einzelnen vgl. *Coester*, Das Kindeswohl als Rechtsbegriff, S. 264 ff.; zur Möglichkeit der objektiven Schädlichkeit des Kindeswillens im Einzelnen *Dettenborn*, Kindeswohl und Kindeswille, S. 86 ff.

268 BVerfG, Beschl. v. 29.11.2012 – Az. 1 BvR 335/12, in: NJW 2013, 1867 (1869); *Lack*, FamFR 2013, 73 (74).

mentierend eingreifen, sofern der Kindeswille das Kindeswohl objektiv gefährdet.[269]

3. Das Grundrecht des Kindes auf die Pflege und Erziehung seiner Herkunftsfamilie

Das Bundesverfassungsgericht hat in jüngeren Entscheidungen eine eigenständige Grundrechtsposition des Kindes in Gestalt des sogenannten Grundrechts auf Gewährleistung elterlicher Pflege und Erziehung angenommen.[270] Die größte Bedeutung entfaltet das Grundrecht, wenn die Möglichkeit der natürlichen Eltern eingeschränkt wird, die Pflege- und Erziehungsaufgabe wahrzunehmen. Eine Wirkung als Grundrechtsanspruch des Kindes gegenüber den Eltern ist jedoch abzulehnen.[271]

a) Verfassungsrechtliche Herleitung

Hergeleitet wird das Grundrecht des Kindes auf staatliche Gewährleistung elterlicher Pflege und Erziehung aus der Kombination der subjektiven Schutzgewähr aus Art. 2 Abs. 1 GG und der objektiven Zuständigkeitsregelung des Art. 6 Abs. 2 S. 1 GG.[272] Dabei gründet es sich auf dem folgenden

---

269 *Dettenborn*, Kindeswohl und Kindeswille, S. 82; vgl. auch BVerfG, Beschl. v. 08.03.2005 – Az. 1 BvR 1986/04, in: NJW-RR 2005, 801 (801 f.).

270 BVerfG, Urt. v. 19.02.2013 – Az. 1 BvL 1/11, 1 BvR 3247/09, in: BVerfGE 133, 59 (73 ff.); BVerfG, Beschl. v. 17.12.2013 – Az. 1 BvL 6/10, in: BVerfGE 135, 48 (84 f.).

271 *Wapler* weist insoweit darauf hin, dass ein solches Verständnis im Widerspruch zu Art. 1 Abs. 3 GG steht, der lediglich die staatliche Gewalt an Grundrechte bindet. Die Eltern befinden sich aufgrund des persönlichen Näheverhältnisses auch nicht in einer mit grundrechtsverpflichteten Institutionen vergleichbaren Situation. Zwar wirkt das Grundrecht mittelbar in die Eltern-Kind-Beziehung hinein, da die Grundrechte nach der Lehre von der mittelbaren Drittwirkung eine Ausstrahlungswirkung in die privaten Lebensverhältnisse entfalten. Allerdings sind an die von den Grundrechten ausgehende objektive Wertordnung, auf die sich die Lehre von der unmittelbaren Drittwirkung gründet, hohe Anforderungen zu stellen, die mit dem elterlichen Erziehungsprimat kaum in Einklang zu bringen sind, s. *Wapler*, Kinderrechte und Kindeswohl, S. 171 ff. m. w. N.

272 BVerfG, Urt. v. 19.02.2013 – Az. 1 BvL 1/11, 1 BvR 3247/09, in: BVerfGE 133, 59 (73 ff.); BVerfG, Beschl. v. 17.12.2013 – Az. 1 BvL 6/10, in: BVerfGE 135, 48 (84 f.); *Britz*, JZ 2014, 1069 (1070).

Gedanken: Ausgangspunkt ist das Recht des Kindes auf Förderung seiner Persönlichkeit aus Art. 2 Abs. 1 GG gegenüber dem Staat. Die Zuständigkeit für die Wahrnehmung dieser Schutzverantwortung weist Art. 6 Abs. 1 S. 1 GG im Grundsatz den Eltern zu. Aus der Kombination des Rechts des Kindes aus Art. 2 Abs. 1 GG gegenüber dem Staat mit der Entscheidung des Grundgesetzes, die Förderung der Persönlichkeitsentfaltung vorrangig in die Hände der Eltern zu legen, folgt das Recht des Kindes gegenüber dem Staat, dass dieser dessen Aufwachsen in der Obhut seiner Eltern unterstützt.[273]

Daraus ergeben sich im Einzelnen sowohl leistungs- als auch abwehrrechtliche Ansprüche des Kindes gegenüber dem Staat. Die Anspruchsrichtung ist jeweils von der Betreuungssituation abhängig, in der sich das Kind befindet. Die Anwendbarkeit reicht von der Trennung des Kindes von seinen Eltern über die Unterstützung elterlicher Erziehungsfähigkeit bis hin zu der Kontaktermöglichung während der Pflegestellenunterbringung und der Sicherstellung der Rückkehrmöglichkeit. Damit gewährleistet das Recht des Kindes auf Gewährleistung elterlicher Pflege und Erziehung, dass die elterliche Betreuung unterstützende Maßnahmen gegenüber staatlichen Interventionen den Vorrang haben.[274]

b) Die einzelnen Phasen des Betreuungsverhältnisses

Hinsichtlich der Herausnahme des Kindes aus seiner Herkunftsfamilie schützt das Grundrecht auf Gewährleistung auf Pflege und Erziehung seiner Eltern Ersteres vor einem unberechtigten vorläufigen Sorgerechtsentzug[275] und stellt somit in dieser Funktion einen abwehrrechtlichen Anspruch gegenüber dem Staat dar. An die Sachverhaltsermittlung sind hohe Ansprüche zu stellen, da die vorläufige Herausnahme des Kindes Tatsachen schafft, die später nicht ohne Weiteres rückgängig gemacht werden können. Die Anforderungen innerhalb dieses strengen Kontrollmaßstabes sind dabei umso höher, je geringer der mögliche Schaden aufseiten des Kindes wiegt und je weiter er zeitlich entfernt liegt.[276] An der Dring-

---

273 So *Britz*, JZ 2014, 1069 (1070); vgl. BVerfG, Urt. v. 19.02.2013 – Az. 1 BvL 1/11, 1 BvR 3247/09, in: BVerfGE 133, 59 (73 ff.); vgl. BVerfG, Beschl. v. 17.12.2013 – Az. 1 BvL 6/10, in: BVerfGE 135, 48 (84 f.).

274 Vgl. dazu *Hohmann-Dennhardt*, FPR 2008, 476 (477).

275 BVerfG, Beschl. v. 07.04.2014 – 1 BvR 3121/13, in: BeckRS 2014, 9631 Rn. 22.

276 BVerfG, Beschl. v. 07.04.2014 – 1 BvR 3121/13, in: BeckRS 2014, 9631 Rn. 23.

lichkeit der Herausnahme des Kindes fehlt es daher regelmäßig, „wenn sich die drohenden Beeinträchtigungen erst über längere Zeiträume entwickeln und sich die Gefährdungslage im Zeitpunkt der Entscheidung noch nicht derart verdichtet hat, dass ein sofortiges Einschreiten geboten wäre."[277] Eine lediglich absehbare mittel- oder langfristig drohende Kindeswohlgefährdung begründet keine nachhaltige Gefahr nach dem verfassungsrechtlichen Kindeswohlbegriff.

Sind die besondere Schwere und die zeitliche Nähe nicht gegeben, hat das Kind einen leistungsrechtlichen Anspruch auf Unterstützung der Erziehungsfähigkeit seiner Eltern gegen den Staat. Damit ist der Staat über die Prüfungspflicht von unterstützenden Maßnahmen als mildere Mittel[278] im Rahmen der Erforderlichkeit des Eingriffs in das Elternrecht hinaus auch durch das Grundrecht des Kindes auf die Pflege und Erziehung seiner Herkunftseltern zu unterstützenden Maßnahmen zur Wiedererlangung der Erziehungsfähigkeit verpflichtet.

Die Wirkung des Grundrechts des Kindes auf die Pflege und Erziehung durch die Eltern besteht über die gesamte Dauer des Pflegeverhältnisses. Zum einen begründet das Grundrecht den leistungsrechtlichen Anspruch, Möglichkeiten dafür zu schaffen, dass die elterliche Hinwendung auch während des Getrenntseins des Kindes realisiert werden kann.[279] Zum anderen muss der Staat während der Fremdbetreuung durch unterstützende Maßnahmen dafür Sorge tragen, dass das Kind alsbald in die volle elterliche Obhut zurückkehren kann.[280] Diese verfassungsrechtlichen Aufträge werden gleichermaßen durch den Umgang realisiert. Im Rahmen des Umgangs entfaltet das Grundrecht zudem einen abwehrrechtlichen Anspruch des Kindes für den Fall, dass das Umgangsrecht der leiblichen Eltern beschränkt oder ausgeschlossen werden soll. Daher ergeben sich im Einklang mit dem Elternrecht auch aus dem Grundrecht des Kindes auf Gewährleistung elterlicher Pflege und Erziehung hohe Anforderungen an eine Beschränkung oder einen Ausschluss des Umgangs, da er gleicherma-

---

277 BVerfG, Beschl. v. 07.04.2014 – Az. 1 BvR 3121/13, in: BeckRS 2014, 9631 Rn. 23.

278 BVerfG, Beschl. v. 22.09.2014 – Az. 1 BvR 2108/14 in: NZFam 2014, 1091 (1094); *Britz*, JZ 2014, 1069 (1072 f.).

279 *Britz*, JZ 2014, 1069 (1073); vgl. auch BVerfG, Beschl. v. 22.05.2014 – Az. 1 BvR 2882/13, in: BeckRS 2014, 15448 Rn. 35 f.

280 Vgl. BVerfG, Beschl. v. 22.09.2014 – Az. 1 BvR 2108/14, in: NZFam 2014, 1091 (1094); vgl. BVerfG, Beschl. v. 22.05.2014 – Az. 1 BvR 2882/13, in: BeckRS 2014, 15448 Rn. 33 f.

ßen die Aufrechterhaltung der Eltern-Kind-Beziehung sichert[281] und die Grundlage für eine Rückkehr[282] bildet.[283] Der Ausschluss verwehrt dem Kind die spezifische elterliche Hinwendung und führt damit regelmäßig zu einer Verfestigung der bereits bestehenden Trennung, sodass eine Einschränkung oder der Ausschluss des Umgangsrechts nur im Einzelfall bei einer nachhaltigen Gefahr für das Kindeswohl zulässig ist.

III. Die Grundrechtsposition der Pflegeeltern

Art. 6 Abs. 3 GG umfasst neben den Eltern im Sinne des Art. 6 Abs. 2 S. 1 GG als Grundrechtsträger auch andere Erziehungsberechtigte.[284] Dies betrifft vor allem Pflegeeltern.

Die Grundrechtsposition der Pflegeeltern aus Art. 6 Abs. 3 GG ist betroffen, sofern das Kind von der Pflegefamilie getrennt werden soll. Bei der Entscheidung über das **Herausgabeverlangen** der leiblichen Eltern darf aufseiten der Pflegefamilie die Regelung des Art. 6 Abs. 3 GG nicht gänzlich außer Acht bleiben.[285] In diesem Fall erfordert die verfassungsrechtliche Dreieckskonstellation stets eine einzelfallbezogene Abwägung. Im Kollisionsfall der Grundrechtsposition von Pflegeeltern und Herkunftseltern kommt grundsätzlich Letzterer der verfassungsrechtliche Vorrang zu.[286] Daher ist der Pflegefamilie als Verband das geringste verfassungsrechtliche Gewicht im Dreiecksverhältnis beizumessen.

Die Pflegefamilie kann als Verband jedoch auch von Art. 6 Abs. 1 GG geschützt sein. Dies gilt zumindest, sofern im Rahmen eines bereits länger bestehenden Pflegeverhältnisses tiefere Bindungen zwischen Pflegeeltern und Pflegekind entstanden sind.[287] In diesem Fall ist die Pflegefamilie vor Maßnahmen des Staates geschützt, welche die Familiengemeinschaft

---

281 BVerfG, Beschl. v. 29.11.2012 – 1 BvR 335/12, in: NJW 2013, 1867 (1868); BVerfG, Beschl. 14.07.2010 – Az. 1 BvR 3189/09, in: BeckRS 2010, 51310 Rn. 16; EGMR, Urt. v. 26.02.2004 – Az. 74969/01, in: NJW 2004, 3397 (3398).

282 BVerfG, Beschl. v. 14.06.2014 – Az. 1 BvR 725/14, in: NJW 2014, 2936 (2939).

283 *Britz*, JZ 2014, 1069 (1073).

284 *Robbers*, in: v. Mangoldt/Starck/Klein, GG Art. 6 Rn. 256; *Höfling*, in: Isensee/Kirchhof, HStR VII, § 155 Rn. 76.

285 BVerfG, Beschl. v. 17.10.1984 – Az. 1 BvR 284/84, in: BVerfGE 68, 176 (187).

286 BVerfG, Beschl. v. 02.06.1999 – Az. 1 BvR 1689/96, in: NJW 1999, 3623 (3624).

287 BVerfG, Beschl. v. 17.10.1984 – Az. 1 BvR 284/84, in: BVerfGE 68, 176 (187).

beeinträchtigen oder aufheben.[288] Dies kann neben dem Herausnahmeverlangen auch die Umgangskontakte mit den Herkunftseltern betreffen. Jedoch ist es, selbst wenn der Wunsch der Pflegeeltern nach einer möglichst unbelasteten Gestaltung des Familienlebens nachvollziehbar sein mag, Teil des Pflegeverhältnisses, auch den Umgang mit fordernd und negativ eingestellten leiblichen Eltern zu unterstützen.[289] Erreicht das Verhalten der Herkunftseltern während der Umgangskontakte jedoch ein solches destruktives Ausmaß, dass der pflegefamiliäre Rahmen auf Dauer destabilisiert wird, liegt ein Eingriff in die Grundrechtsposition der Pflegeeltern vor. Indes wird der Grundrechtsposition der Pflegeeltern auch in dieser Hinsicht ein vergleichsweise geringes Gewicht beizumessen sein. Im Kollisionsfall setzt sich das Elternrecht gegenüber ihrer Grundrechtsposition stets durch.

IV. Zusammenfassung

Ziel und Zweck der obigen Darstellung ist, einen umfassenderen Blick auf das Grundrechtsgeflecht zu ermöglichen, das der Familienpflege ihren verfassungsrechtlichen Rahmen setzt. Die Grundrechtssituation lässt sich in ihrem Wirkungsgehalt nur im Dreiecksverhältnis der Rechtspositionen von Eltern, Kind und Pflegeeltern erfassen. Am prägnantesten tritt das Abwehrrecht der Eltern aus Art. 6 Abs. 2 S. 1 GG hervor, das die Eltern vor Eingriffen des Staates in das Grundrecht auf die Pflege und Erziehung ihres Kindes schützt. Neben seiner abwehrrechtlichen Komponente normiert Art. 6 Abs. 2 S. 1 GG jedoch auch die elterliche Pflicht zur Pflege und Erziehung. Über die pflichtgemäße Einhaltung wacht die staatliche Gemeinschaft entsprechend Art. 6 Abs. 2 S. 2 GG. Entscheidet sich der Staat im äußersten Fall zur Herausnahme des Kindes, ist dies nur unter den Voraussetzungen des Art. 6 Abs. 3 GG möglich. Die Besonderheit

---

288 *Groß*, FPR 2004, 411 (411); den Schutz der Pflegeeltern-Pflegekind-Beziehung bejahend auch BVerfG, Beschl. v. 30.06.1964 – Az. 1 BvL 16/62, 1 BvL 17/62, 1 BvL 18/62, 1 BvL 19/62, 1 BvL 20/62, 1 BvL 21/62, 1 BvL 22/62, 1 BvL 23/62, 1 BvL 24/62, 1 BvL 25/62, in: BVerfGE 18, 97 (105 f.); BVerfG, Urt. v. 31.01.1989 – Az. 1 BvL 17/87, in: BVerfGE 79, 256 (267); BVerfG, Urt. v. 19.02.2013 – Az. 1 BvL 1/11, 1 BvR 3247/09, in: BVerfGE 133, 59 (82 f.); *Robbers*, in: v. Mangoldt/Klein/Starck, GG Art 6 Rn. 90; *Badura*, in: Maunz/Dürig, GG Art. 6 Rn. 60a; *Brosius-Gersdorf*, in: Dreier, GG Art. 6 Rn. 111.

289 *Obermann*, NZFam 2019, 293 (296); vgl. *Köckeritz*, Entwicklungspsychologie für die Jugendhilfe, S. 250.

liegt darin, dass die Voraussetzungen des Art. 6 Abs. 3 GG nach Ansicht des Bundesverfassungsgerichts über die erstmalige Trennung des Kindes hinaus auch für alle weiteren Maßnahmen, welche die Trennung des Kindes aufrechterhalten, gelten. Folglich steht der Verbleib des Kindes über die gesamte Dauer des Pflegeverhältnisses unter den Voraussetzungen des elterlichen Versagens oder der drohenden Verwahrlosung aus anderen Gründen. Darüber hinaus findet Art. 6 Abs. 3 GG Anwendung, sofern das Umgangsrecht der Eltern eingeschränkt oder ausgeschlossen werden soll, da der Umgang der Entfremdung des Kindes entgegenwirkt und eine Einschränkung oder ein Ausschluss des Umgangs die bestehende Trennung verfestigen würde.

Das **Kindeswohl** findet seinen Ausdruck hingegen in der Verfassung lediglich implizit in Art. 2 Abs. 1 in Verbindung mit Art. 1 Abs. 1 GG. Die konkrete Wirkungsrichtung ist von der familiären Situation der Familie abhängig: Sofern die Eltern im Regelfall ihre Pflicht aus Art. 6 Abs. 2 S. 1 GG erfüllen, schützt Art. 2 Abs. 1 GG die kindliche Entwicklung in der Obhut der Eltern. Die missbräuchliche Ausübung des Elternrechts verpflichtet den Staat dagegen aus Art. 2 Abs. 1 in Verbindung mit Art. 1 Abs. 1 GG, das Kind als Ultima ratio von der Familie zu trennen und positiv die Lebensbedingungen für ein gesundes Aufwachsen des Kindes zu schaffen. Über die Dauer des Pflegeverhältnisses ist das Kind davor geschützt, von der Pflegefamilie getrennt und in seine Herkunftsfamilie zurückgeführt zu werden, sofern sich die dortigen Lebensverhältnisse nicht verbessert haben. Dazu, diese alsbald (erneut) herzustellen, ist der Staat aufgrund des Grundrechts des Kindes auf Gewährleistung der Pflege und Erziehung durch seine Eltern verpflichtet. Diese Grundrechtsposition nimmt den Staat in die Verantwortung, durch unterstützende Maßnahmen eine Rückkehr des Kindes zu ermöglichen. Demgemäß ist auch das Recht auf gegenseitigen Umgang, der einer Entfremdung vorbeugt und die Rückkehroption offenhält, durch das Grundrecht des Kindes auf Pflege und Erziehung durch seine Eltern geschützt. Abweichendes gilt, sofern die Umgangskontakte einen Eingriff in die Grundrechtsposition des Kindes aus Art. 2 Abs. 1 in Verbindung mit Art. 1 Abs. 1 GG darstellen.

Schließlich können auch die **Pflegeeltern** als Verband grundrechtlich geschützt sein. Voraussetzung ist jedoch, dass im Rahmen eines länger andauernden Pflegeverhältnisses tiefere Bindungen zwischen Pflegeeltern und Pflegekind entstanden sind. In diesem Fall können sich die Pflegeeltern ebenfalls auf Art. 6 Abs. 3 GG berufen, wenn die Herausnahme des Kindes aus ihrer Obhut droht. Darüber hinaus schützt Art. 6 Abs. 1 GG die

Pflegefamilie vor der Aufhebung oder Beeinträchtigungen der Familiengemeinschaft.

E. Die Rechtsstellung der Pflegefamilie

Nachfolgend wird die Rechtsstellung der Pflegefamilie aus der zivilrechtlichen Perspektive betrachtet. Im Rahmen dieser Arbeit ist der zivilrechtlichen Stellung der Pflegefamilie eine höhere Bedeutung als der öffentlichen-rechtlichen beizumessen, da die maßgeblichen Eingriffsbefugnisse im Bürgerlichen Gesetzbuch ausgestaltet sind.[290] Da das Ziel dieser Arbeit ist, den Gestaltungsspielraum des Gesetzgebers für die Optimierung der Familienpflege zu bestimmen, sollen sich die Ausführungen darüber hinaus auf die problematischen Aspekte der Familienpflege beschränken: die §§ 1632 Abs. 4, 1684, 1688 und 1630 Abs. 3 BGB.[291]

I. Die Verbleibensanordnung nach § 1632 Abs. 4 BGB

Droht die Herausnahme des Kindes aus der Pflegefamilie, können sich die Pflegeeltern mit dem Antrag, eine Verbleibensanordnung nach § 1632 Abs. 4 BGB zu erlassen, an das Familiengericht wenden. Auch wenn der Gesetzgeber in mancher Hinsicht darauf bedacht war, die Rechtsstellung der Pflegeeltern zu fördern, zielt die Vorschrift nach ihrem Sinn und Zweck vorrangig darauf, in den Anwendungsfällen des § 1632 Abs. 4 BGB dem Kindeswohl gerecht zu werden.[292] Der Gesetzgeber wollte vor allem „bei Pflegekindern, die ohnehin vor ihrer Weggabe in ein Pflegeverhältnis häufig ein trauriges Schicksal hatten, dafür sorgen, daß nicht ohne Not

---

290 *Höfling*, in: Isensee/Kirchhof, HStR VII, § 155 Rn. 96.

291 Eine große Bedeutung für die Familienpflege kommt auch den §§ 1666, 1666a BGB zu. Da die §§ 1666, 1666a BGB als Generalklausel bei Kindeswohlgefährdungen jedoch nicht speziell die Rechtsstellung der Pflegefamilie betreffen und insoweit kein dringender Reformierungsbedarf ersichtlich ist, soll keine weitere Vertiefung im Rahmen dieses Kapitels erfolgen. Zur letzten Reform des § 1666 BGB im Zuge des Gesetzes zur Erleichterung familiengerichtlicher Maßnahmen bei Gefährdung des Kindeswohl (2008) vgl. etwa *Fellenberg*, FPR 2008, 125 ff.

292 *Peschel-Gutzeit*, FPR 2004, 428 (429); *Huber*, in: MünchKomm, BGB § 1632 Rn. 37; *Veit*, in: BeckOK, BGB § 1632 Rn. 41; *Siedhoff*, in: NJW 1994, 616 (617); vgl. BT-Drucks. 8/2788, S. 40.

Bindungslosigkeit entsteht"[293]. Diese Notwendigkeit kann sich insbesondere in folgenden Fällen ergeben:[294]

1. Die Herkunftseltern beantragen nach der Übertragung des Sorgerechts nach § 1630 Abs. 3 BGB die Rückübertragung des Sorgerechts und die Herausgabe des Kindes.
2. Die Herkunftseltern verlangen das Kind vom Vormund heraus, nachdem die gerichtliche Entscheidung, durch die ihnen das Sorgerecht gemäß § 1666 BGB (teilweise) entzogen worden ist, wieder aufgehoben wurde.
3. Die Pflegeeltern, bei denen das Kind seit längerer Zeit lebt, beantragen eine Verbleibensanordnung, nachdem die Herkunftseltern die Absicht geäußert haben, das Kind zurückzunehmen.
4. Die Pflegeeltern, denen das Kind vom Amtsvormund nach einer entsprechenden gerichtlichen Entscheidung weggenommen worden ist, verlangen durch die Verbleibensanordnung die Rückführung des Kindes.

Im Einzelnen müssen für eine Verbleibensanordnung nach dem Wortlaut des § 1632 Abs. 4 BGB folgende Voraussetzungen erfüllt sein: Das Kind muss seit längerer Zeit in Familienpflege leben, die Eltern müssen das Kind von der Pflegeperson wegnehmen wollen und das Wohl des Kindes muss durch die Wegnahme gefährdet sein. Liegen diese Voraussetzungen vor, hat das Familiengericht das Verbleiben des Kindes anzuordnen.[295]

1. Familienpflege seit längerer Zeit

Rechtsprechung und Literatur definieren Familienpflege als das familienähnliche Zusammenleben eines Kindes mit einer Pflegeperson außerhalb seiner Herkunftsfamilie.[296] Familienpflege kann demgemäß auch bei Verwandten, Verschwägerten, Stiefeltern oder bei einer Adoptionspflege

---

293 BVerfG, Beschl. v. 12.10.1988 – Az. 1 BvR 818/88, in: BVerfGE 79, 51 (60).

294 So zusammenfassend *Siedhoff*, NJW 1994, 616 (617).

295 Entgegen dem Wortlaut des § 1632 Abs. 4 BGB („kann"), handelt es sich um eine gebundene Entscheidung, s. *Preisner*, in: Soergel, BGB § 1632 Rn. 59; *Salgo*, in: Staudinger, BGB § 1632 Rn. 81. Ein gerichtlicher Ermessensspielraum bei Vorliegen der Voraussetzungen wäre mit der Grundrechtsposition des Kindes aus Art. 2 Abs. 1 und Art. 1 Abs. 1 GG unvereinbar.

296 Vgl. BGH, Beschl. v. 04.07.2001 – Az. XII ZB 161/98, in: NJW 2001, 3337 (3338); *Huber*, in: MünchKomm, BGB § 1630 Rn. 18; *Döll*, in: Erman, BGB § 1632 Rn. 26; *Preisner*, in: Soergel, BGB § 1632 Rn. 50.

(§ 1744 BGB) vorliegen. Entscheidend ist, dass der tatsächliche Lebensmittelpunkt des Pflegekindes bei der Pflegeperson liegt.[297] Der Wortlaut „Pflegeperson“ in § 1632 Abs. 4 BGB setzt dabei nicht zwingend das Vorhandensein zweier verheirateter, verschiedengeschlechtlicher Personen voraus. Vielmehr kann sich auch im Bereich der Pflegefamilien das „ganze Spektrum an familialen Lebensformen“[298] wiederfinden.[299]

Darüber hinaus muss sich das Kind bereits „seit längerer Zeit“ in Familienpflege befinden. Nach Sinn und Zweck der Vorschrift geht es darum, die **entstandenen Bindungen** des Kindes zu seiner Pflegefamilie und seinem sozialen Umfeld zu schützen.[300] Damit kommt es entscheidend auf die soziale Verbundenheit des Kindes zu seiner Bezugswelt an, da die Herausnahme, sofern eine solche Verbundenheit entstanden ist, wahrscheinlich zu nachhaltigen seelischen, kognitiven und sozialen Beeinträchtigungen führt.[301] Ab wann eine solche Verbundenheit besteht, muss im Einzelfall ermittelt werden. Hat das Kind bereits nach zwei Monaten Bindungen zu seinen Pflegeeltern entwickelt, reicht dies für § 1632 Abs. 4 BGB aus; hat es auch nach zwei Jahren noch keinen Anschluss gefunden, genügt dieser Zeitraum nicht.[302] Daher ist der Zeitbegriff jedenfalls nicht absolut im Sinne einer festen, allgemeingültigen Zeitspanne zu verstehen.[303] Da das Zeitempfinden des Kindes in Beziehung zu seinem Alter steht, sind bei der Auslegung der „längeren Zeit“ die kindlichen Zeitvorstellungen anzuwenden.[304] Grundsätzlich gilt: Je jünger das Kind ist, desto länger wird ihm eine Zeitpanne vorkommen.[305]

---

297 *Preisner*, in: Soergel, BGB § 1632 Rn. 50; *Salgo*, in: Staudinger, BGB § 1632 Rn. 65.

298 *Wolf*, RdJB 2015, 467 (474).

299 Werden im Rahmen dieses Kapitels die Begriffe „Pflegeeltern“ oder „Pflegefamilie“ verwendet, ist die tatsächliche Pluralität und Diversität der pflegenden Personen gedanklich mit einbezogen.

300 BT-Drucks. 8/2788, S. 40; *Döll*, in: Erman, BGB § 1632 Rn. 26a; *Salgo*, in: Staudinger, BGB § 1632 Rn. 68; *Peschel-Gutzeit*, in: Stiftung zum Wohl des Pflegekindes, Bindung und Trauma, S. 52.

301 *Münder*, NJW 1986, 811 (813); vgl. BT-Drucks. 8/2788, S. 40.

302 Vgl. *Gleißl/Suttner*, FamRZ 1982, 122 (125).

303 Vgl. OLG Celle, Beschl. v. 20.07.1989 – Az. 17 W 15/89, 17 W 16/89, in: FamRZ 1990, 191 (192); *Preisner*, in: Soergel, BGB § 1632 Rn. 52; *Gleißl/Suttner*, FamRZ 1982, 122 (125); *Siedhoff*, NJW 1994, 616 (617).

304 *Salgo*, FamRZ 1999, 337 (345); *Siedhoff*, NJW 1994, 616 (617); *Döll*, in: Erman, BGB § 1632 Rn. 26a; *Preisner*, in: Soergel, BGB § 1632 Rn. 52.

305 *Preisner*, in: Soergel, BGB § 1632 Rn. 52; vgl. *Huber*, in: MünchKomm, BGB § 1632 Rn. 41; *Peschel-Gutzeit*, in: Stiftung zum Wohl des Pflegekindes, Bindung und Trauma, S. 53; *Siedhoff*, NJW 1994, 616 (617).

Liegt die Voraussetzung der „längeren Zeit" in Ermangelung aufgebauter Bindungen nicht vor, kann dennoch das Verbleiben des Kindes in der Pflegefamilie notwendig sein, etwa dann, wenn das Kind in mehrfach wechselnden Pflegefamilien untergebracht war und zu keiner Bezugsperson eine tiefe Bindung aufgebaut hat.[306] Ist in dieser Konstellation im Falle einer Rückführung das Wohl des Kindes durch das Verhalten der Herkunftseltern gefährdet, findet nicht § 1632 Abs. 4 BGB, sondern § 1666 Abs. 1 BGB Anwendung.

2. Herausnahmeverlangen der Herkunftseltern

Ein Herausnahmeverlangen liegt nach dem Wortlaut des § 1632 Abs. 1 BGB nicht erst vor, sofern die Eltern ein Verfahren eingeleitet haben, sondern bereits dann, wenn diese ernstlich den Willen zur Herausnahme geäußert haben.[307] Um den Herausgabeanspruch aber tatsächlich geltend machen zu können, müssen die Herkunftseltern zumindest aufenthaltsbestimmungsberechtigt sein, sodass Eltern, denen das Sorgerecht nach §§ 1666, 1666a BGB (teilweise) entzogen wurde, nicht antragsberechtigt sind.[308] Stellen die Eltern bei dem Familiengericht dennoch einen Antrag auf Herausnahme, kann es diesen als Anregung zur Überprüfung gemäß § 1696 Abs. 2 BGB in Verbindung mit § 166 Abs. 2 FamFG auslegen.[309] Ist das Aufenthaltsbestimmungsrecht nach § 1930 Abs. 3 BGB auf die Pflegeeltern übertragen worden, muss diese Anordnung durch das Familiengericht zunächst aufgehoben werden.[310]

Eine Verbleibensanordnung kann über den Wortlaut hinaus auch dann ergehen, wenn das Kind bereits von den Antragstellern getrennt worden

---

306 *Gleißl/Suttner*, FamRZ 1982, 122 (127); dazu im Einzelnen *Diouani-Streek*, Kontinuität im Kinderschutz, S. 142 ff.

307 OLG Brandenburg, Beschl. v. 09.03.2006 – Az. 15 WF 103/06, in: FamRZ 2006, 1132 (1132); *Salgo*, in: Staudinger, BGB § 1632 Rn. 76; *Veit*, in: BeckOK, BGB § 1632 Rn. 50; *Preisner*, in: Soergel, BGB § 1632 Rn. 53; *Huber*, in: MünchKomm, BGB § 1632 Rn. 42.

308 BayObLG, Beschl. v. 22.05.1990 – Az. BReg. 1a Z 16/90, in: FamRZ 1990, 1379 (1382); *Salgo*, in: Coester-Waltjen/Lipp/Schumann/Veit, Das Pflegekindverhältnis, S. 79; *Veit*, in: BeckOK, BGB § 1632 Rn. 49; *Döll*, in: Erman, BGB § 1632 Rn. 26b; *Salgo*, Pflegekindschaft und Staatsintervention, S. 188; *Münder*, NJW 1986, 811 (813).

309 *Salgo*, in: Coester-Waltjen/Lipp/Schumann/Veit, Das Pflegekindverhältnis, S. 79.

310 *Huber*, in: MünchKomm, BGB § 1632 Rn. 42; *Salgo*, in: Coester-Waltjen/Lipp/Schumann/Veit, Das Pflegekindverhältnis, S. 79;

ist und wieder in seiner Herkunftsfamilie oder in einer anderen Fremdunterbringungsmöglichkeit lebt.[311] In diesem Fall ermöglicht § 1632 Abs. 4 BGB die Rückführung des Kindes zu den Pflegeeltern, sofern ein unmittelbarer zeitlicher Zusammenhang zwischen der Herausnahme und der Einleitung des Verfahrens besteht.[312]

Verlangt der Vormund oder Pfleger die Herausnahme, um das Pflegekind in einer anderen Pflegefamilie oder in einer anderen Einrichtungsart unterzubringen, kann die Verbleibensanordnung entgegen dem Wortlaut des § 1632 Abs. 4 BGB auch diesem entgegengehalten werden.[313]

3. Das Vorliegen einer Kindeswohlgefährdung

Voraussetzung für den Erlass einer Verbleibensanordnung ist das Vorliegen einer Kindeswohlgefährdung. Zwar ließe sich die Rückführung bei Vorliegen einer konkreten Kindeswohlgefährdung auch durch einen (teilweisen) Sorgerechtsentzug nach §§ 1666, 1666a BGB verhindern. Mit Blick auf Art. 6 Abs. 2 und 3 GG muss das Familiengericht jedoch den Erlass einer Verbleibensanordnung nach § 1632 Abs. 4 BGB als milderes Mittel in Erwägung ziehen.[314]

Ob die Herausnahme das Wohl des Kindes im Sinne des § 1632 Abs. 4 BGB gefährdet, ist anhand verschiedener Kriterien zu prüfen und im Einzelfall zu entscheiden.[315] Die Gefährdung des Kindeswohls kann sich etwa im Hinblick auf Anlass oder Dauer des Pflegeverhältnisses ergeben.[316] Die

---

311 *Götz*, in: Palandt, BGB § 1632 Rn. 13; *Döll*, in: Erman, BGB § 1632 Rn. 26b; vgl. *Salgo*, Pflegekindschaft und Staatsintervention, S. 213.

312 BGH, Beschl. v. 16.11.2016 – Az. XII ZB 328/15, in: NJW 2017, 472 (472 f.); *Döll*, in: Erman, BGB § 1632 Rn. 26b.

313 *Döll*, in: Erman, BGB § 1632 Rn. 26b; *Salgo*, in: Staudinger, BGB § 1630 Rn. 77; *Münder*, NJW 1986, 811 (813); bzgl. Pfleger s. OLG Brandenburg, Beschl. v. 19.05.2015 – Az. 10 UF 11/15, in: FamRZ 2016, 314 (314); bzgl. Vormund s. OLG Hamm, Beschl. v. 08.03.1985 – Az. 15 W 64/85, in: NJW 1985, 3029 (3030).

314 BVerfG, Beschl. v. 11.11.1988 – Az. 1 BvR 585/88, in: BeckRS 1988, 3543 Rn. 31; zum Verhältnis von § 1632 Abs. 4 und § 1666 BGB im Einzelnen *Veit*, FF 2008, 358 ff.

315 *Peschel-Gutzeit*, FPR 2004, 428 (430).

316 Zwar wurde der Hinweis auf Anlass und Dauer durch das KindRG aus dem Gesetzestext gestrichen, um hervorzuheben, dass sich die Kindeswohlgefährdung auch aus anderen Gründen ergeben kann. Eine sachliche Änderung sollte dadurch jedoch nicht bezweckt werden. Anlass und Dauer sind demgemäß

Gefährdung im Hinblick auf den Anlass ergibt sich aus den Gründen der Fremdbetreuung, insbesondere aus von den Eltern verschuldeten Gründen wie etwa körperlichen oder seelischen Misshandlungen.[317] Erfolgte die Fremdbetreuung dagegen aus von den Eltern nicht verschuldeten Gründen, werden die Voraussetzungen einer Kindeswohlgefährdung deutlich seltener gegeben sein.[318] Eine Gefährdung im Hinblick auf die Dauer liegt vor, wenn durch den Abbruch der entstandenen Bindungen für das Kind die Gefahr nicht unerheblicher körperlicher und psychischer Schäden droht.[319] Sind die Pflegeeltern im Laufe der Zeit zu den sozialen Eltern des Kindes geworden, wird regelmäßig der Verbleib des Kindes anzuordnen sein.[320]

Weitere Kriterien sind etwa die Betreuungsverhältnisse und die persönliche Situation in der Herkunftsfamilie, die verbliebene Belastbarkeit der Eltern-Kind-Beziehung sowie der Wille des Kindes.[321] Ein unzulässiger Anknüpfungspunkt ist hingegen, ob das Kind in der Pflegefamilie bessere Entwicklungsmöglichkeiten als in seiner Herkunftsfamilie vorfindet. Dieser Abwägungsbelang ist, wie bereits erwähnt wurde, mit dem Elternrecht aus Art. 6 Abs. 2 S. 1 GG unvereinbar. Insgesamt ist die Risikogrenze hinsichtlich möglicher Beeinträchtigungen des Kindes dann überschritten, „wenn unter Berücksichtigung der Umstände des Einzelfalls mit überwiegender Wahrscheinlichkeit nicht auszuschließen ist, dass die Trennung des Kindes von seinen Pflegeeltern psychische oder physische Schädigungen nach sich ziehen kann."[322] In diesem Fall ist das Verbleiben des Kindes in der Pflegefamilie anzuordnen.

Möchte der Amtsvormund das Pflegekind in einer anderen als der es derzeitig betreuenden Pflegefamilie unterbringen, ist die vertretbare Risi-

---

weiterhin als Kriterien zu prüfen, da sie Teil der Kindeswohlprüfung sind, vgl. BT-Drucks. 13/4899, S. 96; *Huber*, in: MünchKomm, BGB § 1632 Rn. 54; *Peschel-Gutzeit*, in: Stiftung zum Wohl des Pflegekindes, Bindung und Trauma, S. 51.

317 *Huber*, in: MünchKomm, BGB § 1632 Rn. 54; *Siedhoff*, NJW 1994, 616 (617).

318 *Huber*, in: MünchKomm, BGB § 1632 Rn. 54; *Döll*, in: Erman, BGB § 1632 Rn. 26c.

319 *Siedhoff*, NJW 1994, 616 (617); *Kerscher*, in: BeckOGK, BGB § 1632 Rn. 110; *Huber*, in: MünchKomm, BGB § 1632 Rn. 55.

320 *Salgo*, in: Staudinger, BGB § 1632 Rn. 91; *Döll*, in: Erman, BGB § 1632 Rn. 26c; *Siedhoff*, NJW 1994, 616 (617);

321 *Peschel-Gutzeit*, FPR 2004, 428 (430); vgl. *Hoffmann*, FPR 2011, 578 (581).

322 So das BVerfG, Beschl. v. 31.03.2010 – Az. 1 BvR 2910/09, in: NJW 2010, 2336 (2337).

kogrenze deutlich herunterzusetzen:[323] Für eine rechtmäßige Herausnahme erforderlich ist insoweit, dass das Kind durch die Trennung ausschließlich Vorteile erfährt und „mit hinreichender Sicherheit auszuschließen ist, daß die Trennung [...] mit psychischen oder physischen Schädigungen verbunden sein kann."[324]

II. Das Umgangsrecht der Herkunftseltern

Eine große praktische Bedeutung kommt dem Umgangsrecht der Herkunftseltern zu. Die Pflegeeltern trifft, wie bereits erwähnt wurde, die Pflicht, den leiblichen Eltern den Umgang mit dem Pflegekind zu ermöglichen.

Einfachgesetzlich ist das Umgangsrecht der leiblichen Eltern in § 1984 BGB geregelt. Gemäß § 1684 Abs. 1 BGB ist jeder Elternteil zum Umgang mit seinem Kind berechtigt und verpflichtet. In diesem Zusammenhang ist der Umgang als persönlicher, schriftlicher, telefonischer oder elektronischer Kontakt zu verstehen.[325]

Das Umgangsrecht erstreckt sich neben den Fällen des Getrenntlebens auch auf diejenigen Fälle, in denen das Kind in Familienpflege lebt.[326] Der Gesetzgeber hat den Eltern das Recht auf Umgang mit ihrem Kind unabhängig davon eingeräumt, ob ihnen das Sorgerecht für das Kind zusteht.[327] Für nicht sorgeberechtigte Eltern stellt das Umgangsrecht mit dem Kind in Familienpflege die einzige Möglichkeit dar, das Elternrecht überhaupt noch ausüben zu können.[328] Sorgerecht und Umgangsrecht sind insoweit

323 BVerfG, Beschl. v. 25.11.2003 – Az. 1 BvR 1248/03, in: FamRZ 2004, 771 (772); BVerfG, Beschl. v. 12.10.1988 – Az. 1 BvR 818/88, in: BVerfGE 79, 51 (64); BVerfG, Beschl. v. 14.04.1987 – Az. 1 BvR 332/86, in: BVerfGE 75, 201 (220); *Huber*, in: MünchKomm, BGB § 1632 Rn. 44; *Döll*, in: Erman, BGB § 1632 Rn. 26c.

324 BVerfG, Beschl. v. 14.04.1987 – Az. 1 BvR 332/86, in: BVerfGE 75, 201 (220).

325 *Dürbeck*, in: Staudinger, BGB § 1684 Rn. 100 ff.; *Gernhuber/Coester-Waltjen*, § 66 II Rn. 6; vgl. *Hennemann*, in: MünchKomm, BGB § 1684 Rn. 32; *Motzer*, FamRZ 2000, 925 (925).

326 *Obermann*, NZFam 2019, 293 (295); *Dürbeck*, in: Staudinger, BGB § 1684 Rn. 69. Bereits der Begründung des Regierungsentwurfs lässt sich entnehmen, dass das Umgangsrecht der Eltern auch in dem Fall bestehen soll, wenn sich das Kind in Familienpflege befindet, s. BT-Drucks. 13/4899, S. 105; *Salgo*, FamRZ 1999, 337 (345).

327 BVerfG, Urt. v. 01.04.2008 – Az. 1 BvR 1620/04, in: NJW 2008, 1287 (1289).

328 BVerfG, Urt. v. 01.04.2008 – Az. 1 BvR 1620/04, in: NJW 2008, 1287 (1289).

als „grundsätzlich selbstständige Facetten“[329] des Elternrechts aus Art. 6 Abs. 2 S. 1 GG aufzufassen.

Ist durch den Umgang mit den Herkunftseltern keine Gefährdung für das Kindeswohl ersichtlich, müssen sodann alle Modalitäten wie etwa Tag und Uhrzeit, Ort und Häufigkeit an den Bedürfnissen des Kindes ausgerichtet werden.[330] Sind von den Umgangskontakten hingegen negative Wirkungen auf das Kind zu erwarten, kann das Familiengericht nach § 1684 Abs. 3 und 4 BGB unter strikter Anwendung des Grundsatzes der Verhältnismäßigkeit verschiedene Maßnahmen ergreifen.[331]

1. Die Wohlverhaltenspflicht

Die mildeste Reaktion des Familiengerichts auf Missstände ist gemäß § 1684 Abs. 3 S. 2 BGB das Ermahnen der Eltern zur Einhaltung ihrer in § 1684 Abs. 2 BGB normierten Wohlverhaltenspflicht. § 1684 Abs. 2 S. 2 BGB bezieht sich auch auf Dritte, in deren Obhut sich das Kind befindet, womit die Wohlverhaltensklausel auch für Pflegeverhältnisse gilt. Danach haben die Eltern alle Handlungen zu unterlassen, die das Verhältnis des Kindes zu den Pflegeeltern beeinträchtigen oder die Erziehung erschweren können.[332] Bei einer dauerhaften oder wiederholten erheblichen Verletzung dieser Pflicht kann das Familiengericht nach § 1684 Abs. 3 S. 3 BGB eine Umgangspflegschaft anordnen.

2. Beschränkung des unbegleiteten Umgangs

Reichen die Maßnahmen des § 1684 Abs. 3 BGB nicht aus, kann das Familiengericht das Umgangsrecht nach § 1684 Abs. 4 BGB einschränken oder ausschließen. Grundsätzlich kommen Einschränkungen inhaltlicher, zeitlicher und örtlicher Art in Betracht.[333] Voraussetzung ist nach § 1684 Abs. 4 S. 1 BGB, dass dies zum Wohl des Kindes erforderlich ist, das heißt, das

---

329 So *Obermann*, NZFam 2019, 293 (295).

330 *Heilmann*, in: Coester-Waltjen/Lipp/Schumann/Veit, Das Pflegekindverhältnis, S. 99; *Jakobitz*, in: Soergel, BGB § 1684 Rn. 22.

331 *Götz*, in: Palandt, BGB § 1684 Rn. 34; *Jakobitz*, in: Soergel, BGB § 1684 Rn. 43.

332 *Dürbeck*, in: Staudinger, BGB § 1684 Rn. 109; *Hennemann*, in: MünchKomm, BGB § 1684 Rn. 20 f.; *Veit*, in: BeckOK, BGB § 1684 Rn. 39; BT-Drucks. 13/4899, S. 105.

333 *Götz*, in: Palandt, BGB § 1684 Rn. 34.

Kindeswohl nachhaltig berührende Gründe vorliegen.[334] Aus § 1684 Abs. 4 S. 2 BGB wird deutlich, dass nur kurzzeitige Einwirkungen erfasst sind, da bei längerfristigen oder sogar dauerhaften Beschränkungen des Umgangsrechts gemäß § 1684 Abs. 4 S. 2 BGB eine konkrete Kindeswohlgefährdung vorliegen muss.[335]

3. Begleiteter Umgang

Als milderes Mittel muss das Familiengericht als Einschränkungsmöglichkeit in Betracht ziehen, die Umgangskontakte in Anwesenheit eines Dritten stattfinden zu lassen, § 1684 Abs. 4 S. 3 BGB. Geht es nur um einen kurzen Zeitraum, genügt, dass die Einschränkung zum Wohl des Kindes erforderlich ist. Ausschließlich bei einer Gefährdung des Kindeswohls kann der Umgang für längere Zeit mit der Maßgabe beschränkt werden, dass dieser in Anwesenheit eines Dritten stattfindet, § 1684 Abs. 4 S. 3 BGB.

Die Umsetzung eines begleiteten Umgangs kann sich nach den Ausführungen *Heilmanns* in der Praxis schwierig gestalten: Zum einen kommt mit Blick auf den Wortlaut des § 1684 Abs. 4 S. 3 BGB für die Anwesenheit eines „mitwirkungsbereiten Dritten" – wenngleich „Dritter" nach § 1684 Abs. 4 S. 4 BGB auch ein Träger der Jugendhilfe oder ein Verein sein kann – häufig nur das Jugendamt infrage.[336] Ist das Jugendamt nicht zur Mitwirkung bereit, bleibt dem Familiengericht nur noch die Möglichkeit, einen unbegleiteten Umgang oder dessen Ausschluss anzuordnen.[337] Zum anderen ergeben sich Probleme daraus, dass im Rahmen der gerichtlichen Anordnung eines begleiteten Umgangs alle Modalitäten präzise geregelt sein müssen, damit der Umgang vollstreckungsfähig ist.[338] Dies ist im Hin-

---

334 *Jakobitz*, in: Soergel, BGB § 1684 Rn. 41; *Dürbeck*, in: Staudinger, BGB § 1684 Rn. 287; *Götz*, in: Palandt, BGB § 1684 Rn. 24.

335 *Veit*, in: BeckOK, BGB § 1684 Rn. 48; *Jakobitz*, in: Soergel, BGB § 1684 Rn. 40; *Götz*, in: Palandt, BGB § 1684 Rn. 24.

336 *Heilmann*, in: Coester-Waltjen/Lipp/Schumann/Veit, Das Pflegekindverhältnis, S. 100.

337 *Heilmann*, in: Coester-Waltjen/Lipp/Schumann/Veit, Das Pflegekindverhältnis, S. 100.

338 *Heilmann*, in: Coester-Waltjen/Lipp/Schumann/Veit, Das Pflegekindverhältnis, S. 100 f.; *Jakobitz*, in: Soergel, BGB § 1684 Rn. 47; *Küfner*, in: Kindler/Helming/Meysen/Jurczyk, Handbuch Pflegekinderhilfe, S. 677.

blick auf die tatsächlichen Angebote örtlicher Träger über einen längeren Zeitraum kaum durchführbar.[339]

4. Umgangsausschluss

Gewährleistet auch die Anordnung eines begleiteten Umgangs nicht, dass die körperliche und seelische Entwicklung des Kindes nicht beeinträchtigt wird, kommt als äußerste Maßnahme ein Umgangsausschluss in Betracht. Gemäß § 1684 Abs. 4 BGB gilt, dass der Umgangsausschluss nur angeordnet werden darf, wenn andernfalls das Wohl des Kindes gefährdet ist. Nach dem Bundesverfassungsgericht ist dies der Fall, wenn der Ausschluss für den Schutz des Kindes erforderlich ist, um eine Gefährdung seiner seelischen oder körperlichen Entwicklung abzuwehren.[340]

Nach den verfassungsrechtlichen Vorgaben gilt ferner, dass die Anforderungen an einen Umgangsausschluss grundsätzlich umso höher sind, je länger der Ausschluss gelten soll. Ein vollständiger Umgangsausschluss ist als äußerste Maßnahme nur bei hoher Wahrscheinlichkeit einer ernsthaften und nachhaltigen Kindeswohlgefährdung zulässig.[341] Ein solcher liegt vor, wenn keine persönliche Kontaktaufnahme der Herkunftseltern mit dem Kind mehr erfolgt.[342]

Für die Auslegung des Merkmals der „längeren Zeit" sind die Umstände des Einzelfalls und hier vor allem Art und Umfang der bisherigen Umgangskontakte sowie angesichts des besonderen kindlichen Zeitempfindens das Kindesalter zu berücksichtigen.[343]

III. Die Entscheidungs- und Vertretungsbefugnisse nach § 1688 BGB

Die Betreuung des Pflegekindes bringt für die Pflegeeltern täglich eine Vielzahl von Entscheidungen mit sich. Dazu ist ein Mindestmaß an Hand-

---

339 *Heilmann*, in: Coester-Waltjen/Lipp/Schumann/Veit, Das Pflegekindverhältnis, S. 101.

340 BVerfG, Beschl. 14.07.2010 – Az. 1 BvR 3189/09, in: BeckRS 2010, 51310 Rn. 17.

341 *Dürbeck*, in: Staudinger, BGB § 1684 Rn. 286; *Götz*, in: Palandt, BGB § 1684 Rn. 36; *Hennemann*, in: MünchKomm, BGB § 1684 Rn. 72.

342 *Heilmann*, in: Coester-Waltjen/Lipp/Schumann/Veit, Das Pflegekindverhältnis, S. 101.

343 *Jakobitz*, in: Soergel, BGB § 1684 Rn. 42; *Heilmann*, in: Coester-Waltjen/Lipp/Schumann/Veit, Das Pflegekindverhältnis, S. 101.

lungs- und Entscheidungsbefugnissen erforderlich, die § 1688 BGB[344] für Angelegenheiten des täglichen Lebens gewährleistet. § 1688 Abs. 1 S. 1 BGB berechtigt die Pflegeperson, sofern das Kind für längere Zeit in Familienpflege lebt, über Angelegenheiten des täglichen Lebens zu entscheiden und den Sorgerechtsinhaber in entsprechendem Umfang zu vertreten. Schwierigkeiten bereiten in diesem Zusammenhang insbesondere die unbestimmten Rechtsbegriffe „Angelegenheiten des täglichen Lebens“ und „längere Zeit“.

1. Familienpflege seit längerer Zeit

Auch im Rahmen des § 1688 BGB gilt, dass lediglich die Vollzeitpflege nach § 33 SGB VIII Familienpflege ist.[345] Im Übrigen sind an die Voraussetzung der längeren Zeit keine hohen Anforderungen zu stellen: Entscheidend ist, ob nach der Vorstellung der Beteiligten eine Pflegschaft über längere Zeit zu prognostizieren ist, und nicht wie im Rahmen des § 1632 Abs. 4 BGB die zurückliegende Zeitspanne.[346]

2. Angelegenheiten des täglichen Lebens

§ 1687 Abs. 1 S. 3 BGB lässt sich entnehmen, dass zu den Angelegenheiten des täglichen Lebens solche gehören, die erstens häufig vorkommen und zweitens keine schwer abzuändernden Auswirkungen auf die Entwicklung des Kindes haben. In diesem Fall handelt es sich um Angelegenheiten von erheblicher Bedeutung, die dem Sorgerechtsinhaber zur Entscheidung vor-

344 Vor Inkrafttreten des § 1688 BGB bestand in der Übertragung nach § 1630 Abs. 3 BGB die einzige Möglichkeit, gesetzliche Entscheidungs- und Vertretungsbefugnisse auf die Pflegeeltern zu übertragen. Eine gesetzliche Entscheidungsbefugnis wurde erstmals 1991 mit der Einführung des Kinder- und Jugendhilfegesetzes in § 38 KJHG geschaffen, der jedoch nur Pflegeverhältnisse auf sozialrechtlicher Ebene erfasste. Eine zivilrechtliche Vertretungsbefugnis sah schließlich die Neufassung von § 1688 BGB vor, der den zum 30. Juni 1998 ausgelaufenen § 38 SGB KJHG ersetzte und die Entscheidungs- und Vertretungsbefugnisse systematisch richtig in das BGB verortete, s. BT-Drucks. 13/4899 S. 108; hierzu ausführlich *Salgo*, FamRZ 1999, 337 (342 f.).

345 *Hennemann*, in: MünchKomm, BGB § 1688 Rn. 4; *Döll*, in Erman, BGB § 1688 Rn. 2; *Salgo*, in: Staudinger, BGB § 1688 Rn. 18.

346 *Hennemann*, in: MünchKomm, BGB § 1688 Rn. 4; *Gietl*, in: Soergel, BGB § 1688 Rn. 7.

behalten sind.[347] Klassische Angelegenheiten des täglichen Lebens sind etwa die Ernährung und Bekleidung, Entscheidungen über die Schlafenszeit, die Freizeitgestaltung, soziale Aktivitäten, das Taschengeld, der Abschluss von Verträgen ohne besondere Bedeutung, die Mitgliedschaft in Vereinen oder Beantragungen bei Behörden.[348] Darüber hinaus sind die Pflegeeltern gemäß § 1688 Abs. 1 S. 2 BGB grundsätzlich befugt, den Arbeitsverdienst des Kindes zu verwalten sowie Unterhalts-, Versicherungs-, Versorgungs- und sonstige Sozialleistungen für das Kind geltend zu machen und zu verwalten.[349]

Im Einzelnen kann sich die Abgrenzung von Angelegenheiten des täglichen Lebens und von erheblicher Bedeutung schwierig gestalten. Das wesentliche Aufgabenfeld der Pflegeeltern neben der Pflege des Kindes ist zunächst die **Erziehung.** Zwar sind die Pflegeeltern verpflichtet, dem Pflegekind eine Erziehung zu bieten, welche dessen Entwicklung zu einer eigenverantwortlichen und gemeinschaftlichen Persönlichkeit fördert, vgl. § 1 SGB VIII. Nicht erfasst sind aber etwa religiöse Fragen.[350] Entscheidungen darüber trifft der Sorgerechtsinhaber.[351]

Im Rahmen des Themenfelds **Bildung** kann es sich bei Fragen über Schule und Ausbildung um Angelegenheiten von besonderer Bedeutung handeln. Letztere umfassen etwa die Einschulung und spätere Schulwechsel (Schule, Schulart, Zeitpunkt), die Wahl der einzelnen Fächer und Fachrichtungen sowie etwaige Klassenwechsel oder die Wiederholung einer

---

347 *Gietl*, in: Soergel, BGB § 1688 Rn. 12; *Hennemann*, in: MünchKomm, BGB § 1688 Rn. 6.

348 *Groß*, FPR 2004, 411 (415); *Schwab*, FamRZ 1998, 457 (469); *Döll*, in: Erman, BGB § 1687 Rn. 3; *Schilling*, NJW 2007, 3233 (3236); *Hennemann*, in: MünchKomm, BGB § 1687 Rn. 18.

349 Problematisch ist diese Befugnis jedoch, sofern die in diesen Bereich fallenden Rechte des Kindes gegen die Eltern als Sorgerechtsinhaber geltend gemacht werden sollen, denn die Pflegeeltern vertreten nicht unmittelbar das Pflegekind, sondern den Inhaber der Sorge. Dieser kann jedoch einen Anspruch, der sich gegen ihn selbst richtet, nicht geltend machen, sodass dies folglich auch nicht seinem Vertreter möglich ist. In diesen Fällen wird daher ein Ergänzungspfleger zu bestellen sein, s. *Hennemann*, in: MünchKomm, BGB § 1688 Rn. 7; *Götz*, in: Palandt, BGB § 1688 Rn. 4.

350 *Salgo*, in: Staudinger, BGB § 1688 Rn. 22; *Gietl*, in: Soergel, BGB § 1687 Rn. 16; *Schwab*, FamRZ 1998, 457 (469); *Götz*, in: Palandt, BGB § 1687 Rn. 4; *Hennemann*, in: MünchKomm, BGB § 1687 Rn. 13; *Schilling*, NJW 2007, 3233 (3234); BT-Drucks. 13/4899, S. 107.

351 Sofern das Kind nicht das 14. Lebensjahr erreicht hat und über religiöse Fragen selbst entscheidet, vgl. § 5 KErzG (Gesetz über die religiöse Kindererziehung).

Jahrgangsstufe.[352] Die Wahl des Ausbildungsberufs, der Ausbildungsstätte oder der Abschluss des Ausbildungsvertrages sind ebenfalls Entscheidungen des Sorgerechtsinhabers, wobei allerdings dem Selbstbestimmungsrecht des Kindes oder Jugendlichen im Laufe seines Alters ein immer größeres Gewicht beizumessen ist.[353]

Die tägliche Umsetzung der Entscheidungen von erheblicher Bedeutung im Rahmen der Alltagssorge ist Aufgabe der Pflegeeltern. Dies betrifft etwa die Teilnahme an Elternabenden, Unterschriften für Entschuldigungen im Krankheitsfall oder Zeugnisse, Nachhilfeunterricht, unbedeutendere Wahlmöglichkeiten wie die Fächerwahl, die Teilnahme des Kindes an Sonderveranstaltungen oder schulischen Aktivitäten wie dem Schulchor oder Theater sowie an Ausflügen oder Klassenfahrten.[354]

Die Reichweite der Befugnisse der Pflegeeltern im **Gesundheitsbereich** umfasst beispielsweise die Behandlung gewöhnlicher Erkrankungen wie Infektionskrankheiten, die regelmäßige Gesundheitsvorsorge, Routineuntersuchungen oder Standardimpfungen.[355] Entscheidungen von erheblicher Bedeutung sind etwa die Einwilligung in eine Operation, medizinische Behandlungen mit erheblichem Risiko oder grundlegende Entscheidungen der Gesundheitsvorsorge.[356] Den Abgrenzungsmaßstab bilden im Allgemeinen die Tragweite und die Bedeutung der Entscheidung für das weitere Leben des Kindes.[357]

Insbesondere für den Gesundheitsbereich ist von Relevanz, dass die §§ 1688 Abs. 1 S. 3, 1629 Abs. 1 S. 4 BGB eine Notvertretungsbefugnis der Pflegeeltern bei Gefahr im Verzug normieren. Hierunter ist eine Sachlage

---

352 *Groß*, FPR 2004, 411 (415); *Salgo*, in: Staudinger, BGB § 1688 Rn. 25; *Schwab*, FamRZ 1998, 457 (469); *Schilling*, NJW 2007, 3233 (3234); *Gietl*, in: Soergel, BGB § 1687 Rn. 16; *Schmid-Obkirchner*, in: Wiesner, SGB VIII § 38 Rn. 28a; bzgl. der Schulwahl s. BVerfG, Beschl. v. 04.12.2002 – Az. 1 BvR 1870/02, in: NJW 2003, 1031 (1031 f.); bzgl. Schulwechsel OLG München, Beschl. v. 13.07.1998 – Az. 12 WF 966/98, in: BeckRS 1998, 10310 Rn. 3; OLG Dresden, Beschl. v. 15.10.2002 – Az. 10 UF 433/02, in: NJW-RR 2003, 148 (148).

353 Außerdem sollte der Sorgerechtsinhaber seine Entscheidungen mit den Pflegeeltern absprechen, da diese in der Regel das bessere Bild von dem Entwicklungs- und Leistungsstand des Kindes haben, s. *Salgo*, in: Staudinger, BGB § 1688 Rn. 25 f.

354 Vgl. *Schwab*, FamRZ 1998, 457 (469); *Schilling*, NJW 2007, 3233 (3236); *Salgo*, in: Staudinger, BGB § 1688 Rn. 25.

355 Vgl. *Schwab*, FamRZ 1998, 457 (469); *Reichmann/Ufer*, JR 2009, 485 (487); *Schilling*, NJW 2007, 3233 (3236); *Gietl*, in: Soergel, BGB § 1687 Rn. 14; im Einzelnen *Salgo*, in: Staudinger, BGB § 1688 Rn. 27 m. w. N.

356 Vgl. *Schwab*, FamRZ 1998, 457 (469); *Schilling*, NJW 2007, 3233 (3234).

357 Dazu ausführlich *Reichmann/Ufer*, JR 2009, 485 (487 f.).

zu verstehen, bei der dem Kind Nachteile erheblichen Ausmaßes, die nur durch ein sofortiges Handeln verhindert werden können, drohen und die Einholung der Zustimmung der sorgeberechtigten Eltern den Zweck der Maßnahme gefährden würde.[358] Eine solche Sachlage kann etwa bei Unfällen, unvermittelt auftretenden Krankheiten oder auf Reisen eintreten.[359]

Ferner verfügen die Pflegeeltern über Entscheidungsrechte in Teilbereichen des **Aufenthaltsbestimmungsrechts.** Angelegenheiten des täglichen Lebens sind etwa die Teilnahme an Sport- und Freizeitaktivitäten oder schulischen Veranstaltungen sowie Ferienaufenthalte und Auslandsreisen innerhalb eines üblichen Rahmens.[360] Auch Besuche des Kindes bei Freunden, Schulkameraden, Nachbarn oder Verwandten fallen unter die Alltagssorge der Pflegeeltern.[361] Geht es hingegen um die Unterbringung des Pflegekindes in einer Krippe, einem Hort oder Kindesgarten, finden die allgemeinen Regeln über die schulischen Angelegenheiten Anwendung.[362]

Schließlich ist die Durchführung des **Umgangs** mit den Herkunftseltern eine Angelegenheit des täglichen Lebens. Die Ausgestaltung des Umgangs des Kindes mit den leiblichen Eltern stellt hingegen eine Entscheidung von erheblicher Bedeutung dar.[363]

Hinsichtlich der aufgeführten Angelegenheiten ist jedoch zu berücksichtigen, dass die Entscheidungs- und Vertretungsbefugnisse der Pflegeeltern grundsätzlich unter dem Vorbehalt einer abweichenden Erklärung des Sorgerechtsinhabers stehen. Dies ergibt sich aus § 1688 Abs. 3 S. 1 und 2 BGB, wonach § 1688 Abs. 1 und 2 BGB nicht zum Tragen kommt, sofern

---

358 Vgl. *Huber*, in: MünchKomm, BGB § 1629 Rn. 28; vgl. *Lettmaier*, in: Staudinger, BGB § 1629 Rn. 60; vgl. *Veit*, in: BeckOK, BGB § 1629 Rn. 20; *Groß*, FPR 2004, 411 (415).

359 *Götz*, in: Palandt, BGB § 1629 Rn. 12; *Groß*, FPR 2004, 411 (415). Zu berücksichtigen sind jedoch die modernen Telekommunikationsmittel, mit deren Hilfe die sorgeberechtigten Eltern möglicherweise rechtzeitig erreicht und nach ihrer Zustimmung gefragt werden können, vgl. *Lettmaier*, in: Staudinger, BGB § 1629 Rn. 58; vgl. *Amend-Traut*, in: BeckOGK, BGB § 1629 Rn. 24; vgl. *Veit*, in: BeckOK, BGB § 1629 Rn. 20.

360 *Hennemann*, in: MünchKomm, BGB § 1687 Rn. 18; *Salgo*, in: Staudinger, BGB § 1688 Rn. 23; *Schilling*, NJW 2007, 3233 (3236).

361 *Salgo*, in: Staudinger, BGB § 1688 Rn. 23; *Schwab*, FamRZ 1998, 457 (469); *Schilling*, NJW 2007, 3233 (3236).

362 Dazu *Salgo*, in: Staudinger, BGB § 1688 Rn. 24.

363 OLG Koblenz, Beschl. v. 12.12.2016 – Az. 7 WF 1113/16, in: BeckRS 2016, 121464 Rn. 10; *Salgo*, in: Staudinger, BGB § 1688 Rn. 23; *Schilling*, NJW 2007, 3233 (3234).

der Sorgerechtsinhaber etwas Abweichendes erklärt.[364] Etwas anderes gilt auch, wenn das Familiengericht eine Verbleibensanordnung nach § 1632 Abs. 4 BGB erlässt. Danach hat die Pflegeperson, bei der sich das Kind infolge einer Verbleibensanordnung aufhält, die alleinigen Entscheidungs- und Vertretungsbefugnisse unter der Maßgabe, dass nur noch das Familiengericht diese einschränken oder ausschließen darf.

IV. Möglichkeiten der Übertragung von Angelegenheiten der elterlichen Sorge auf die Pflegeeltern

Der Elternpflicht aus Art. 6 Abs. 2 S. 1 GG steht es nicht entgegen, einzelne Angelegenheiten der elterlichen Sorge auf Dritte zu übertragen.[365] Dies ist dem Sorgerechtsinhaber durch Erteilung einer entsprechend gestalteten Vollmacht oder über § 1630 Abs. 3 BGB ermöglicht.

1. Vereinbarungen zwischen Sorgerechtsinhabern und Pflegeeltern

In der Praxis behelfen sich Sorgerechtsinhaber und Pflegeeltern häufig mit Vollmachten, damit die Pflegeeltern im Alltag Rechtshandlungen vornehmen können, die andernfalls nicht von ihrer Entscheidungs- und Vertretungsbefugnis umfasst wären.[366] Der Regelungsgehalt von Vollmachten kann für die Dauer des Pflegeverhältnisses etwa die Berechtigung umfassen, gesundheitliche oder schulische Angelegenheiten des Kindes selbstständig zu regeln oder über seine Mitgliedschaft in Sportvereinen, die Teilnahme an Freizeitaktivitäten oder die Unterbringung in Kindestageseinrichtungen zu entscheiden.[367] Zwar zählen einige dieser beispielhaft aufgeführten Angelegenheiten ohnehin zu den Befugnissen der Pflegeeltern nach § 1688 Abs. 1 BGB, andere jedoch nicht, sodass der Vorteil von Vollmachten darin besteht, dass sich Dritte nicht mit den mitunter komplizierten Abgrenzungsfragen auseinandersetzen müssen.[368] Sind die

---

364 Auch konkludent, sofern der Sorgerechtsinhaber für das Kind in bestimmten Angelegenheiten selbst handelt, s. *Budzikiewicz*, in: Jauernig, BGB § 1688 Rn. 4.

365 BVerfG, Beschl. v. 10.11.1998 – Az. 2 BvR 1057/91, 2 BvR 1226/91, 2 BvR 980/91, in: BVerfGE 99, 216 (231 f.); *Jestaedt/Reimer*, in: Bonner Kommentar, GG Art. 6 Abs. 2 und 3 Rn. 264.

366 *Rauscher*, Familienrecht, Rn. 1131; *Salgo*, in: Staudinger, BGB § 1688 Rn. 40.

367 BMFSFJ, Pflegefamilien als soziale Familien, S. 17.

368 BMFSFJ, Pflegefamilien als soziale Familien, S. 17.

leiblichen Eltern weiterhin Sorgerechtsinhaber, können sie die mittels Vollmacht übertragenen Angelegenheiten entsprechend der fortbestehenden Elternautonomie allerdings jederzeit widerrufen und einschränken.

2. Die Übertragung durch das Familiengericht nach § 1630 Abs. 3 BGB

Weitergehende Entscheidungsrechte kann die gerichtliche Übertragung bestimmter Teile der elterlichen Sorge zur Ausübung auf die Pflegeeltern gewähren. Die Voraussetzungen für eine Übertragung durch das Familiengericht sind, dass die Familienpflege auf längere Zeit angelegt ist, die Angelegenheiten auf eine Pflegeperson übertragen werden sollen und sich die Eltern damit einverstanden erklären, § 1630 Abs. 3 S. 1 BGB. Darüber hinaus ist ein entsprechender Antrag beim Familiengericht erforderlich. Nach erfolgter Übertragung nehmen die Pflegeeltern im Rahmen der übertragenen Angelegenheiten die Stellung eines Pflegers ein, § 1630 Abs. 3 S. 3 BGB.

a) Familienpflege seit längerer Zeit

Maßgeblich für die Auslegung der längeren Zeit ist im Rahmen des § 1630 Abs. 3 BGB nicht die bereits zurückliegende Dauer, sondern, ob das Pflegeverhältnis nach der Vorstellung der Eltern über längere Zeit bestehen soll.[369] Im Übrigen kann auf die bisherigen Ausführungen verwiesen werden.

b) Antrag

Antragsberechtigt sind die Pflegeperson und die sorgeberechtigten Eltern, § 1630 Abs. 3 S. 1 BGB. Erfolgt die Übertragung auf Antrag der Pflegeeltern, ist nach § 1630 Abs. 3 BGB die Zustimmung der sorgeberechtigten Eltern erforderlich. Ohne deren Zustimmung ist die Übertragung somit nur durch familiengerichtliche Eingriffe in das elterliche Sorgerecht wegen Kindeswohlgefährdung nach § 1666 BGB möglich.

---

369 *Huber*, in: MünchKomm, BGB § 1630 Rn. 19; *Preisner*, in: Soergel, BGB § 1630 Rn. 34; die bisherige Dauer des Pflegeverhältnisses kann insoweit jedoch eine Indizwirkung haben, s. *Lettmaier*, in: Staudinger, BGB § 1630 Rn. 66.

Schwierigkeiten ergeben sich dann, wenn beide leiblichen Elternteile sorgeberechtigt und bezüglich des Antrags unterschiedlicher Auffassung sind. Die herrschende Meinung lässt in diesem Fall den Antrag eines Elternteils ausreichen, sofern das Familiengericht diesem vorher nach § 1628 BGB das alleinige Entscheidungsrecht über die Antragstellung übertragen hat.[370] Da der Wortlaut des § 1628 Abs. 1 BGB den familiengerichtlichen Entscheidungsrahmen jedoch auf einzelne Angelegenheiten oder eine bestimmte Art von Angelegenheiten eingrenzt, muss dies entsprechend für den Umfang der Übertragung im Rahmen des § 1630 Abs. 3 BGB gelten.[371]

Ferner darf das Familiengericht mit Blick auf das Elternrecht inhaltlich nicht über den Antrag hinaus weitere oder abweichende Angelegenheiten übertragen.[372] Deshalb muss der Antrag die zu übertragenden Angelegenheiten genau bezeichnen.[373] Ob weniger Angelegenheiten als beantragt übertragen werden dürfen, ist nicht unumstritten. Hierfür spricht zum einen die Pflichtgebundenheit des Elternrechts, die eine willkürliche Übertragung verbietet, und zum anderen, dass eine Übertragung nur in dem Umfang sinnvoll ist, den die Pflegeeltern zu übernehmen bereit sind.[374]

---

370 *Lettmaier*, in: Staudinger, BGB § 1630 Rn. 69; *Veit*, in: BeckOK, BGB § 1630 Rn. 12; *Preisner*, in: Soergel, BGB § 1630 Rn. 26; *Götz*, in: Palandt, BGB § 1630 Rn. 6; *Huber*, in: MünchKomm, BGB § 1630 Rn. 20; *Groß*, FPR 2004, 411 (413); *Gleißl/Suttner*, FamRZ 1982, 122 (123); nach a. A. ist in diesem Fall § 1666 BGB anzuwenden, da die elterliche Sorge selbst betroffen sei, s. *Peschel-Gutzeit*, in: Staudinger (2015), BGB § 1630 Rn. 46.

371 *Kerscher*, in: BeckOGK, BGB § 1630 Rn. 71; *Lettmaier*, in: Staudinger, BGB § 1630 Rn. 69; *Huber*, in: MünchKomm, BGB § 1630 Rn. 20.

372 *Lettmaier*, in: Staudinger, BGB § 1630 Rn. 68; *Huber*, in: MünchKomm, BGB § 1630 Rn. 22; *Gleißl/Suttner*, FamRZ 1982, 122 (123); *Veit*, in: BeckOK, BGB § 1630 Rn. 15; *Preisner*, in: Soergel, BGB § 1630 Rn. 28.

373 *Lettmaier*, in: Staudinger, BGB § 1630 Rn. 68; *Huber*, in: MünchKomm, BGB § 1630 Rn. 22; *Kerscher*, in: BeckOGK, BGB § 1630 Rn. 67.

374 *Gleißl/Suttner*, FamRZ 1982, 122 (123); auch diesbezüglich sollte im Hinblick auf den Sinn und Zweck der Vorschrift letztlich das Wohl des Kindes ausschlaggebend sein, vgl. *Schwab*, in: Schwab/Zenz, Gutachten für den 54. DJT, A 96.

c) Einverständnis der Pflegeeltern

Darüber hinaus ist nach herrschender Auffassung ungeschriebene Voraussetzung, dass sich die Pflegeperson mit der Übertragung einverstanden erklärt.[375]

d) Umfang der Übertragung

Dem Gesetzeswortlaut des § 1630 Abs. 3 BGB lassen sich bezüglich des Umfangs der Übertragung keine konkreten Anhaltspunkte entnehmen. Die wohl herrschende Auffassung in Literatur und Rechtsprechung vertritt, grundsätzlich sei auch eine vollumfängliche Übertragung der elterlichen Sorge zulässig, sofern dies dem Inhalt des Antrags und dem Wohl des Kindes entspricht.[376] Dieser Ansicht lässt sich entgegenhalten, dass die Familienpflege institutionell auf Zeit angelegt ist und die Pflegeeltern in diesem Fall Entscheidungsbefugnisse erhielten, die über den ihnen übertragenen Betreuungszeitraum hinauswirken.[377] Mit Blick auf die Lebenswirklichkeit, nach der die Pflegeverhältnisse in aller Regel von Kontinuität geprägt sind, besteht jedoch ein praktisches Bedürfnis der Pflegeeltern nach einer gesamten Übertragung der elterlichen Sorge. Darüber hinaus liegt es im Rahmen eines langfristig bestehenden Pflegeverhältnisses insbesondere im Interesse des Kindes, dass es seine sozialen Eltern als Erziehungspersonen mit umfassenden Sorgebefugnissen erfährt.[378] Dessen

---

375 *Lettmaier*, in: Staudinger, BGB § 1630 Rn. 76; *Huber*, in: MünchKomm, BGB § 1630 Rn. 23; *Kerscher*, in: BeckOGK, BGB § 1630 Rn. 70; *Veit*, in: BeckOK, BGB § 1630 Rn. 37; *Gleißl/Suttner*, FamRZ 1982, 122 (123); *Schwab*, in: Schwab/Zenz, Gutachten für den 54. DJT, A 95; a. A. *Windel*, FamRZ 1997, 713 (721).

376 OLG Celle, Beschl. v. 09.09.2016 – Az. 19 UF 95/16, in: BeckRS 2016, 117293 Rn. 18 ff.; OLG Düsseldorf, Beschl. v. 29.10.2019 – Az. II-6 UF 144/19, in: juris Rn. 14; *Lettmaier*, in: Staudinger, BGB § 1630 Rn. 89; *Huber*, in: MünchKomm, BGB § 1630 Rn. 26; *Veit*, in: BeckOK, BGB § 1630 Rn. 13.1; *Groß*, FPR 2004, 411 (414); a. A. OLG Jena, Beschl. v. 09.12.2008 – Az. 1 UF 162/08, in: NJW-RR 2009, 586 (587); *Windel*, FamRZ 1997, 713 (722); *Döll*, in: Erman, BGB § 1630 Rn. 12; *Götz*, in: Palandt, BGB § 1630 Rn. 11; *Preisner*, in: Soergel, BGB § 1630 Rn. 39; *Kerscher*, in: BeckOGK, BGB § 1630 Rn. 78; *Budzikiewicz*, in: Jauernig, BGB § 1630 Rn. 5.

377 So *Windel*, FamRZ 1997, 713 (722); ähnlich *Kerscher*, in: BeckOGK, BGB § 1630 Rn. 78.

378 Vgl. *Hoffmann*, NZFam 2019, 1 (3); vgl. *Diouani-Streek*, in: Stiftung zum Wohl des Pflegekindes, 3. Jahrbuch des Pflegekinderwesens, S. 180.

ordnungsgemäße Betreuung soll § 1630 Abs. 3 BGB gewährleisten.[379] Die Pflichtenbindung der Eltern aus Art. 6 Abs. 2 S. 1 GG ist jedoch nur dann überwindbar, wenn die Übertragung der Gesamtsorge dem Wohl des Kindes und unter Berücksichtigung der einzelnen Perspektiven und Lebensverhältnisse den berechtigten Interessen der Beteiligten entspricht.[380] Das Elternrecht aus Art. 6 Abs. 2 S. 1 GG setzt ferner voraus, die Gesamtsorge zwingend wieder an die Herkunftseltern zu übertragen, sofern sie dies verlangen.[381] Auch sind die Eltern nach einer vollumfänglichen Übertragung der elterlichen Sorge weiterhin berechtigt, das Kind von den Pflegeeltern nach § 1632 Abs. 1 BGB herauszuverlangen.[382] Abweichendes kann nur dann gelten, wenn der Antrag von Amts wegen aufgrund einer drohenden Kindeswohlgefährdung nach § 1666 BGB abzulehnen ist.[383]

V. *Zusammenfassung*

Die zivilrechtliche Rechtsstellung der Pflegefamilie stellt im Einzelnen einen weitaus umfangreicheren Rechtskomplex dar, als innerhalb dieses Kapitels dargestellt werden kann. Mit Blick auf das Thema dieser Arbeit erscheint jedoch eine übersichtliche Darstellung, die sich auf die reformbedürftigen Rechtsbereiche des Pflegekinderwesens beschränkt, zweckmäßig. Im Rahmen der folgenden Kapitel werden die Reformbedürftigkeit der aufgeführten Rechtsaspekte und entsprechende Regelungsvorschläge aufgezeigt, bevor im Anschluss der gesetzgeberische Gestaltungsspielraum bestimmt wird.

---

379 BT-Drucks. 8/2788, S. 47; *Lettmaier*, in: Staudinger, BGB § 1630 Rn. 89; *Veit*, in: BeckOK, BGB § 1630 Rn. 1; *Huber*, in: MünchKomm, BGB § 1630 Rn. 2; *Peschel-Gutzeit*, in: Stiftung zum Wohl des Pflegekindes, Bindung und Trauma, S. 45.

380 *Veit*, in: BeckOK, BGB § 1630 Rn. 13.1.

381 So auch die ganz herrschende Auffassung, s. OLG Celle, Beschl. v. 14.02.2011 – Az. 10 UF 8/11, in: juris Rn. 5; *Lettmaier*, in: Staudinger, BGB § 1630 Rn. 99; *Huber*, in: MünchKomm, BGB § 1630 Rn. 30; *Götz*, in: Palandt, § 1630 Rn. 11; *Gleißl/Suttner*, FamRZ 1982, 122 (124); *Preisner*, in: Soergel, BGB § 1630 Rn. 38.

382 Wobei dann in dem Herausnahmeverlangen zugleich ein Antrag auf Aufhebung der Sorgerechtsübertragung zu sehen ist, s. *Lettmaier*, in: Staudinger, BGB § 1630 Rn. 100; *Veit*, in: BeckOK, BGB § 1630 Rn. 17; *Huber*, in: MünchKomm, BGB § 1630 Rn. 31; *Kerscher*, in: BeckOGK, BGB § 1630 Rn. 98.

383 *Götz*, in: Palandt, BGB § 1630 Rn. 11; *Veit*, in: BeckOK, BGB § 1630 Rn. 17.1; *Windel*, FamRZ 1997, 713 (722).

F. Der Gestaltungsspielraum des Gesetzgebers

Bevor der Blick auf die Optimierungsmöglichkeiten der Rechtsstellung der Pflegefamilie im Einzelnen gerichtet wird, stellt sich die Frage, nach welchen Grundsätzen sich der Gestaltungsspielraum, den die Verfassung dem Gesetzgeber bei der Rechtsetzung als Rahmen gewährt, bestimmt.

Anerkannt ist, dass der Gesetzgeber für die Rechtsetzung unter Auslegung der Verfassung einen Gestaltungsspielraum benötigt.[384] In diesem Sinne ist Letzterer als Rahmen[385] zu verstehen, der dem Gesetzgeber durch die Grundrechte materiell-rechtlich gesetzt ist. Über diese materiellen Vorgaben der Verfassung hinaus unterliegt der Gestaltungsspielraum des Gesetzgebers einer funktionalen Beschränkung durch das Bundesverfassungsgericht. Sowohl die verfassungsrechtlichen Vorgaben als auch das Verhältnis des Gesetzgebers zum Bundesverfassungsgericht zeigen sich im Einzelnen weitaus komplexer, als im Rahmen dieser Arbeit dargestellt werden kann. Die folgenden grundlegenden Ausführungen beschränken sich daher auf das Notwendige, um die Gestaltungsspielräume für die Optimierung der Rechtsstellung der Pflegefamilie präziser definieren zu können.

---

384 Das Bundesverfassungsgericht gebraucht für die Einräumung dieser Spielräume des Gesetzgebers eine Vielzahl von unterschiedlichen Begriffen, etwa „Einschätzungs-, Wertungs- und Gestaltungsspielraum“, „Beurteilungsspielraum“, „Handlungsspielraum“, „Entscheidungsspielraum“, „Prognosespielraum“, „Erfahrungs- und Anpassungsspielraum“, „Interpretationsspielraum“, „Bewertungsspielraum“, „Abwägungsspielraum“, „Gestaltungsraum“, „Gestaltungsfreiraum“, „Gestaltungsbefugnis“ oder „Gestaltungsfreiheit“, s. *Aulehner*, Grundrechte und Gesetzgebung, S. 222 m. w. N.; *Stern*, Verfassungsgerichtsbarkeit und Gesetzgeber, S. 19 m. w. N. Im Rahmen dieser Arbeit soll einheitlich der Begriff „Gestaltungsspielraum“ verwendet werden.

385 Der Rahmencharakter der Verfassung ist im Einzelnen nicht unumstritten. Gemein ist den unterschiedlichen Auffassungen, die hier keine tiefere Erläuterung erfahren sollen, jedoch die abstrakte Figur eines Rahmens, innerhalb dessen der Gestaltungsspielraum des Gesetzgebers liegt. So die verschiedenen Theorien zusammenfassend *Afonso da Silva*, Grundrechte und gesetzgeberische Spielräume, S. 76.

I. Materiell-rechtliche Vorgaben

Nach der Prinzipientheorie[386] von *Alexy* handelt es sich bei Grundrechten um Prinzipien, die auf Kollision angelegt und entsprechend ihrer Natur möglichst schonend zum Ausgleich zu bringen sind.[387] Aufgrund ihres Charakters als Optimierungsgebote sollen sich Prinzipien im Rahmen der Abwägung mit anderen – unterschiedlich gewichtigen – Prinzipien in möglichst hohem Maße realisieren.[388] Bei der Abwägung geht es folglich nicht um das absolute Gewicht eines Prinzips, sondern um seine Gewichtung in dem konkreten Kollisionsfall.[389] Ziel und Zweck ist, den konkreten Kollisionsfall durch die Ermittlung einer fallbezogenen Vorrangrelation aufzulösen.[390] Dabei ist davon auszugehen, dass die Erfüllung eines Prinzips in seinem Kernbereich bedeutsamer als bei einer Randfrage ist.[391]

Ein verfassungsrechtlicher Abwägungsspielraum des Gesetzgebers besteht immer dann, wenn er im konkreten Kollisionsfall innerhalb des Abwägungsprozesses zu dem Ergebnis gelangt, dass Gründe und Gegengründe gleich wiegen.[392] Im Falle eines solchen Paritätsverhältnisses kann der Gesetzgeber eingreifen, „er muss dies aber nicht“[393]. Demgemäß erhält er in dieser Konstellation im Rahmen des Erfordernisses einer bestmöglichen Optimierung im Spannungsfeld der einzelnen Grundrechtspositionen einen materiellen Gestaltungsspielraum.[394]

Bei der Abwägung der einzelnen Grundrechtspositionen ergeben sich jedoch Schwierigkeiten, da der Verfassung für die Bestimmung des gesetzgeberischen Gestaltungsspielraums kaum hinreichende Konkretisierungen

---

386 Entwickelt von Alexy, vgl. *Alexy*, Theorie der Grundrechte.

387 So zusammenfassend *Lange*, Grundrechtsbindung des Gesetzgebers, S. 229.

388 *Borowski*, Grundrechte als Prinzipien, S. 123; *Lange*, Grundrechtsbindung des Gesetzgebers, S. 229; *Jeand'Heur*, Verfassungsrechtliche Schutzgebote zum Wohl des Kindes, S. 115.

389 *Afonso da Silva*, Grundrechte und gesetzgeberische Spielräume, S. 108; vgl. auch *Borowski*, Grundrechte als Prinzipien, S. 125 f.

390 *Riecken*, Verfassungsgerichtsbarkeit in der Demokratie, S. 320.

391 *Jansen*, Der Staat 1997, 27 (42); *Afonso da Silva*, Grundrechte und gesetzgeberische Spielräume, S. 108.

392 *Afonso da Silva*, Grundrechte und gesetzgeberische Spielräume, S. 128; *Klatt/Schmidt*, AöR 137 (2012), 545 (554).

393 *Alexy*, Verfassungsrecht und einfaches Recht, in: VVDStRL 61, S. 24.

394 *Afonso da Silva*, Grundrechte und gesetzgeberische Spielräume, S. 127 ff.; dies ablehnend jedoch *Poscher*, Grundrechte als Abwehrrechte, S. 82 f.

der Wertigkeit der abwägungsrelevanten Interessen zu entnehmen sind.[395] Sie müssen vielmehr durch Verfassungsinterpretation ermittelt werden. Das Bundesverfassungsgericht führt allgemein die „Bedeutung der auf dem Spiel stehenden Rechtsgüter“[396] als abstrakten Maßstab an. Im Hinblick auf die Rechtsstellung der Pflegefamilie lässt sich seiner Rechtsprechung immerhin entnehmen, dass im Kollisionsfall als „oberste Richtschnur“ der Entscheidung letztlich allein das Kindeswohl ausschlaggebend ist.[397] Demgemäß sollte das Kindeswohlprinzip innerhalb des gesetzgeberischen Abwägungsprozesses zwar als oberstes Leitbild dienen. Es setzt sich jedoch keinesfalls immer gegenüber dem Elternrecht durch, denn für die Abwägung gilt, dass „je höher der Grad der Nichterfüllung oder Beeinträchtigung des einen Prinzips ist, um so größer [...] die Wichtigkeit der Erfüllung des anderen sein“[398] muss. Der Gesetzgeber ist gezwungen, die Wertigkeit der abwägungsrelevanten Interessen der einzelnen Grundrechtsträger so zu gewichten, dass sich die einzelnen Grundrechtspositionen im Abwägungsergebnis jeweils in möglichst hohem Maße verwirklichen.[399]

Jedoch sind an die Skalierung der Gründe und Gegengründe im Rahmen des Abwägungsprozesses mit Blick auf die Grenzen der Erkenntnis keine zu strengen Anforderungen zu stellen.[400] Für die Rechtswissenschaft als praktische Wissenschaft scheint eine limitierte Skalierung angemessen, die für den Grad der Nichterfüllung eines Prinzips und die Wichtigkeit des anderen die Stufen leicht, mittel und hoch unterscheidet.[401] Um im Rahmen dieser Arbeit das Maß an Transparenz und Rationalität des Abwägungsprozesses zu erhöhen, soll das Gewicht der gegenläufigen Grundrechtspositionen daher wie soeben beschrieben skaliert werden.[402]

---

395 *Lange*, Grundrechtsbindung des Gesetzgebers, S. 245.

396 BVerfG, Urt. v. 01.03.1979 – 1 BvR 532/77, in: BVerfGE 50, 290 (332 f.).

397 BVerfG, Urt. v. 03.11.1982 – Az. 1 BvL 25/80, 1 BvL 38/80, 1 BvL 40/80, 1 BvL 12/81, in: BVerfGE 61, 358 (372); BVerfG, Beschl. v. 17.02.1982 – Az. 1 BvR 188/80, in: BVerfGE 60, 79 (88); BVerfG, Urt. v. 16.01.2003 – Az. 2 BvR 716/01, in: BVerfGE 107, 104 (117).

398 Abwägungsgesetz nach Alexy, s. *Alexy*, Theorie der Grundrechte, S. 146; *Borowski*, Grundrechte als Prinzipien, S. 127; *Afonso da Silva*, Grundrechte und gesetzgeberische Spielräume, S. 107.

399 Vgl. *Riecken*, Verfassungsgerichtsbarkeit in der Demokratie, S. 320; *Lange*, Grundrechtsbindung des Gesetzgebers, S. 230.

400 *Borowski*, Grundrechte als Prinzipien, S. 129.

401 *Borowski*, Grundrechte als Prinzipien, S. 129; *Afonso da Silva*, Grundrechte und gesetzgeberische Spielräume, S. 107 f.

402 Die dieser Grundrechtskonzeption zugrunde liegende Abwägung ist immer wieder kritisiert worden, vgl. etwa *Poscher*, in: Sieckmann, Die Prinzipientheorie

II. Das Verhältnis von Gesetzgeber und Bundesverfassungsgericht

Das Ergebnis der Abwägung im konkreten Kollisionsfall hängt, wie zuvor dargestellt wurde, davon ab, welches Gewicht der Gesetzgeber den einzelnen Grundrechtspositionen beimisst.[403] Aufgabe des Bundesverfassungsgerichts ist, die rechtlichen und tatsächlichen Grundlagen eines Gesetzes anhand der verfassungsrechtlichen Vorgaben zu kontrollieren.[404] Hierfür bewertet es die gesetzgeberische Entscheidungsfindung und das Gesetz als deren Ergebnis, nimmt dafür eine eigene Abwägungsentscheidung der Grundrechtskollision vor und kann den davon abweichenden Ausgleich des Gesetzgebers für verfassungswidrig erklären.[405] Dabei läuft eine Optimierung in der Praxis bereits aufgrund unsicherer Prämissen mit hoher Wahrscheinlichkeit auf eine Vielzahl von möglichen Lösungen hinaus.[406] Die notwendige Eigenständigkeit des Gesetzgebers, der allein unmittelbar demokratisch legitimiert und daher vorrangig zur Gestaltung der gesellschaftlichen Lebensverhältnisse und im Rahmen des Gesetzgebungsprozesses zur Verfassungsauslegung berufen ist,[407] kann nur gewahrt bleiben, wenn das kontrollberufene Bundesverfassungsgericht die Verfassungskonkretisierung des Gesetzgebers in gewissem Maße achtet.[408]

---

der Grundrechte, S. 65 ff. und 77 ff.; *Habermas*, Faktizität und Geltung, S. 310 ff.; *Poscher*, Grundrechte als Abwehrrechte, S. 82 f.; *Klement*, JZ 2008, 756 (759 ff.); weitere Nachweise etwa bei *Klatt/Schmidt*, AöR 137 (2012), 545 (547). Die einzelnen Kritikpunkte können und sollen im Rahmen dieser Arbeit keine Vertiefung erfahren, denn zum einen ist diese Grundrechtskonzeption zumindest in ihren Grundzügen von Rechtsprechung und Literatur allgemein übernommen worden, s. *Jansen*, Der Staat 1997, 27 (27 f.) m. w. N. Zum anderen geht es im Rahmen dieser Arbeit entscheidend darum, der Bestimmung der gesetzgeberischen Gestaltungsspielräume ein möglichst hohes Maß an Rationalität und Transparenz zugrunde zu legen. Als Rationalisierung des Abwägungsprozesses verstanden erweist sich die Grundrechtskonzeption der Prinzipientheorie hierfür als überaus hilfreich.

403 *Lange*, Grundrechtsbindung des Gesetzgebers, S. 230; *Erbguth*, JZ 2008, 1038 (1042).

404 *Bickenbach*, Einschätzungsprärogative des Gesetzgebers, S. 522; *Erbguth*, JZ 2008, 1038 (1042).

405 *Poscher*, Grundrechte als Abwehrrechte, S. 83; *Lange*, Grundrechtsbindung des Gesetzgebers, S. 231 f.

406 *Afonso da Silva*, in: Sieckmann, Die Prinzipientheorie der Grundrechte, S. 223; *Lange*, Grundrechtsbindung des Gesetzgebers, S. 232.

407 *Kluth*, JA 1999, 606 (608).

408 *Jestaedt*, Grundrechtsentfaltung im Gesetz, S. 138.

Der Rechtsprechung des Bundesverfassungsgerichts lässt sich entnehmen, dass zur Überprüfung gesetzgeberischer Wertungen und Erwägungen drei unterschiedliche Maßstäbe in Betracht kommen.[409] Grundsätzlich gilt dabei: Je gewichtiger die Eingriffsintensität in den personalen Kern eines Grundrechts ist, desto umfassender prüft das Bundesverfassungsgericht in Erfüllung seiner aufgetragenen Schutzverantwortung, inwieweit die Regelung mit den verfassungsrechtlichen Vorgaben im Einklang steht.[410] Bei geringer Eingriffsintensität betrachtet das Bundesverfassungsgericht im Rahmen einer *Evidenzkontrolle* erst innerhalb weit zurückgezogener Grenzen die der Regelung zugrunde liegenden gesetzgeberischen Wertungen und Erwägungen und erklärt diese nur für verfassungswidrig, soweit sie offensichtlich fehlerhaft oder mit der Wertordnung des Grundgesetzes unvereinbar sind.[411] Im Rahmen der engmaschigeren *Vertretbarkeitskontrolle* prüft das Bundesverfassungsgericht, ob sich der Gesetzgeber unter Ausschöpfung aller ihm zugänglichen Erkenntnisquellen um eine sachgerechte Beurteilung bemüht hat und seine Einschätzung insoweit auf vertretbaren Wertungen und Erwägungen beruht.[412] Ist das Gewicht der auf dem Spiel stehenden Rechtsgüter besonders hoch, erfolgt eine *Inhaltskontrolle*. Hier nimmt das Bundesverfassungsgericht eine umfassende Überprüfung der den gesetzgeberischen Wertungen und Erwägungen zugrunde liegenden tatsächlichen Beurteilungen auf ihre sachliche Übereinstimmung mit den Bestimmungen des Grundgesetzes vor.[413]

---

409 Vgl. etwa die Ausführungen des BVerfG, Beschl. v. 18.07.2019 – Az. 1 BvL 1/18, 1 BvL 4/18, 1 BvL 1595/18, in: NJW 2019, 3054 (3064).

410 BVerfG, Urt. v. 04.11.1986 – 1 BvF 1/84, in: BVerfGE 73, 118 (204); *Lange*, Grundrechtsbindung des Gesetzgebers, S. 245; vgl. auch *Hesse*, JZ 1995, 265 (268).

411 BVerfG, Beschl. v. 17.07.1961 – Az. 1 BvL 44/55, in: BVerfGE 13, 97 (107); BVerfG, Urt. v. 18.12.1968 – Az. 1 BvR 638/64, 1 BvR 673/64, 1 BvR 200/65, 1 BvR 238/65, 1 BvR 249/65, in: BVerfGE 24, 367 (406); BVerfG, Beschl. v. 16.03.1971 – Az. 1 BvR 52/66, 1 BvR 665/66, 1 BvR 667/66, 1 BvR 754/66, in: BVerfGE 30, 292 (317); BVerfG, Beschl. v. 05.03.1974 – Az. 1 BvL 27/72, in: BVerfGE 37, 1 (20); BVerfG, Beschl. v. 27.11.1978 – Az. 2 BvR 165/75, in: BVerfGE 50, 50 (51); *Gusy*, Parlamentarischer Gesetzgeber und Bundesverfassungsgericht, S. 175 f.; *Schneider*, NJW 1980, 2103 (2105).

412 BVerfG, Beschl. v. 23.11.1988 – Az. 2 BvR 1619/83, 2 BvR 1628/83, in: BVerfGE 79, 127 (154); BVerfG, Beschl. v. 18.05.2004 – Az. 2 BvR 2374/99, in: BVerfGE 110, 370 (401); *Schneider*, NJW 1980, 2103 (2105); *Gusy*, Parlamentarischer Gesetzgeber und Bundesverfassungsgericht, S. 175.

413 *Schneider*, NJW 1980, 2103 (2105); *Gusy*, Parlamentarischer Gesetzgeber und Bundesverfassungsgericht, S. 175

Der Gestaltungsspielraum des Gesetzgebers gegenüber dem Bundesverfassungsgericht hängt somit von der Dichte der materiellen Verfassungsaussagen ab. Bereits aufgrund der besonderen Gewichtigkeit des Elternrechts aus Art. 6 Abs. 2 und 3 GG und der Grundrechtsposition des Kindes aus Art. 2 Abs. 1 in Verbindung mit Art. 1 Abs. 1 GG wird das Bundesverfassungsgericht Regelungen zur Optimierung der Rechtsstellung der Pflegefamilie einer Inhaltskontrolle unterziehen.

III. Die Einschätzungsprärogative des Gesetzgebers

Einen reduzierten Kontrollmaßstab setzt das Bundesverfassungsgericht zunächst im Hinblick auf die Geeignetheit und Erforderlichkeit eines Gesetzes an: Aufgrund der oft schwierigen Beurteilung der komplexen empirischen Zusammenhänge wird dem Gesetzgeber bei legislativen Prognosen eine Einschätzungsprärogative gegenüber dem Bundesverfassungsgericht zugestanden.[414] Diese ist dem Gesetzgeber jedoch nur dann zu gewähren, wenn er seinen Obliegenheiten sorgsam nachgekommen ist und sich um eine rationale Konkretisierung bestehender Parameter bemüht hat.[415] Soweit der Gesetzgeber diese Obliegenheiten verletzt hat, muss das Bundesverfassungsgericht den Sachverhalt selbst ermitteln und bewerten, wobei sich verbleibende Unsicherheiten zulasten des Gesetzgebers auswirken.[416]

Kriterien für die Einschätzungsprärogative des Gesetzgebers sieht das Bundesverfassungsgericht beispielhaft in der „Eigenart des in Rede stehenden Sachbereichs, den Möglichkeiten, sich ein hinreichend sicheres Urteil zu bilden, und der Bedeutung der auf dem Spiel stehenden Rechtsgüter."[417] *Bickenbach* formuliert als Kriterien für die Einschätzungsprärogative demgemäß die rechtliche Wertigkeit, die Betroffenheit des strukturellen und personalen Kerns des Normbereichs, die Möglichkeit von Aussagen zur Wahrscheinlichkeit von Schäden und der Schadenshöhe des Rechtsgutes oder zur günstigen Wirkung von Regelungen, die Eigen- und Sachgesetzlichkeiten des Normbereichs sowie das Potenzial eines Lebens-

---

414 *Stern*, Verfassungsgerichtsbarkeit und Gesetzgeber, S. 19; vgl. *Michael*, JuS 2001, 654 (656 f.).

415 *Bickenbach*, Einschätzungsprärogative des Gesetzgebers, S. 524; *Schulze-Fielitz*, Theorie und Praxis parlamentarischer Gesetzgebung, S. 182.

416 *Bickenbach*, Einschätzungsprärogative des Gesetzgebers, S. 524; *Schulze-Fielitz*, Theorie und Praxis parlamentarischer Gesetzgebung, S. 182.

417 BVerfG, Urt. 01.03.1979 – 1 BvR 532, 533/77, in: BVerfGE 50, 290 (332 f.).

bereichs, Wissensdefizite zu verringern.[418] Mithilfe dieser Kriterien soll versucht werden, den Gestaltungsspielraum des Gesetzgebers bezüglich der einzelnen Regelungsvorschläge möglichst präzise zu definieren.

418 *Bickenbach*, Einschätzungsprärogative des Gesetzgebers, S. 524.

G. Die Anhebung der Vertretbarkeitsgrenze der Kindeswohlgefährdung

Eine grundlegende Frage für die Bestimmung des Gestaltungsspielraums bei der Ausgestaltung der Rechtsstellung der Pflegefamilie ist diejenige nach der Vertretbarkeitsgrenze der Kindeswohlgefährdung. Zu betrachten ist, inwieweit es dem Gesetzgeber aus verfassungsrechtlicher Sicht möglich ist, die Schwelle zur Kindeswohlgefährdung einfachgesetzlich anzuheben. Zumindest enthält das Bürgerliche Gesetzbuch sowohl Normen mit einem negativem Kindeswohlstandard[419] als auch solche, die – wie § 1697a BGB oder § 1671 Abs. 2 Nr. 2 BGB[420] – auf eine bestmögliche Verwirklichung des Kindeswohls abzielen.[421] Fraglich ist, welche Aussagen sich der Verfassung zur Vertretbarkeitsgrenze entnehmen lassen.

Die Ausführungen innerhalb des Kapitels D haben bereits gezeigt, dass sich das elterliche Abwehrrecht und die Pflichtenbindung zugunsten des Kindeswohls gegenseitig beschränken. Gäbe es allein die Abwehrfunktion aus Art. 6 Abs. 2 S. 1 GG, wären die Pflege und die Erziehung der privaten Gewalt der Eltern ausgeliefert; gewährleistete Art. 6 Abs. 2 S. 1 GG ausschließlich den Schutz des Kindes, wäre das Grundrecht der staatlichen Gewalt preisgegeben.[422] Die Vertretbarkeitsgrenze liegt mithin in einem erheblichen Spannungsverhältnis, das Art. 6 Abs. 3 GG dergestalt auflöst, dass Kinder von ihren Eltern nur bei deren drohendem Versagen oder einer Verwahrlosung aus anderen Gründen getrennt werden dürfen. Mit Blick auf die gesetzliche Ausgestaltung, ab welcher Schwelle diese Voraussetzungen erfüllt sind – das Wohl des Kindes in einem solchen Maße gefährdet ist, dass nicht mehr verantwortet werden kann, das Kind in sei-

---

419 Der Begriff wurde geprägt durch *Coester*, Das Kindeswohl als Rechtsbegriff, S. 171 und 478; vgl. auch *Gernhuber*, FamRZ 1973, 229 (232).

420 § 1671 Abs. 2 Nr. 2 BGB definiert das Kindeswohl positiv, indem das Familiengericht bei der Übertragung des alleinigen Sorgerechts die für das Wohl des Kindes günstigere Alternative zu ermitteln verpflichtet ist, s. *Wapler*, Kinderrechte und Kindeswohl, S. 155.

421 *Schumann*, in: Behrends/Schumann, Gesetzgebung, Menschenbild und Sozialmodell im Familien- und Sozialrecht, S. 169; zur Unterscheidung im Einzelnen *Gernhuber*, FamRZ 1973, 229 (232 f.).

422 Vgl. *Isensee*, in: Isensee/Kirchhof, HStR IX, § 191 Rn. 45.

ner Familie zu belassen – könnte zugunsten des Gesetzgebers ein gewisser Gestaltungsspielraum bestehen.

Gegen eine Anhebung der Vertretbarkeitsgrenze spricht jedoch, dass die staatliche Eingriffskompetenz zulasten der Elternautonomie erheblich erweitert würde und damit dem **Leitbild der Verfassung** zuwiderliefe.[423] Nach Ansicht des Bundesverfassungsgerichts muss „jede Verfassungsbestimmung [...] so ausgelegt werden, daß sie mit jenen elementaren Verfassungsgrundsätzen und Grundentscheidungen des Verfassungsgesetzgebers vereinbar ist."[424] Die Einbindung des Kindes in seine Familie stellt einen eigenständigen Verfassungswert dar, dessen Kerngehalt sich dadurch auszeichnet, dass sich das Familienleben innerhalb eines staatsfreien persönlichen Bereichs entfalten kann.[425] Die Elternautonomie fördert die Vielfältigkeit der Werthaltungen in der Gesellschaft, der die Verfassung einen besonders hohen Wert beimisst.[426] Damit ist die Entscheidung des Grundgesetzes, Ziel, Inhalt und Methoden der Erziehung der Verantwortung der Eltern zu unterstellen, ein wesenhafter Bestandteil des Menschenbildes des Grundgesetzes. Diesem ist ein besonderes Gewicht beizumessen, da der Verfassungsgeber sich mit der Betonung der Elternautonomie „gegen die in der Zeit des Nationalsozialismus immer stärker geübte Praxis, an die Stelle des erzieherischen Einflusses der Eltern die staatliche Gemeinschaftserziehung treten zu lassen"[427], wenden wollte. Damit erklärt er jegliche – wenn auch wohlgemeinte – kollektivistische Erziehungsform als mit der Verfassung unvereinbar.[428]

Darüber hinaus liegt mit Blick auf den Wortlaut des Art. 6 Abs. 2 S. 1 GG nahe, dem Elternrecht aufgrund der **natürlichen Verbundenheit** von Eltern und Kind ein besonderes Gewicht beizumessen. Das Bundesverfassungsgericht führt insoweit aus, „der Verfassungsgeber [gehe] davon aus, daß diejenigen, die einem Kinde das Leben geben, von Natur aus [...] berufen sind, die Verantwortung für seine Pflege und Erziehung zu über-

423 Vgl. *Wapler*, Kinderrechte und Kindeswohl, S. 173.
424 BVerfG, Urt. v. 23.10.1951 – Az. 2 BvG 1/51, in: BVerfGE 1, 14 (32 f.).
425 *Schumann*, in: Behrends/Schumann, Gesetzgebung, Menschenbild und Sozialmodell im Familien- und Sozialrecht, S. 176 f.
426 *Schumann*, in: Behrends/Schumann, Gesetzgebung, Menschenbild und Sozialmodell im Familien- und Sozialrecht, S. 177; vgl. *Leder*, in: Kraetzer, Das Menschenbild des Grundgesetzes, S. 69; *Pechstein*, Familiengerechtigkeit als Gestaltungsgebot für die staatliche Ordnung, S. 82 ff.
427 *v. Mangoldt*, Das Bonner Grundgesetz (1. Aufl. 1953), S. 72.
428 So *Jestaedt*, in: Lipp/Schumann/Veit, Kindesschutz bei Kindeswohlgefährdung, S. 16.

nehmen."[429] Aus der natürlichen Verbundenheit ein besonderes Gewicht des Elternrechts gegenüber den Rechten des Kindes herzuleiten, führt jedoch bei genauerer Betrachtung zu ethisch fragwürdigen Argumentationsansätzen. Entweder wird eine Art Investitionsmodell für die Erzeugung und Fürsorge zugrunde gelegt, das den Eltern – ähnlich wie bei der Erschaffung von Objekten – aufgrund der von ihnen investierten Ressourcen einen Anspruch auf die Erziehung zubilligt, oder eine Art Eigentumsbeziehung konstruiert, die sich darauf gründet, dass die Eltern ein Besitzverhältnis in Bezug auf ihre Gene haben und das Kind einen genetischen Teil seiner Eltern repräsentiert.[430] Beide Argumentationsmuster lassen sich mit der Grundentscheidung der Verfassung, den einzelnen Menschen als Wesen mit eigener Menschenwürde in den Mittelpunkt zu stellen, nicht in Einklang bringen. Der Verweis auf die natürliche Verbundenheit ist daher nicht geeignet, ein besonderes Gewicht über den Gewährleistungsgehalt hinaus zu begründen.[431]

Auch die Auffassung, jede Hinderung an der Ausübung des Elternrechts stelle einen erheblichen Eingriff in die Persönlichkeitsentfaltung der Eltern dar,[432] kann vor dem Hintergrund des Art. 1 Abs. 1 GG nicht überzeugen. Die Einräumung einer Bestimmungsmacht über eine andere Person bindet die Verfassung in Art. 6 Abs. 2 Abs. 1 GG an den Zweck, dem Interesse dieser Person zu dienen. Somit konstituiert Art. 6 Abs. 2 S. 1 GG zwar das Erziehungsprimat der Eltern und stellt alle staatlichen Maßnahmen, die das elterliche Recht auf die Pflege und Erziehung des Kindes ein-

---

429 BVerfG, Beschl. v. 29.07.1968 – Az. 1 BvL 20/63, 1 BvL 31/66, 1 BvL 5/67, in: BVerfGE 24, 119 (150); eine naturbezogene Begründung des Elternrechts findet sich ferner etwa bei *Fleig*, Das Elternrecht im Bonner Grundgesetz, S. 13; *Peters*, in: Bettermann/Nipperdey/Scheuner, Grundrechte, Bd. IV/1, S. 373 f.

430 Vgl. *Kim*, in: Drerup/Schweiger, Handbuch Philosophie der Kindheit, S. 320 f.

431 So auch *Böckenförde*, in: Krautscheidt/Marré, Essener Gespräche 14, S. 70; *Ossenbühl* sieht durch die Ausweisung als „natürliches Recht" hingegen „ein besonderes Gewicht und eine besondere Festigkeit" des Elternrechts, sodass „der Staat […], wenn er in dieses ‚natürliche Recht' reglementierend eingreifen will, seine Regelung überzeugend legitimieren können" muss, s. *Ossenbühl*, Das elterliche Erziehungsrecht, S. 47.

432 *Peters* etwa wies 1960 darauf hin, dass die Eltern, da das Erziehungsrecht ihr natürliches Recht sei, „bei dessen Ausübung gerade *ihre* Persönlichkeit mit allen ihnen innewohnenden Kräften, Mängeln, Kenntnissen und Vorurteilen entfalten" können, s. *Peters*, in: Bettermann/Nipperdey/Scheuner, Die Grundrechte, Bd. IV/1, S. 385. Da dieses Verständnis bereits seit den 1950er-Jahren zunehmend korrigiert wurde, soll von weiteren Ausführungen abgesehen werden, vgl. im Einzelnen m. w. N. *Böckenförde*, in: Krautscheidt/Marré, Essener Gespräche 14, S. 61 f.; *Reuter*, Kindesgrundrechte und elterliche Gewalt, S. 80 f.

schränken, unter den Vorbehalt der Verhältnismäßigkeit. Eine maßvolle einfachgesetzliche Anhebung der Vertretbarkeitsgrenze zugunsten des Kindeswohls erscheint dadurch jedoch nicht von vornherein ausgeschlossen.

I. Positive Erziehungsziele

Für die Anhebung der Vertretbarkeitsgrenze kommt die Formulierung einfachgesetzlicher positiver Erziehungsziele in Betracht. Erziehungsziele sind solche, die bestimmte Erziehungsinhalte entweder fordern oder sanktionieren.[433] Sowohl rechtshistorisch[434] als auch innerhalb der Landesverfassungen[435] lassen sich durchaus Beispiele für die Normierung positiver Erziehungsziele durch den Staat finden. Das Bundesverfassungsgericht etablierte in früheren Entscheidungen etwa das staatliche Erziehungsziel der „eigenverantwortlichen Persönlichkeit innerhalb der sozialen Gemeinschaft […], wie sie dem Menschenbilde des Grundgesetzes entspricht"[436].

---

433 *Gernhuber*, FamRZ 1973, 229 (233).

434 Das Preußische Allgemeine Landrecht etwa normierte die Pflicht der Eltern, ihre Kinder zu „brauchbaren Mitgliedern des Staates" zu erziehen (Preuß ALR II 2 § 180), oder die Weimarer Reichsverfassung das Erziehungsziel einer „leiblichen, seelischen und gesellschaftlichen Tüchtigkeit" (Art. 120 WRV), s. *Wapler*, Kinderrechte und Kindeswohl, S. 156; *Höfling*, in: Isensee/Kirchhof, HStR VII, § 155 Rn. 9 zu Art. 120 WRV m. w. N.

435 Nach Art. 7 Abs. 2 der Verfassung von Nordrhein-Westfalen soll die Jugend „im Geiste der Menschlichkeit, der Demokratie und der Freiheit, zur Duldsamkeit und zur Achtung der Überzeugung des anderen, zur Verantwortung für Tiere und die Erhaltung der natürlichen Lebensgrundlagen, in Liebe zu Volk und Heimat, zur Völkergemeinschaft und Friedensgesinnung" erzogen werden. Nach Art. 12 der Verfassung von Baden-Württemberg ist die Jugend „in der Ehrfurcht vor Gott, im Geiste der christlichen Nächstenliebe, zur Brüderlichkeit aller Menschen und zur Friedensliebe, in der Liebe zu Volk und Heimat, zu sittlicher und politischer Verantwortlichkeit, zu beruflicher und sozialer Bewährung und zu freiheitlicher demokratischer Gesinnung" zu erziehen, s. *Gernhuber*, FamRZ 1973, 229 (233); vgl. ferner die Übersicht bei *Evers*, Die Befugnis des Staates zur Festlegung von Erziehungszielen, S. 37.

436 BVerfG, Beschl. v. 29.07.1968 – 1 BvL 20/63, 1 BvL 31/66, 1 BvL 5/67, in: BVerfGE 24, 119 (144); s. auch BVerfG, Urt. v. 15.01.1958 – 1 BvR 400/51, in: BVerfGE 7, 198 (205), wonach das grundrechtliche Wertesystem „seinen Mittelpunkt in der innerhalb der sozialen Gemeinschaft sich frei entfaltenden menschlichen Persönlichkeit […] findet"; als Erklärung wurde bemüht, dass es sich legitimer Weise lediglich um ein „formelles" Erziehungsziel handele, da es sich auf den Zustand des Erwachsenseins beziehe, ohne konkrete Eigenschaften vorzugeben. „Materiale", nicht mit der Verfassung im Einklang stehende

Daneben finden sich als Erziehungsziele beispielsweise die Vermittlung der Fähigkeit eines Lebens in der Gemeinschaft[437] oder der Erwerb einer echten Bindung zum deutschen Volk, seiner Rechtsordnung und Kultur sowie das Hineinwachsen in den deutschen Staatsverband[438].

Die konkreten Anforderungen an die Erziehung, die sich aus diesen formalen Vorgaben ergeben, markieren jedoch lediglich den Minimalstandard, den die Eltern ihrem Kind neben der Grundversorgung an elementarer Sprach- und Sozialkompetenz vermitteln müssen, um ihm ein selbstständiges, individuelles Leben als Erwachsener in der Gesellschaft zu ermöglichen.[439] Diese Mindestanforderung an die elterliche Erziehungsleistung entspricht insoweit lediglich dem Standard, den Art. 6 Abs. 3 GG und die Rechte des Kindes aus Art. 2 Abs. 1 und Art. 1 Abs. 1 GG ohnehin gewährleisten.

Darüber hinaus ergeben sich bereits Schwierigkeiten hinsichtlich der inhaltlichen Konkretisierung von Erziehungszielen. Zweifelhaft ist, inwieweit überhaupt eine Parametrisierung von Erziehungsinhalten, die zu einem intrinsisch guten Leben des Kindes führen, möglich ist.[440] Versucht wird, diese Frage im Rahmen objektiver Wohlergehenstheorien[441] zu beantworten. Diese Theorien stellen für das Wohlergehen von Personen entweder auf die Verwirklichung bestimmter objektiver Güter oder auf die Entwicklung von Grundbefähigungen ab.[442] Als die wichtigsten

---

Erziehungsziele hingegen seien etwa die „deutsche Gesinnung" im Nationalsozialismus oder die „sozialistische Persönlichkeit" in der DDR, s. *Wapler*, Kinderrechte und Kindeswohl, S. 156 f.

437 So BVerfG, Urt. v. 03.11.1982 – Az. 1 BvL 25/80, 1 BvL 38/80, 1 BvL 40/80, 1 BvL 12/81, in: BVerfGE 61, 358 (372).

438 So BVerfG, v. 21.05.1974 – Az. 1 BvL 22/71, 1 BvL 21/72, in: BVerfGE 37, 217 (251 f.).

439 *Böckenförde*, in: Krautscheidt/Marré, Essener Gespräche 14, S. 66; vgl. *Häberle*, Erziehungsziele und Orientierungswerte, S. 56; *Wapler*, Kinderrechte und Kindeswohl, S. 159.

440 Vgl. etwa *Raghavan/Alexandrova*, Social Indicators Research 2015, 887 (896 ff.); vgl. *Bagattini*, in: Drerup/Schweiger, Handbuch Philosophie der Kindheit, S. 130.

441 Es werden auch subjektive Wohlergehenstheorien vertreten, vgl. dazu *Raghavan/Alexandrova*, Social Indicators Research 2015, 887 (893); *Bagattini*, in: Drerup/Schweiger, Handbuch Philosophie der Kindheit, S. 130 f. m. w. N. Die diesen Auffassungen zugrunde gelegten subjektiven Wohlergehensindikatoren lassen sich jedoch nicht rechtlich einfordern, sodass an dieser Stelle keine Vertiefung erfolgen soll.

442 Vgl. *Bagattini*, in: Drerup/Schweiger, Handbuch Philosophie der Kindheit, S. 131 f.

objektiven Indikatoren für das Wohlbefinden von Kindern lassen sich die Beziehungen zu Familie und Gleichaltrigen, wirtschaftliche Umstände und Wohnsituation, die Gesundheitsversorgung, Sicherheit, Bildung sowie das Elternverhalten zusammenfassen.[443] Der Versuch, übergeordnete Erziehungsziele zu formulieren, die diese Indikatoren fördern, ist jedoch wenig erfolgversprechend: Sowohl die Vermittlung der Grundbefähigungen wie etwa kognitive, sprachliche und soziale Fähigkeiten, Gesundheitsförderung oder Vertrauensaufbau als auch die Verwirklichung bestimmter Güter wie etwa der kindlichen Autonomie als Ziel der Entwicklung entsprechen lediglich den Minimalanforderungen an die elterliche Erziehung.

Auch der Leistungsanspruch aus dem Grundrecht des Kindes auf Gewährleistung elterlicher Pflege und Erziehung gegenüber dem Staat ist aus verfassungsrechtlicher Sicht nicht geeignet, um Mindestanforderungen an die elterliche Pflege und Erziehung abzuleiten. Zum einen ergibt sich das Grundrecht auf die elterliche Pflege und Erziehung dogmatisch, wie bereits erwähnt wurde, aus der Kombination der subjektiven Schutzgewähr des Kindes aus Art. 2 Abs. 1 GG und der objektiven Zuständigkeitsregelung des Art. 6 Abs. 2 S. 1 GG.[444] Beide Grundrechte gewährleisten lediglich den Minimalstandard an Pflege und Erziehung. Zum anderen folgt dies aus der subsidiären Natur des Wächteramtes, das einen Eingriff erst dann legitimiert, wenn er zur Abwehr einer konkreten Gefahr für das Kindeswohl erforderlich ist. Diese Formel erfasst gerade keine Maßnahmen, die darauf abzielen, dass die Entwicklung des Kindes die bestmögliche oder optimale Förderung erfährt.[445] Die Familie und deren sozioökonomische Verhältnisse gehören zum Schicksal und Lebensrisiko eines Kindes, das grundsätzlich nur in Randbereichen von der Gesellschaft zu korrigie-

---

443 *Bradshaw/Richardson*, Child Indicators Research 2009, 319 (325 ff.); *Land/Lamb/Mustillo*, Social Indicators Research 2001, 241 (245); *Raghavan/Alexandrova*, Social Indicators Research 2015, 887 (892); im Einzelnen handelt es sich um einen überaus komplexen Forschungsbereich, vgl. nur Ben-Arieh/Casas/Frønes/Korbin, Handbook of Child Well-Being, S. 1385 ff. (Economy/Material Well-Being), S. 2151 ff. (Well-Being and the Family), S. 2257 ff. (Health and Child Well-Being).

444 *Britz*, JZ 2014, 1069 (1070).

445 BVerfG, Beschl. v. 19.11.2014 – Az. 1 BvR 1178/14, in: NJW 2015, 223 (223); BVerfG, Beschl. v. 29.01.2010 – 1 BvR 374/09, in: NJW 2010, 2333 (2335); *Böckenförde*, in: Krautscheidt/Marré, Essener Gespräche 14, S. 76; *Jeand'Heur*, Verfassungsrechtliche Schutzgebote zum Wohl des Kindes, S. 107; *Britz*, NZFam 2016, 1113 (1116).

ren ist.[446] Dass das Kind durch die elterliche Erziehung möglicherweise Nachteile erleiden wird und an anderer Stelle gegebenenfalls bessere familiäre Voraussetzungen vorfände, darf für die Trennung des Kindes kein Erwägungsmaßstab sein.[447] Im Ergebnis ist ein Gestaltungsspielraum des Gesetzgebers für die Normierung positiver Erziehungsziele daher nicht anzunehmen.

II. Einfachgesetzliche Sanktionierung bestimmter Erziehungsziele

Schließlich besteht auch kein Gestaltungsspielraum dahingehend, zumindest bestimmte Erziehungsziele gesetzlich zu sanktionieren. Der abwehrrechtliche Gehalt des Art. 6 Abs. 2 S. 1 GG erfordert, das Begriffspaar der Pflege und Erziehung der subjektiven Auslegung der Eltern vorzubehalten. Der subjektiven Entscheidung der Eltern dürfen ausschließlich die von der Verfassung als nicht verhandelbar vorgegebenen Rechte Dritter entzogen werden: die Menschenwürde des Kindes, sein Recht auf Leben und körperliche Unversehrtheit sowie die freie Entfaltung seiner Persönlichkeit.[448] Eine einfachrechtliche Sanktionierung von Erziehungszielen, die diese Grundrechtspositionen des Kindes schützen, entspräche jedoch abermals den weitesten Vertretbarkeitsgrenzen, da sowohl Art. 2 Abs. 1 als auch Art. 1 Abs. 1 GG inhaltlich kein Recht auf eine optimale Förderung der eigenen Person gewähren.

III. Die Vertretbarkeitsgrenze auf Höhe des Minimalstandards

Die Vertretbarkeitsgrenze ist daher auf der Höhe des Minimalstandards anzusetzen. Hierfür sprechen des Weiteren folgende Erwägungen: Erstens ist insofern eine besondere Vorsicht des Staates geboten, als durch Fehlreaktionen auf tatsächliche oder scheinbare primäre Kindeswohlgefährdun-

---

446 BVerfG, Beschl. v. 17.02.1982 – 1 BvR 188/80, in: BVerfGE 60, 79 (94); vgl. BVerfG, Urt. v. 06.12.1972 – 1 BvR 230/70, 1 BvR 95/71, in: BVerfGE 34, 165 (184); BVerfG, Beschl. v. 29.01.2010 – 1 BvR 374/09, in: NJW 2010, 2333 (2335); *Diederichsen*, FamRZ 1978, 461 (467).

447 BVerfG, Beschl. v. 29.01.2010 – 1 BvR 374/09, in: NJW 2010, 2333 (2335).

448 Vgl. BVerfG, Beschl. v. 29.07.1968 – Az. 1 BvL 20/63, 1 BvL 31/66, 1 BvL 5/67, in: BVerfGE 24, 119 (144); *Isensee*, in: Isensee/Kirchhof, HStR IX, § 191 Rn. 40; *Schmitt Glaeser*, Das elterliche Erziehungsrecht, S. 49.

gen sekundäre Kindeswohlgefährdungen seitens des Staates entstehen,[449] denn potenziell gefährdet der Staat durch die Herausnahme des Kindes aus der Familie und die Aufrechterhaltung der Trennung seinerseits das Kindeswohl. Die möglichen Folgen für das Kind wiegen dabei nicht weniger schwer als die einer primären Kindeswohlgefährdung.[450] Allerdings muss der Staat eingreifen, sofern eine gegenwärtige, in einem solchen Maße vorhandene Gefahr vorliegt, dass sich bei der weiteren Entwicklung des Kindes eine erhebliche Schädigung mit ziemlicher Sicherheit voraussagen lässt. Je weiter sich die staatliche Eingriffsbefugnis hierbei jedoch von der absoluten Vertretbarkeitsgrenze entfernt, desto weniger eindeutig erscheint in Fallkonstellationen oberhalb dieser Schwelle das „richtige", kindeswohlgerechte Verhalten, das der Staat gegen den Elternwillen durchsetzen darf.[451] Damit steigt die Gefahr einer Fehleinschätzung.[452] Die sekundäre Kindeswohlgefährdung durch den Staat infolge einer Fehleinschätzung ist einer der schwersten Eingriffe in die Grundrechte der Eltern und des Kindes. Aufgrund der immanenten „Risikostruktur der Beurteilung von Kindeswohlentscheidungen"[453] ist eine Erhöhung der Vertretbarkeitsschwelle deshalb überaus problematisch.

---

449 *Dettenborn*, FPR 2003, 293 (295); *Kindler*, in: Mall/Friedmann, Frühe Hilfen in der Pädiatrie, S. 18; vgl. *Wapler*, RdJB 2009, 21 (28); anschauliche Beispiele bei *Schmitt*, Praxis der Kinderpsychologie und Kinderpsychiatrie 48 (1999), 411 (415 ff.).

450 *Dettenborn*, FPR 2003, 293 (295); vgl. *Schmitt*, Praxis der Kinderpsychologie und Kinderpsychiatrie 48 (1999), 411 (414).

451 Vgl. *Coester*, in: Lipp/Schumann/Veit, Kindesschutz bei Kindeswohlgefährdung, S. 33.

452 *Schumann* verweist etwa auf die Entscheidung des OLG Oldenburg, nach der den leiblichen Eltern das Sorgerecht für ihre beiden Töchter entzogen wurde, da die beiden Eltern als ehemalige Sonderschüler aufgrund ihres Bildungsabschlusses nicht in der Lage seien, „die Persönlichkeitsentwicklung ihrer Kinder im Hinblick auf eine *im Normbereich* liegende leibliche, seelische und gesellschaftliche Tüchtigkeit anzuregen und voranzubringen", s. OLG Oldenburg, Beschl. v. 20.03.1998 – Az. 5 W 49/98, in: BeckRS 1998, 4765 Rn. 6 [Hervorhebung nicht im Original]; im „Fall Görgülü" wurde die Erziehungseignung des Vaters bezweifelt, da er, „den heimatlichen Sitten des Bergvolkes entsprechend, keine Schule" besucht hatte und „keine abgeschlossene Berufsausbildung" vorweisen konnte, s. *Schumann*, RdJB 2006, 165 (179) m. w. N.; *Schumann*, in: Behrends/Schumann, Gesetzgebung, Menschenbild und Sozialmodell im Familien- und Sozialrecht, S. 189 f.; ausführlich zum „Fall Görgülü" vgl. *Peschel-Gutzeit*, in: Stiftung zum Wohl des Pflegekindes, Bindung und Trauma, S. 61 ff.

453 *Dettenborn*, FPR 2003, 293 (293).

Zweitens sollte berücksichtigt werden, dass der Staat strukturell in keiner Weise die Betreuungs- und Erziehungsleistungen, welche die natürliche Familie ermöglicht, ersetzen kann.[454] Pflegeeltern stehen in Deutschland nur in begrenztem Maße zur Verfügung.[455] Bereits deshalb ist der Gedanke abwegig, für jedes Kind, dessen Fremdbetreuung notwendig ist, die bestmöglichen Pflegeeltern aussuchen zu können.[456] Die Anhebung der Vertretbarkeitsschwelle hätte mit Blick auf die begrenzten Ressourcen zur Folge, dass eine Vermittlung von Kindern scheitert, die aufgrund schwerer Kindeswohlverletzungen dringend(er) auf eine Pflegefamilie angewiesen sind.

Daher ist im Ergebnis kein Gestaltungsspielraum des Gesetzgebers zugunsten einer Anhebung der Vertretbarkeitsgrenze der Kindeswohlgefährdung anzunehmen. Der insgesamt denkbar schwere Eingriff in die verfassungsrechtlichen Rechte von Eltern und Kind gebietet es, an die Trennung höchste Anforderungen zu stellen und den staatlichen Auslegungsspielraum auf eine Notfallkompetenz zu begrenzen. Andernfalls erhöhte sich im Übrigen die Gefahr, dass der Trennung von Eltern und Kind subjektive oder durch den jeweiligen Zeitgeist beeinflusste Entscheidungsmaßstäbe zugrunde gelegt werden.[457]

---

454 *Coester*, NZFam 2016, 577 (578).
455 Vgl. dazu *van Santen/Pluto/Peucker*, Pflegekinderhilfe, S. 116 ff. m. w. N.
456 Vgl. *Coester*, NZFam 2016, 577 (578).
457 Vgl. *Wapler*, RdJB 2009, 21 (23).

H. Das Befristungsdogma

Die schwache Rechtsstellung der Pflegefamilie lässt sich im Wesentlichen darauf zurückführen, dass der Gesetzgeber die Familienpflege lediglich als zeitlich befristete Betreuungsform ausgestaltet hat. Der verfassungsrechtliche Anknüpfungspunkt ist das Verständnis des Art. 6 Abs. 2 und 3 GG, wonach das Kind zu seiner Herkunftsfamilie zurückkehren muss, sofern keine Kindeswohlgefährdung mehr ersichtlich ist. Einfachrechtlich tritt das Befristungsdogma am deutlichsten in § 1632 Abs. 4 BGB in Erscheinung, wonach sich die Pflegeeltern nur dann eines Herausnahmeverlangens der Herkunftseltern erwehren können, sofern das Kindeswohl durch die Wegnahme gefährdet würde. Aber auch dem Umgangsrecht nach § 1684 BGB, das die Rückkehrmöglichkeit des Pflegekindes zu den Herkunftseltern sichern soll, sowie der Möglichkeit des Sorgerechtsinhabers, einer gerichtlichen Übertragung von Angelegenheiten der elterlichen Sorge nach § 1630 Abs. 3 BGB die Zustimmung zu verweigern, liegt erkennbar das Verständnis der Familienpflege als zeitlich befristete Lebensform zugrunde.

Dem Verfassungstext des Art. 6 Abs. 2 und 3 GG lässt sich im Hinblick auf die Frage, ob und inwieweit sich das Befristungsdogma überwinden lässt, keine eindeutige Antwort entnehmen. Auch das Bundesverfassungsgericht[458] hat den Gestaltungsspielraum des Gesetzgebers für die

458 Die Bindungswirkung von Entscheidungen des Bundesverfassungsgerichts für die Gesetzgebung kann im Rahmen dieser Arbeit nicht im Einzelnen vertieft werden. Im deutschen Schrifttum wird meist von der Letztinterpretation des Grundgesetzes durch das Bundesverfassungsgericht ausgegangen, um eine verbindliche und einheitliche Auslegung zu gewährleisten. Nicht ganz unstrittig ist der Grad der Bindung einer normvertiefenden Entscheidung des Bundesverfassungsgerichts für den Gesetzgeber. Das Bundesverfassungsgericht geht davon aus, dass auch die tragenden Gründe der Entscheidung für die Gesetzgebung bindend sind, vgl. BVerfG, Urt. v. 23.10.1953 – Az. 2 BvG 1/51, in: BVerfGE 1, 14 (37); BVerfG, Beschl. v. 20.01.1966 – Az. 1 BvR 140/62, in: BVerfGE 19, 377 (392); BVerfG, Beschl. v. 10.06.1975 – Az. 2 BvR 1018/74, in: BVerfGE 40, 88 (93 f.); vgl. dazu *Lange*, Grundrechtsbindung des Gesetzgebers, S. 176 ff. m. w. N.; umfassend dazu mit a. A. *Gusy*, Parlamentarischer Gesetzgeber und Bundesverfassungsgericht, S. 236 ff. Jedenfalls ist für den Gestaltungsspielraum des Gesetzgebers von erheblicher Bedeutung, wie das Bundesverfassungsgericht

Einschränkung des Elternrechts bisher nicht ausgeleuchtet.[459] Zwar lässt sich seiner Rechtsprechung einerseits entnehmen, dass „Pflegeverhältnisse institutionell auf Zeit angelegt“[460] sind. Jedoch betont es andererseits in ständiger Rechtsprechung den Vorrang des Kindeswohls gegenüber dem Elternrecht.[461] Deshalb erscheint es auf den ersten Blick durchaus möglich, dass eine Abschwächung des Befristungsdogmas der verfassungsrechtlichen Überprüfung des Bundesverfassungsgerichts standhielte.

I. Die verfassungsrechtlichen Grundlagen des Befristungsdogmas

Zunächst werden die verfassungsrechtlichen Grundlagen, auf denen sich die Auffassung des Bundesverfassungsgerichts gründet, Pflegeverhältnisse seien auf Zeit angelegt, beleuchtet. Sowohl in Bezug auf das Kind, die Herkunftseltern als auch die Pflegeeltern sind verschiedene Grundrechtspositionen zu berücksichtigen, denen im Hinblick auf das Befristungsdogma ein unterschiedlich starkes Gewicht zukommt.

1. Das Befristungsdogma und die Grundrechtsposition des Kindes

Zunächst lässt sich das Befristungsdogma auf die Grundrechte des **Kindes** zurückführen. Ausgangspunkt ist das Grundrecht des Kindes auf die freie Entfaltung seiner Persönlichkeit, das aufgrund der besonderen Schutzbedürftigkeit die Hilfe anderer voraussetzt.[462] Den Staat trifft die spezifische Schutzpflicht, die Entwicklung von Kindern zu eigenständigen Persönlich-

---

zu diesem Themenkomplex – nach seinen bisherigen Entscheidungen zu prognostizieren – voraussichtlich entscheiden würde.

459 So *Britz*, in: Coester-Waltjen/Lipp/Schumann/Veit, Das Pflegekindverhältnis, S. 19.

460 BVerfG, Beschl. v. 12.10.1988 – 1 BvR 818/88, in: BVerfGE 79, 51 (60); BVerfG, Beschl. v. 23.08.2006 – Az. 1 BvR 476/04, in: NJOZ 2006, 3851 (3855).

461 So beispielsweise BVerfG, Beschl. v. 17.10.1984 – 1 BvR 284/84, in: BVerfGE 68, 176 (188); BVerfG, Urt. v. 24.03.1981 – Az. 1 BvR 1516/78, 1 BvR 964/80, 1 BvR 1337/80, in: BVerfGE 56, 363 (383); BVerfG, Beschl. v. 21.05.1974 – Az. 1 BvL 22/71, 1 BvL 21/71, in: BVerfGE 37, 217 (252).

462 BVerfG, Beschl. v. 29.07.1968 – 1 BvL 20/63, 1 BvL 31/66, 1 BvL 5/67, in: BVerfGE 24, 119 (144); *Britz*, in: Coester-Waltjen/Lipp/Schumann/Veit, Das Pflegekindverhältnis, S. 13.

keiten innerhalb der sozialen Gemeinschaft zu sichern.[463] Da es jedoch grundsätzlich dem Wohl des Kindes entspricht, in der Obhut seiner Eltern aufzuwachsen,[464] erfüllt der Staat als „Ausfallbürge“ für die Grundrechte des Kindes nur nachrangig seine Verantwortung unmittelbar selbst.[465] Seine vorrangige Aufgabe ist es zum einen, zugunsten des Kindeswohls zu gewährleisten, dass die Eltern ihre Pflicht aus Art. 6 Abs. 2 S. 1 GG wahrnehmen.[466] Zum anderen hat er sicherzustellen, dass Pflege und Erziehung zumindest den sich aus den Grundrechten des Kindes ergebenen Minimalanspruch erfüllen. Auf beides hat das Kind aus Art. 2 Abs. 1 in Verbindung mit Art. 6 Abs. 2 GG gegenüber dem Staat einen Anspruch, der sowohl nach seiner zwangsweisen Trennung von den Herkunftseltern als auch nach der freiwilligen Inpflegegabe aktuell bleibt.[467] Eine gesetzliche Regelung, die das Befristungsdogma zugunsten der Möglichkeit eines dauerhaften Verbleibs des Kindes in Familienpflege einschränkt, stünde daher mit dem grundrechtlichen Anspruch des Kindes gegenüber dem Staat, die Pflege und Erziehung durch seine leiblichen Eltern alsbald wiederherzustellen, in einem Spannungsverhältnis.

2. Befristungsdogma und Elternrecht

Das Elternrecht stellt, wie bereits erwähnt wurde, ein lediglich treuhänderisch anvertrautes Recht zum besonderen Schutz des Kindes dar.[468] Geht es speziell um den Verbleib des Kindes in der Pflegefamilie, weist das El-

463 BVerfG, Urt. v. 16.01.2003 – Az. 2 BvR 716/01, in: BVerfGE 107, 104 (117); BVerfG, Beschl. v. 29.07.1968 – 1 BvL 20/63, 1 BvL 31/66, 1 BvL 5/67, in: BVerfGE 24, 119 (144); *Starck*, Praxis der Verfassungsauslegung, S. 60; *Britz*, in: Coester-Waltjen/Lipp/Schumann/Veit, Das Pflegekindverhältnis, S. 13.

464 Vgl. BVerfG, Beschl. v. 14.04.1987 – Az. 1 BvR 332/86, in: BVerfGE 75, 201 (219).

465 Vgl. BVerfG, Beschl. v. 29.07.1968 – Az. BvL 20/63, 1 BvL 31/66, 1 BvL 5/67, in: BVerfGE 24, 119 (144); vgl. BVerfG, Beschl. v. 17.02.1982 – Az. 1 BvR 188/80, in: BVerfGE 60, 79 (88); vgl. BMFSFJ, Pflegefamilien als soziale Familien, S. 20; vgl. *Coester*, FamRZ 1996, 1181 (1182).

466 BVerfG, Urt. v. 19.02.2013 – Az. 1 BvL 1/11, 1 BvR 3247/09, in: BVerfGE 133, 59 (73); vgl. BVerfG, Urt. v. 01.04.2008 – Az. 1 BvR 1620/04, in: BVerfGE 121, 69 (94); *v. Coelln*, in: Sachs, GG Art. 6 Rn. 54; *Britz*, in: Coester-Waltjen/Lipp/Schumann/Veit, Das Pflegekindverhältnis, S. 14.

467 So *Britz*, in: Coester-Waltjen/Lipp/Schumann/Veit, Das Pflegekindverhältnis, S. 14 f.

468 Siehe oben Fn. 169.

ternrecht darüber hinaus auch eine eigennützige Komponente auf, die den Kindesinteressen zuwiderlaufen kann.[469] In diesem Kollisionsfall sieht das Bundesverfassungsgericht deshalb neben der Grundrechtsposition des Kindes aus Art. 2 Abs. 1 in Verbindung mit Art. 1 Abs. 1 GG auch in dem Elternrecht aus Art. 6 Abs. 2 S. 1 GG eine zu gewichtende Position.[470] Daher ist jedenfalls eine ausschließlich am Kindeswohl bemessene Entscheidung ausgeschlossen.[471] Entsprechend ist der Entscheidung über den Verbleib des Kindes nicht der Maßstab, in wessen Obhut dem Kindeswohl am besten gedient ist, sondern die Frage, ob das Kindeswohl durch die Rückführung ernsthaft gefährdet wird, zugrunde zu legen.[472] Eine gesetzliche Regelung, die das Verbleiben des Kindes in der Pflegefamilie unabhängig davon ermöglicht, wie sich die Situation der Herkunftseltern entwickelt, lässt die Möglichkeit außer Acht, dass die Herkunftseltern die Erziehungsfähigkeit zurückerlangen. Das geltende Befristungsdogma, das eine Rückführungsoption zeitlich unbegrenzt offenhält, ist mithin unmittelbarer Ausdruck der grundrechtlichen Position der Eltern aus Art. 6 Abs. 2 und 3 GG.

3. Das Befristungsdogma und die Grundrechtsposition der Pflegeeltern

Grundsätzlich darf auch die Grundrechtsposition der **Pflegeeltern** aus Art. 6 Abs. 1 GG, die gegen das Befristungsdogma spricht, nicht völlig außer Acht gelassen werden.[473] Je engere Bindungen zwischen dem Kind und den Pflegeeltern als Folge eines bereits länger andauernden Pflegeverhältnisses entstanden sind, desto höher wiegt das Gewicht der Grundrechtsposition der Pflegeeltern gegenüber dem Elternrecht.[474]

469 *Britz*, in: Coester-Waltjen/Lipp/Schumann/Veit, Das Pflegekindverhältnis, S. 17; *Höfling*, in: Isensee/Kirchhof, HStR VII, § 155 Rn. 16.
470 Vgl. BVerfG, Beschl. v. 14.04.1987 – 1 BvR 332/86, in: BVerfGE 75, 201 (218).
471 *Britz*, in: Coester-Waltjen/Lipp/Schumann/Veit, Das Pflegekindverhältnis, S. 17.
472 Vgl. dazu auch die Ausführungen in Kapitel E. I. 3.
473 BVerfG, Beschl. v. 17.10.1984 – Az. 1 BvR 284/84, in: BVerfGE 68, 176 (187).
474 BVerfG, Beschl. v. 17.10.1984 – Az. 1 BvR 284/84, in: BVerfGE 68, 176 (187).

4. Das Befristungsdogma in der Rechtsprechung des Bundesverfassungsgerichts

Mit Blick auf den Gestaltungsspielraum des Gesetzgebers ist wie dargestellt von maßgeblicher Bedeutung, welche Aussagen sich der Rechtsprechung des Bundverfassungsgerichts hinsichtlich des Befristungsdogmas entnehmen lassen. Dieses geht angesichts der unterschiedlich gewichtigen Grundrechtspositionen grundsätzlich von einem Vorrang des Elternrechts gegenüber der Grundrechtsposition der Pflegeltern aus.[475] Für die Pflegeeltern entfaltet die Trennung des Kindes ein geringeres Gewicht,[476] da aus deren Sicht mit einer Trennung im Rahmen eines Pflegeverhältnisses zu rechnen ist. Somit kommt es für die Frage nach der Vereinbarkeit einer familienrechtlichen Absicherung der Dauerperspektive mit der Verfassung im Wesentlichen auf die Abwägung der Grundrechtsposition der Eltern mit derjenigen des Kindes an. Das Elternrecht allein spricht zwar gegen die Möglichkeit einer rechtlichen Absicherung des Pflegeverhältnisses, jedoch ist es in Abwägung mit der Grundrechtsposition des Kindes nicht unüberwindbar.[477] Der Rechtsprechung des Bundesverfassungsgerichts ist zwar einerseits zu entnehmen, dass „Pflegeverhältnisse institutionell auf Zeit angelegt" seien,[478] jedoch betont es andererseits regelmäßig den Vorrang des Kindeswohls.[479]

Immerhin blieb die ganz überwiegende Zahl der familiengerichtlichen Entscheidungen, die den Verbleib des Kindes in der Pflegefamilie anordneten, vom Bundesverfassungsgericht unbeanstandet, sodass den Kontinuitätsbedürfnissen des Kindes gegenüber den Elterninteressen überwiegend der Vorrang eingeräumt wurde.[480] Voraussetzung ist jedoch, dass die Entscheidung des Familiengerichts überzeugend erkennen lässt, bei einer Rückkehr in die Herkunftsfamilie drohe eine Kindeswohlgefährdung. Dabei ist die Risikogrenze hinsichtlich der Prognose möglicher Beeinträchtigungen des Kindes überschritten, wenn mit überwiegender Wahrscheinlichkeit nicht auszuschließen ist, dass die Trennung des Kin-

---

475 BVerfG, Beschl. v. 17.10.1984 – Az. 1 BvR 284/84, in: BVerfGE 68, 176 (187).

476 So BVerfG, Beschl. v. 12.10.1988 – Az. 1 BvR 818/88, in: BVerfGE 79, 51 (60); *Britz*, in: Coester-Waltjen/Lipp/Schumann/Veit, Das Pflegekindverhältnis, S. 18.

477 *Britz*, in: Coester-Waltjen/Lipp/Schumann/Veit, Das Pflegekindverhältnis, S. 18.

478 BVerfG, Beschl. v. 12.10.1988 – 1 BvR 818/88, in: BVerfGE l (60

479 So beispielsweise BVerfG, Beschl. v. 17.10.1984 – 1 BvR 284/84, in: BVerfGE 68, 176 (188) m. w. N.

480 Darauf hinweisend *Britz*, in: Coester-Waltjen/Lipp/Schumann/Veit, Das Pflegekindverhältnis, S. 12.

des von der Pflegefamilie psychische und/oder physische Schädigungen nach sich zieht.[481] Somit bedarf es nicht einmal der überwiegenden Wahrscheinlichkeit von Schädigungen, ausreichend ist bereits die erhebliche Chance, dass Schädigungen aufgrund der Trennung des Kindes von seiner Bezugswelt entstehen.[482] Dies verdeutlicht, dass nach Auffassung des Bundesverfassungsgerichts als „oberste Richtschnur" einer jeden Entscheidung – vor dem Grundrecht der Eltern aus Art. 6 Abs. 2 und 3 GG – letztlich allein das Kindeswohl ausschlaggebend ist.[483]

Dafür spricht ferner die Entscheidung des Bundesverfassungsgerichts vom 3. Februar 2017, der sich für die Rechtsetzung einige grundlegende Hinweise entnehmen lassen.[484] Lebt das Kind bereits seit längerer Zeit in der Pflegefamilie, „kann die Gefahr für das Kind gerade aus der Rückführung resultieren", wodurch „unter diesen Umständen ein hohes Maß an Prognosesicherheit" erforderlich ist, dass das Wohl des Kindes durch die Rückführung nicht gefährdet ist.[485] In Ausübung seiner Schutzverantwortung ist der Staat, sofern unterstützende Maßnahmen, die auf die Widerherstellung der Erziehungsfähigkeit der Eltern gerichtet sind, nicht ausreichen, berechtigt und verpflichtet, „den Eltern die Erziehungs- und Pflegerechte vorübergehend, gegebenenfalls sogar *dauernd* [zu] entziehen"[486].

Sollte der Gesetzgeber auf Grundlage gesicherter Erkenntnisse überzeugend darlegen, dass es dem Kindeswohl entspricht, Pflegeverhältnisse rechtlich stärker als nach derzeitiger Rechtslage möglich dauerhaft abzusichern, erscheint deshalb insgesamt nicht unwahrscheinlich, dass das Bundesverfassungsgericht eine entsprechende Gesetzesänderung nicht beanstandet.[487]

---

481 BVerfG, Beschl. v. 31.03.2010 – 1 BvR 2910/09, in: NJW 2010, 2336 (2337).

482 So *Salgo*, in: Coester-Waltjen/Lipp/Schumann/Veit, Das Pflegekindverhältnis, S. 64.

483 BVerfG, Urt. v. 03.11.1982 – Az. 1 BvL 25/80, 1 BvL 38/80, 1 BvL 40/80, 1 BvL 12/81, in: BVerfGE 61, 358 (372); BVerfG, Beschl. v. 17.02.1982 – Az. 1 BvR 188/80, in: BVerfGE 60, 79 (88); BVerfG, Urt. v. 16.01.2003 – Az. 2 BvR 716/01, in: BVerfGE 107, 104 (117).

484 So *Salgo*, in: Staudinger, BGB § 1632 Rn. 54a; vgl. auch *Huber*, in: MünchKomm, BGB § 1632 Rn. 38.

485 BVerfG, 03.02.2017 – 1 BvR 2569/16, in: NZFam 2017, 261 (267)

486 BVerfG, 03.02.2017 – 1 BvR 2569/16, in: NZFam 2017, 261 (265), Hervorhebung nicht im Original.

487 *Britz* prognostiziert bereits 2013 als „nicht von vornherein ausgeschlossen", dass das BVerfG die Durchbrechung des Befristungsdogmas nicht beanstandet, s. *Britz*, in: Coester-Waltjen/Lipp/Schumann/Veit, Das Pflegekindverhältnis, S. 19.

5. Die Auswirkungen des Befristungsdogmas

Die rechtlichen Probleme, die sich durch das Befristungsdogma ergeben, werden in der rechtswissenschaftlichen und bindungspsychologischen Literatur bereits seit Langem beschrieben: Zum einen fehlt die Möglichkeit, Kinder familienrechtlich verbindlich in Pflegefamilien zu vermitteln, wenn die Rückkehrwahrscheinlichkeit sehr gering ist, zum anderen mangelt es daran, zumindest bereits lange bestehende Pflegeverhältnisse zugunsten der erwachsenen Bindungen zwischen Kind und Pflegeeltern rechtlich abzusichern.[488]

Beide Reformgedanken unterscheiden sich hinsichtlich der Konkretisierung des Kindeswohls. Die dauerhafte Vermittlung von Pflegekindern, bei denen die Rückkehrwahrscheinlichkeit von vornherein sehr gering ist, betrifft die Fälle, in denen auf lange Sicht unwahrscheinlich ist, dass die Rückführung in seine Herkunftsfamilie zu keinen psychischen oder physischen Schädigungen des Kindes führen würde. Dies ist insbesondere bei schweren Kindeswohlgefährdungen der Herkunftseltern der Fall, die auch eine hohe zukünftige Gefährdungswahrscheinlichkeit aufweisen.

Anknüpfungspunkt der Kritik an der fehlenden Absicherungsmöglichkeit bereits lange bestehender Pflegeverhältnisse sind dagegen die im Laufe der Zeit entstandenen Bindungen des Kindes zu seiner neuen Bezugswelt. Beiden Aspekten ist zwar gemein, dass der Sicherheit und Stabilität des pflegefamiliären Rahmens gegenüber der Grundrechtsposition der Herkunftseltern Vorrang gewährt werden soll. Aufgrund ihrer unterschiedlichen Bezugspunkte im Hinblick auf den verfassungsrechtlichen Gestaltungsspielraum empfiehlt es sich jedoch, beide Aspekte getrennt voneinander zu betrachten.

Es ist davon auszugehen, dass sich die zitierte Entscheidung vom 03.02.2017 günstig auf die Prognose auswirkt, vgl. *Salgo*, in: Staudinger, BGB § 1632 Rn. 54a.

488 BMFSFJ, Pflegefamilien als soziale Familien, S. 31; vgl. *Diouani-Streek*, Perspektivplanung von Pflegeverhältnissen, Zeitschrift für Sozialpädagogik 2011, 115 (136 ff.); *Diouani-Streek/Salgo*, RdJB 2016, 176 (185); *Küfner*, in: Kindler/Helming/Meysen/Jurczyk, Handbuch Pflegekinderhilfe, S. 862 ff.; *Salgo/Veit/Zenz*, ZKJ 2013, 204 (204 f.); *Heilmann/Salgo*, FamRZ 2014, 705 (710); *Dern/Köckeritz*, RdJB 2018, 149 (157); *Salgo*, in: Staudinger, BGB § 1632 Rn. 118; vgl. *Rüting*, FPR 2012, 381 (385); vgl. BT-Drucks. 11/5948, S. 71; vgl. auch Kinderrechtekommission des Deutschen Familiengerichtstags, FamRZ 2014, 891 (891) m. w. N.

Vorbehaltlich der zu untersuchenden verfassungsrechtlichen Vereinbarkeit könnte der Reformgedanke durch die folgende Gesetzesformulierung implementiert werden:[489]

> Das Familiengericht kann das Verbleiben des Kindes in Familienpflege ausnahmsweise auf Dauer anordnen, wenn das Kind langfristig in Familienpflege lebt oder dies zu erwarten ist.

In Betracht kommen eine Erweiterung des § 1632 Abs. 4 BGB um einen S. 2, eine Ergänzung von § 1632 BGB durch einen Abs. 5 oder eine Implementierung eines § 1632a BGB.[490] Die Oder-Verknüpfung erfasst zunächst sowohl den Fall, dass sich das Kind bereits über einen langen Zeitraum in Familienpflege befindet, als auch die Konstellation, dass die Rückkehrwahrscheinlichkeit sehr gering ist. Fraglich ist die Vereinbarkeit mit den verfassungsrechtlichen Vorgaben. Dabei sollen die Möglichkeit der dauerhaften Vermittlung bei sehr geringer Rückkehrmöglichkeit und diejenige der Absicherung bereits lange bestehender Pflegeverhältnisse wie erwähnt getrennt betrachtet werden.

II. Die fehlende Möglichkeit der dauerhaften Vermittlung bei sehr geringer Rückkehrwahrscheinlichkeit

Für die Rückkehrwahrscheinlichkeit ist von maßgeblicher Bedeutung, ob es den Eltern gelingen wird, ihre Erziehungsfähigkeit wiederherzustellen. Insbesondere dann, wenn die Inpflegenahme aufgrund einer schweren Kindeswohlgefährdung erfolgte, ist eine Rückführung statistisch gesehen sehr unwahrscheinlich.[491] Der Reformgedanke zielt darauf ab, die Betreuungssituation der strukturell häufig traumatisierten Kinder durch ein stärker von Kontinuität und Sicherheit geprägtes Aufwachsen zu erleichtern, indem die rechtliche Möglichkeit geschaffen wird, die Rückkehroption zugunsten der Möglichkeit einer verbindlichen Vermittlung in die Pflegefamilie im Einzelfall auszuschließen.

---

489 Der Formulierungsvorschlag orientiert sich im Wesentlichen an dem Vorschlag der Kinderrechtekommission des Deutschen Familiengerichtstags, FamRZ 2014, 891 (896).

490 *Eschelbach*, Expertise zu den Forderungen nach rechtlichen Reformen, S. 14.

491 Vgl. *van Santen/Pluto/Peucker*, Pflegekinderhilfe, S. 198 und 211.

Im Hinblick auf die Vereinbarkeit mit den verfassungsrechtlichen Vorgaben stellen sich insbesondere zwei Fragen:

1. Führt die rechtliche Möglichkeit einer verbindlichen Vermittlung in eine Pflegefamilie tatsächlich zu mehr Stabilität und Sicherheit zugunsten des Kindes?
2. Steht dieser Mehrwert in einem proportionalen Verhältnis zu dem Eingriff in das Elternrecht?

Diese Fragen sind im Rahmen der verfassungsrechtlichen Verhältnismäßigkeit zu untersuchen.

1. Das gesetzgeberische Ziel des Vorschlags

Die Anwendung des Verhältnismäßigkeitsgrundsatzes setzt zunächst voraus, den vom grundrechtsbeschränkenden Gesetzgeber angestrebten Zweck und Erfolg der Regelung zu bestimmen. Grundsätzlich darf der Gesetzgeber im Rahmen seines Zwecksetzungsermessens Ziel und Zweck eines Gesetzes selbst bestimmen.[492]

Das mit der Implementierung der Möglichkeit der dauerhaften Vermittlung von Pflegekindern verfolgte Ziel des Gesetzgebers ist die stärkere Berücksichtigung des kindlichen Interesses an einem stabilen und von Kontinuität geprägten Pflegeverhältnis. Die dem Vorhaben zugrunde liegende Zielsetzung besteht somit in einer Aufwertung des Kindeswohls. Der Verhältnismäßigkeitsgrundsatz verlangt bezogen auf das Ziel des Gesetzgebers, dass das grundrechtsbeschränkende Mittel zur Erreichung dieses Ziels geeignet und erforderlich ist sowie Ziel und Mittel zueinander in einem proportionalen Verhältnis stehen.

---

492 BVerfG, Beschl. v. 09.03.1971 – Az. 2 BvR 326/69, 2 BvR 327/69, 2 BvR 341/69, 2 BvR 342/69, 2 BvR 343/69, 2 BvR 344/69, 2 BvR 245/69, in: BVerfGE 30, 250 (263); BVerfG, Beschl. v. 16.03.1971 – Az. 1 BvR 52/66, 1 BvR 665/66, 1 BvR 667/66, 1 BvR 754/66, in: BVerfGE 30, 292 (317); BVerfG, Urt. v. 01.03.1979 – Az. 1 BvR 532/77, 1 BvR 533/77, 1 BvR 419/78, 1 BvL 21/78, in: BVerfGE 50, 290 (337 f.); *Meßerschmidt*, Gesetzgebungsermessen, S. 882 f.

2. Die Geeignetheit des Regelungsvorschlags

Geeignet ist ein gesetzlich vorgesehenes Mittel, sofern die Regelung die Wahrscheinlichkeit erhöht, dass der von ihr angestrebte Erfolg erreicht wird.[493]

Der personale Kern des Normbereichs zielt auf Kinder, deren Unterbringung in einer Pflegefamilie notwendig ist. Strukturell weisen diese Kinder häufig erhebliche psychische Vorbelastungen auf.[494] Für ihre Persönlichkeitsentwicklung ist der Aufbau vertrauensvoller Bindungen zu den Pflegeeltern von entscheidender Bedeutung, da nach bindungspsychologischer Auffassung nur im Rahmen dieser erwachsenen Bindungen belastende Vorerfahrungen allmählich bewältigt und verarbeitet werden können. Für den Aufbau dieser Bindungen sind die Stabilität und die Sicherheit des pflegefamiliären Rahmens die entscheidende Voraussetzung.

Kinder mit sehr geringer Rückkehrwahrscheinlichkeit sind strukturell in besonderem Maße vorbelastet.[495] Das sich daraus ergebende Entwicklungsrisiko könnte durch die verbindliche Perspektivklärung für das Kind nach der Herausnahme reduziert und die Wahrscheinlichkeit einer positiven kindlichen Entwicklung erhöht werden.[496] Sind die ohnehin unsicheren Bindungsstrukturen fortlaufend durch ein Rückführungsverlangen der Herkunftseltern bedroht oder kommt es sogar zu wiederholten Bindungsabbrüchen und Wechseln des kindlichen Lebensmittelpunktes, wirkt sich dies aufgrund der entstehenden Unsicherheit, Instabilität und Schwebezu-

---

493 BVerfG, Urt. v. 28.03.2006 – Az. 1 BvR 1054/01, in: BVerfGE 115, 276 (308); BVerfG, Beschl. v. 03.04.2001 – Az. 1 BvL 32/97, in: BVerfGE 103, 293 (307); BVerfG, Beschl. v. 10.04.1997 – Az. 2 BvL 45/92, in: BVerfGE 96, 10 (23); BVerfG, Beschl. v. 09.03.1994 – Az. 2 BvL 43/92, 2 BvL 51/92, 2 BvL 63/92, 2 BvL 64/92, 2 BvL 70/92, 2 BvL 80/92, 2 BvL 2031/92, in: BVerfGE 90, 145 (172); BVerfG, Beschl. v. 27.01.1983 – Az. 1 BvR 1008/79, 1 BvR 322/80, 1 BvR 1091/81, in: BVerfGE 63, 88 (115); BVerfG, Beschl. v. 16.03.1971 – Az. 1 BvR 52/66, 1 BvR 665/66, 1 BvR 667/66, 1 BvR 754/66, in: BVerfGE 30, 292 (316); *Sachs*, Verfassungsrecht II, § 10 Rn. 40; *Alexy*, in: Sieckmann, Prinzipientheorie der Grundrechte, S. 109; *Wienbracke*, ZJS 2013, 148 (150).

494 Jeweils m. w. N. BMFSFJ, Pflegefamilien als soziale Familien, S. 9; *Diouani-Streek/Salgo*, RdJB 2016, 176 (178 f.); *Kindler/Scheuerer-Englisch/Gabler/Köckeritz*, in: Kindler/Helming/Meysen/Jurczyk, Handbuch Pflegekinderhilfe, S. 183 f.

495 *Kindler/Meysen/Helming*, in: Kindler/Helming/Meysen/Jurczyk, Handbuch Pflegekinderhilfe, S. 868; *Diouani-Streek*, in: Stiftung zum Wohl des Pflegekindes, 6. Jahrbuch des Pflegekinderwesens, S. 148.

496 *Cappenberg*, in: Coester-Waltjen/Lipp/Schumann/Veit, Das Pflegekindverhältnis, S. 32; *Diouani-Streek*, in: Stiftung zum Wohl des Pflegekindes, 6. Jahrbuch des Pflegekinderwesens, S. 148 m. w. N.

stände in hohem Maß ungünstig auf die Entwicklungschancen des Kindes aus.[497] Die derzeitige Rechtssituation kann die Kinder vor einem wiederholten Abbruch der Bindungsstrukturen nicht ausreichend schützen. Der dabei drohende Schaden für die Kinder wiegt aufgrund des strukturell hohen Anteils an Vorbelastungen schwer.

Es ist davon auszugehen, dass das gesetzgeberische Mittel bei sehr geringer Rückkehrwahrscheinlichkeit, die gerichtliche Anordnung eines dauerhaften Verbleibens des Kindes zu ermöglichen, zur Sicherung und Stabilität des pflegefamiliären Rahmens beiträgt. Dass dieser gesetzgeberische Zweck mit Sicherheit erreicht wird, ist für die Geeignetheit zunächst nicht erforderlich.[498] Ausreichend ist vielmehr, dass aus pädagogischer und bindungspsychologischer Sicht anzunehmen ist, eine stärkere rechtliche Absicherung des Pflegeverhältnisses wirke sich positiv auf die Bindungssituation der betroffenen Kinder aus.

3. Die Erforderlichkeit

Erforderlich ist ein grundrechtsbeschränkendes Mittel dann, wenn für das Erreichen des angestrebten Ziels keine die grundrechtlichen Schutzgegenstände weniger einschränkende Alternative ersichtlich ist, die zugleich die Wahrscheinlichkeit der Zielsetzung in demselben Maße erhöht.[499] Im Rahmen der Prüfung der Erforderlichkeit ist somit nach einer rechtmäßi-

---

497 *Cappenberg*, in: Coester-Waltjen/Lipp/Schumann/Veit, Das Pflegekindverhältnis, S. 32; vgl. *Diouani-Streek*, in: Stiftung zum Wohl des Pflegekindes, 6. Jahrbuch des Pflegekinderwesens, S. 148; vgl. *Dettenborn/Walter*, Familienrechtspsychologie, S. 387; *Salgo*, in: Coester-Waltjen/Lipp/Schumann/Veit, Das Pflegekindverhältnis, S. 82; vgl. *Hassenstein/Hassenstein*, in: Stiftung zum Wohl des Pflegekindes, 3. Jahrbuch des Pflegekinderwesens, S. 61; krit. jedoch *Kindler*, FPR 2013, 194 (199).

498 Vgl. BVerfG, Beschl. v. 20.06.1984 – Az. 1 BvR 1494/78, in: BVerfGE 67, 157 (175); vgl. BVerfG, Beschl. v. 10.04.1997 – Az. 2 BvL 45/92, in: BVerfGE 96, 10 (23).

499 BVerfG, Beschl. v. 09.03.1994 – Az. 2 BvL 43/92, 2 BvL 51/92, 2 BvL 63/92, 2 BvL 64/92, 2 BvL 70/92, 2 BvL 80/92, 2 BvL 2031/92, in: BVerfGE 90, 145 (172); BVerfG, Beschl. v. 27.01.1983 – Az. 1 BvR 1008/79, 1 BvR 322/80, 1 BvR 1091/81, in: BVerfGE 63, 88 (115); BVerfG, Beschl. v. 16.03.1971 – Az. 1 BvR 52/66, 1 BvR 665/66, 1 BvR 667/66, 1 BvR 754/66, in: BVerfGE 30, 292 (316); *Sachs*, Verfassungsrecht II, § 10 Rn. 41; *Alexy*, in: Sieckmann, Prinzipientheorie der Grundrechte, S. 109; *Wienbracke*, ZJS 2013, 148 (151).

gen Regelungsalternative zu fragen und deren Effektivität bezüglich des gesetzgeberischen Ziels zu vergleichen.

a) Die gegenwärtige Rechtssituation

Da sich die Erforderlichkeit einer Regelung aus dem Vergleich mit Regelungsalternativen und deren tatsächlichen Auswirkungen ergibt, ist der Blick an dieser Stelle auch auf die gegenwärtige Rechtssituation zu richten. Fraglich ist, ob bereits die Möglichkeiten, welche die aktuelle Rechtslage zur Absicherung des Pflegeverhältnisses vorsieht, das kindliche Interesse an Stabilität und Sicherheit ausreichend berücksichtigen. Dann handelt es sich bei der gegenwärtigen Rechtssituation um das mildere Mittel, da diese die grundrechtlichen Schutzgegenstände durch die Geltung des Befristungsdogmas weniger beeinträchtigt.

Rechtliche Möglichkeiten zur Sicherung der Stabilität bestehen insbesondere durch die §§ 1666, 1666a BGB. Nach schweren Kindeswohlverletzungen kommt es häufig zu einem (teilweisen) Entzug der elterlichen Sorge. In diesem Fall werden die Sicherheit und die Stabilität des pflegefamiliären Rahmens dadurch gestärkt, dass die Herkunftseltern, denen das Sorgerecht (teilweise) entzogen ist, nicht die Herausnahme des Kindes aus der Pflegefamilie nach § 1632 Abs. 1 BGB verlangen können. Darüber hinaus ordnet das Gericht bei einem Rückführungsbegehren, selbst wenn die Eltern Sorgerechtsinhaber sind, das Verbleiben des Kindes an, sofern die Herausnahme das Kindeswohl gefährdet.

Zum einen ist jedoch bei Eingriffen in die elterliche Sorge die Vorläufigkeit und Überprüfungspflicht familiengerichtlicher Entscheidungen gemäß § 1696 Abs. 2 BGB in Verbindung mit § 166 Abs. 2 FamFG zu berücksichtigen.[500] Ist den Eltern das Sorgerecht (teilweise) entzogen und damit die Herausnahme nach § 1632 Abs. 1 BGB verwehrt, ist weiterhin nicht ausgeschlossen, dass die Eltern das Sorgerecht zu einem späteren Zeitpunkt zurückerlangen und sodann die Herausnahme des Kindes verlangen können. Zum anderen führen Kindeswohlverletzungen der Eltern nicht zwangsläufig zu einem Entzug der elterlichen Sorge. Nicht selten kommt es sogar nach schweren Kindeswohlgefährdungen vor, dass die

500 *Eschelbach*, in: Coester-Waltjen/Lipp/Schumann/Veit, Das Pflegekindverhältnis, S. 41; *Dern/Köckeritz*, RdJB 2018, 149 (153); *Rüting*, FPR 2012, 381 (384); vgl. *Engelhardt*, in: Keidel, FamFG § 166 Rn. 4 f.; vgl. *Bumiller/Harders/Schwamb*, FamFG § 166 Rn. 6 f.

Eltern Sorgerechtinhaber bleiben, sofern sie sich mit der Fremdbetreuung ihres Kindes einverstanden erklären und entsprechend kooperativ zeigen.[501] In diesem Fall bleiben die Eltern formal Sorgerechtsinhaber, um die Zusammenarbeit nicht weiter zu belasten. Das in dieser Konstellation jederzeit drohende Rückführungsverlangen führt zu einer erheblichen Ungewissheit, die sich auf den pflegefamiliären Rahmen belastend auswirken kann. Die Instabilität des Pflegeverhältnisses tangiert naturgemäß auch die Kinder. Die Entwicklung gefestigter, von Sicherheit und Kontinuität geprägter Lebensverhältnisse ist deshalb nach gegenwärtiger Rechtslage nicht in ausreichendem Maße möglich.

b) Die Adoption

Fraglich ist, ob die **Adoption** als auf Dauer angelegte Lebensform ein milderes Mittel darstellt. Aus der Prüfungspflicht des § 36 Abs. 1 S. 2 SGB VIII ergibt sich, dass der Gesetzgeber die Adoption grundsätzlich für die günstigste Option hält.[502] Das staatliche Bemühen um eine Ausweitung der Adoption erscheint daher als milderes Mittel naheliegend. Der Blick auf die statistischen Daten zeigt indes, dass es im Vergleich zu anderen Staaten in Deutschland zu weit weniger Adoptionen kommt.[503] *Salgo* sieht für das Scheitern der Adoptionsbemühungen insbesondere zwei Ursachen: Zum einen führt die lediglich unter engen Voraussetzungen ersetzbare Einwilligung der Sorgerechtsinhaber innerhalb des gerichtlichen Einsetzungsverfahrens nach § 1748 BGB in Verbindung mit § 186 Nr. 2 FamFG zu einer unsicheren Prognostizierbarkeit.[504] Dabei ist zusätzlich

---

501 Vgl. dazu BMFSFJ, Pflegefamilien als soziale Familien, S. 20; vgl. *Salgo*, Pflegekindschaft und Staatsintervention, S. 312 f.

502 *Schmid-Obkirchner*, in: Wiesner, SGB VIII § 36 Rn. 38; *Stähr*, in: Hauck/Nofzt, SGB VIII § 36 Rn. 17; *Salgo*, in: Coester-Waltjen/Lipp/Schumann/Veit, Das Pflegekindverhältnis, S. 68; vgl. *Salgo*, Pflegekindschaft und Staatsintervention, S. 370; BT-Drucks. 11/5948, S. 73.

503 *Salgo*, in: Coester-Waltjen/Lipp/Schumann/Veit, Das Pflegekindverhältnis, S. 68; *Küfner*, in: Kindler/Helming/Meysen/Jurczyk, Handbuch Pflegekinderhilfe, S. 858. Die Anzahl der aus Pflegeverhältnissen adoptierten Kinder ist außerdem sinkend, vgl. *Diouani-Streek*, in: Stiftung zum Wohl des Pflegekindes, 6. Jahrbuch des Pflegekinderwesens, S. 156; vgl. auch Destatis/WZB/BiB, Datenreport 2021, S. 74.

504 *Salgo*, in: Coester-Waltjen/Lipp/Schumann/Veit, Das Pflegekindverhältnis, S. 68. Der Frage nach der Ersetzbarkeit der Einwilligung der leiblichen Eltern kommt eine große Bedeutung zu, da die leiblichen Eltern mit einer Adoption selten

zu befürchten, dass bereits der entsprechende Antrag die ohnehin meist angespannte Zusammenarbeit mit den Herkunftseltern erheblich belastet. Zum anderen spielen finanzielle Überlegungen eine Rolle: Einerseits entfällt bei der Adoption der Anspruch auf Pflegegeld,[505] andererseits scheuen Pflegeeltern die volle finanzielle Verantwortung teils aufgrund der schwierigen biografischen Voraussetzungen und Vorbelastungen, deren Aufarbeitung zu schwer zu kalkulierbaren Kosten führen kann.[506]

Das Bemühen um eine Ausweitung der Adoption ist jedoch bei der vorliegenden Untersuchung milderer Mittel insbesondere aus folgenden Gründen nicht in Betracht zu ziehen: Zum einen stellt die Adoption nach ihrem rechtlichen Wirkungsgehalt kein Mittel dar, das in das Elternrecht aus Art. 6 Abs. 2 S. 1 GG mit geringerer Intensität eingreift. Zum anderen ist nicht davon auszugehen, dass sich die allgemeine Adoptionsbereitschaft selbst bei verbindlicher finanzieller Unterstützung durch den Staat in dem Maße steigern ließe, dass die Wahrscheinlichkeit des angestrebten Ziels – der Verbesserung der Sicherheit und Stabilität der Lebensverhältnisse der Kinder – gleichermaßen wie durch die Implementierung des Regelungsvorschlags erhöht würde. Zu berücksichtigen ist insoweit, dass einer Adoption in aller Regel ein Pflegeverhältnis vorausgegangen ist. Gerade aber in der frühen Phase des Pflegeverhältnisses sind Sicherheit und Stabilität für die Kinder von entscheidender Bedeutung, wodurch das gesetzgeberische Ziel selbst bei einer erfolgreichen Ausweitung der Adoption von besonderer Relevanz bliebe.

Zusammenfassend ist deshalb festzustellen, dass eine Ausweitung der Adoption als auf Dauer angelegte Lebensform zwar überaus erstrebenswert ist, jedoch an dieser Stelle als milderes Mittel ausscheidet.

---

einverstanden sind, da durch die Adoption die rechtliche Verbindung und das Verwandtschaftsverhältnis getrennt werden sowie grundsätzlich kein Umgangsrecht mehr besteht, vgl. *Eschelbach*, in: Coester-Waltjen/Lipp/Schumann/Veit, Das Pflegekindverhältnis, S. 36.

505 Die Unterhaltspflicht des Jugendamtes nach § 39 SGB VIII endet bei einer Adoption, da die Adoption keine Vollzeitpflege im Sinne des § 33 SGV VIII ist, *Stähr*, in: Hauck/Nofzt, SGB VIII § 39 Rn. 6a; im Einzelnen dazu OVG Münster, Urt. v. 25.04.2001 – Az. 12 A 924/99, in: NVwZ-RR 2002, 123 ff.

506 *Salgo*, in: Coester-Waltjen/Lipp/Schumann/Veit, Das Pflegekindverhältnis, S. 68. In anderen Ländern besteht teilweise die Möglichkeit, den adoptionswilligen Pflegeeltern finanzielle Unterstützung auch nach der Adoption in Aussicht zu stellen. Ein höheres Maß an staatlicher Unterstützung nach der Adoption wäre auch in Deutschland erstrebenswert, damit die Adoptionsbereitschaft jedenfalls nicht bereits aufgrund finanzieller Bedenken scheitert.

c) Vertragliche Vereinbarungen

Fraglich ist, ob mithilfe von **vertraglichen Vereinbarungen** zwischen Personensorgeberechtigten und Jugendämtern ein höheres Maß an Sicherheit und Stabilität des pflegefamiliären Rahmens erreicht werden kann. Der Gedanke ist durchaus in Betracht zu ziehen, da die Übertragung von elterlichen Pflichten auf Dritte durch Vertrag im Allgemeinen weit verbreitet ist.[507] Ist jedoch die Unterbringung in einer Pflegefamilie notwendig, werden die Kinder häufig aus ihrem bisherigen sozialen Umfeld entfernt.[508] Dabei ist von geringer Bedeutung, ob die Unterbringung in einer Pflegefamilie mit dem Einverständnis der leiblichen Eltern oder infolge eines Kindesschutzverfahrens erfolgt: Diese Ausgangssituation ist in beiden Konstellationen „denkbar ungünstig für eine privatautonome Gestaltung des Verhältnisses [...] zwischen Pflegeeltern und Herkunftsfamilie."[509] *Salgo* verweist diesbezüglich auf eine ganze Reihe problematischer Aspekte wie etwa den Gegenstand des Vertrages, die Frage, ab welchem Alter und inwieweit das Kind oder der Jugendliche an der Vertragsgestaltung zu beteiligen ist, die genaue Rolle des Jugendamtes oder die Frage nach privatrechtlichen Sanktionsmöglichkeiten bei Vertragsverletzungen.[510] Insbesondere aber über die Kernproblematik des Befristungsdogmas – die Geltendmachung des Herausgabeanspruchs nach § 1632 Abs. 1 BGB und den Antrag auf eine Verbleibensanordnung nach § 1632 Abs. 4 BGB – kann nicht vertraglich disponiert werden.[511] Somit bietet das Vertragsrecht keinen geeigneten Ansatzpunkt, um dem Interesse des Kindes an der Stabilität und Sicherheit des Pflegeverhältnisses ausreichend Rechnung zu tragen.[512] Weder die Herausgabeproblematik noch die Ausgestaltung der Entscheidungs- und Vertretungsbefugnisse oder des Umgangs lassen sich durch vertragliche Vereinbarungen adäquat lösen.[513]

---

507 Etwa bei der Betreuung in der Kita, dem Kindergarten, dem Hort oder in der Schule, vgl. *Salgo*, in: Coester-Waltjen/Lipp/Schumann/Veit, Das Pflegekindverhältnis, S. 70.

508 Vgl. *Salgo*, in: Coester-Waltjen/Lipp/Schumann/Veit, Das Pflegekindverhältnis, S. 70 f.

509 So *Salgo*, in: Coester-Waltjen/Lipp/Schumann/Veit, Das Pflegekindverhältnis, S. 71.

510 *Salgo*, in: Coester-Waltjen/Lipp/Schumann/Veit, Das Pflegekindverhältnis, S. 71.

511 *Salgo*, in: Coester-Waltjen/Lipp/Schumann/Veit, Das Pflegekindverhältnis, S. 71.

512 *Schwab*, in: Schwab/Zenz, Gutachten für den 54. DJT, A 134.

513 *Salgo*, in: Coester-Waltjen/Lipp/Schumann/Veit, Das Pflegekindverhältnis, S. 71.

d) Zusammenfassung

Insgesamt ist keine das Elternrecht weniger beeinträchtigende Alternative ersichtlich, die zugleich die Wahrscheinlichkeit des angestrebten Ziels in demselben Maße erhöht. Der Regelungsvorschlag scheitert nicht an der Erforderlichkeit.

4. Die Proportionalität der Regelung

Für die Frage der Verhältnismäßigkeit ist zu untersuchen, ob die zu erwartenden positiven Auswirkungen auf das Kindeswohl in Proportionalität zu der Einschränkung des Elternrechts aus Art. 6 Abs. 2 und 3 GG stehen.[514] Die Aufgabe des Gesetzgebers ist aus verfassungsrechtlicher Sicht, einen angemessenen Interessenausgleich zwischen den einzelnen Grundrechtspositionen herzustellen.[515] Dazu ist ein Vergleich der Wertigkeit des angestrebten Ziels mit der durch die Regelung bewirkten Grundrechtseinschränkung erforderlich.[516]

a) Gegenüberstehende Rechtspositionen

Bei der Möglichkeit der dauerhaften Vermittlung von Kindern in Pflegeverhältnisse geht es um die Sicherung des Gemeinwohlziels des Kindeswohls. Der Grundrechtsposition des Kindes aus Art. 2 Abs. 1 GG stehen

514 Vgl. BVerfG, Beschl. v. 13.06.2007 – Az. 1 BvR 1550/03, 1 BvR 2357/04, 1 BvR 603/05, in: BVerfGE 118, 168 (195); vgl. BVerfG, Beschl. v. 09.03.1994 – Az. 2 BvL 43/92, 2 BvL 51/92, 2 BvL 63/92, 2 BvL 64/92, 2 BvL 70/92, 2 BvL 80/92, 2 BvL 2031/92, in: BVerfGE 90, 145 (173); vgl. BVerfG, Beschl. v. 14.11.1989 – Az. 1 BvL 14/85, 1 BvR 1276/84, in: BVerfGE 81, 70 (92); vgl. BVerfG, Beschl. v. 12.05.1987 – Az. 2 BvR 1226/83, 2 BvR 101/84, 2 BvR 313/84, in: BVerfGE 76, 1 (51); vgl. BVerfG, Beschl. v. 20.06.1984 – Az. 1 BvR 1494/78, in: BVerfGE 67, 157 (178); vgl. BVerfG, Beschl. v. 18.12.1974 – Az. 1 BvR 430/65, 1 BvR 259/66, in: BVerfGE 38, 281 (302); vgl. BVerfG, Beschl. v. 16.03.1971 – Az. 1 BvR 52/66, 1 BvR 665/66, 1 BvR 667/66, 1 BvR 754/66, in: BVerfGE 30, 292 (316 f.); vgl. BVerfG, Beschl. v. 23.01.1968 – Az. 1 BvR 709/66, in: BVerfGE 23, 50 (56); vgl. BVerfG, Urt. v. 23.03.1960 – Az. 1 BvR 216/51, in: BVerfGE 11, 30 (43).

515 *Lerche*, Vorbereitung grundrechtlichen Ausgleichs durch gesetzgeberisches Verfahren, in: Lerche/Schmitt Glaeser/Schmidt-Aßmann, Verfahren als staats- und verwaltungsrechtliche Kategorie, S. 101.

516 *Sachs*, Verfassungsrecht II, § 10 Rn. 43.

das Elternrecht aus Art. 6 Abs. 2 und 3 GG sowie das Grundrecht des Kindes auf Gewährleistung der Pflege und Erziehung durch seine Eltern gegenüber.

b) Abstrakte Wertigkeit der Rechtspositionen[517]

Bezüglich der abstrakten Wertigkeit der gegenüberstehenden Grundrechtspositionen ist in Bezug auf das die Familienpflege betreffende Grundrechtsgeflecht bereits das Wesentliche dargestellt worden. Als fast durchgängiges verfassungsdogmatisches Leitmotiv aller die Familienpflege betreffenden Regelungen des Grundgesetzes setzt sich das Kindeswohl gegenüber allen anderen Grundrechtspositionen letztlich immer als maßgebliche Richtschnur durch. Ihm ist daher das höchste abstrakte Gewicht beizumessen. Das Elternrecht ist wiederum gegenüber der Grundrechtsposition der Pflegeeltern vorrangig, sodass die rechtliche Wertigkeit der Rechtsposition der Pflegeeltern im Verhältnis zu den anderen Grundrechtspositionen am schwächsten zu gewichten ist.

c) Die konkrete Gewichtung

Sodann erfolgt die konkrete Gewichtung der gegenüberstehenden Rechtspositionen.

517 Das BVerfG ermittelt in einem zweiten Schritt, nachdem es die einzelnen Rechtspositionen gegenübergestellt hat, die abstrakte Wertigkeit der einzelnen Rechtspositionen, vgl. BVerfG, Urt. v. 25.02.1975 – Az. 1 BvF 1/74, 1 BvF 2/74, 1 BvF 3/74, 1 BvF 4/74, 1 BvF 5/74, 1 BvF 6/74, in: BVerfGE 39, 1 (42 f.); BVerfG, Beschl. v. 24.05.2005 – Az. 1 BvR 1072/01, in: BVerfGE 113, 63 (80); BVerfG, Urt. v. 27.02.2008 – Az. 1 BvR 370/07, 1 BvR 595/07, in: BVerfGE 120, 274 (327); BVerfG, Urt. v. 30.07.2008 – Az. 1 BvR 3262/07, 1 BvR 402/08, 1 BvR 906/08, in: BVerfGE 121, 317 (357 f.). Eine abstrakte Abstufung ist insoweit problematisch, als sich der Verfassung keine „eindeutige Wertehierarchie“ entnehmen lässt, s. *Sachs*, Verfassungsrecht II, § 10 Rn. 44; *Wienbracke*, ZJS 2/2013, 148 (153). Innerhalb dieser Arbeit kann im Folgenden auf den Prüfungspunkt der abstrakten Wertigkeit verzichtet werden, da bei allen im Rahmen dieser Arbeit zu untersuchenden Regelungsvorschlägen die gegenüberstehenden Grundrechtspositionen und damit auch ihre abstrakten Wertigkeiten dieselben sind.

aa) Das verfassungsrechtliche Gewicht des Elternrechts

Das Bundesverfassungsgericht bezeichnet bereits die (vorläufige) Trennung des Kindes von seinen natürlichen Eltern als den stärksten vorstellbaren Eingriff in das Elternrecht. Geht es um die Möglichkeit einer verbindlichen dauerhaften Trennung, kommt dem Eingriff sogar ein noch höheres Gewicht zu. Außerdem ist hinsichtlich des Elternrechts aus Art. 6 Abs. 2 S. 1 GG zu berücksichtigen, dass es keiner zeitlichen Begrenzung unterliegt. Es verwirkt nicht, solange das Kind nicht volljährig ist oder adoptiert wird. Daraus folgt, dass die Kindeswohlgefährdung seitens der leiblichen Eltern nicht ungeachtet seines Alters und seiner konkreten Entwicklungsphase beurteilt werden kann. Aus Art. 6 Abs. 3 GG ergibt sich, dass zu jeder Zeit des Getrenntseins von Kind und Herkunftseltern das Wohl des Ersteren bei einer Rückkehr gefährdet sein muss. Stellte die Ausübung der Pflege und Erziehung durch die leiblichen Eltern etwa im Säuglingsalter eine Kindeswohlgefährdung dar, führt dies nicht zwangsläufig dazu, dass eine solche auch bei einer Rückkehr im Heranwachsenden- oder Jugendlichenalter vorliegt. Die Schutzgewähr des Art. 6 Abs. 3 GG gebietet die fortlaufende Überprüfung der Rechtmäßigkeit des Zustandes der Fremdbetreuung.

Zwar ist das Eingriffsgewicht zumindest dadurch verringert, dass in den vom Normbereich erfassten Fällen die Rückkehrwahrscheinlichkeit des Kindes sehr gering ist. Dennoch ist die Grundrechtsposition der Eltern durch die Eröffnung der Option, die Rückkehrmöglichkeit des Kindes durch die dauerhafte Vermittlung von Pflegekindern von vornherein auszuschließen, als *sehr hoch* zu gewichten.

bb) Das Gewicht des Interesses des Kindes an Sicherheit und Stabilität

Fraglich ist die Gewichtung des gesetzgeberischen Ziels der Stärkung des kindlichen Interesses an Sicherheit und Stabilität. Aufgrund der Möglichkeit der Herkunftseltern, die Rückführung des Kindes zu verlangen, kann die Entwicklung von Bindungen des Kindes zu den Pflegeeltern, welche längerfristig die Verarbeitung erlittener Traumatisierungen ermöglichen würden, gestört werden.[518] Mit Blick auf die Entwicklungschancen des Kindes kommt der Erweiterung der Sicherheit und Stabilität des Pflegever-

518 Vgl. *Grossmann*, in: Stiftung zum Wohl des Pflegekindes, 5. Jahrbuch des Pflegekinderwesens, S. 25; vgl. BT-Drucks. 18/12330, S. 77 m. w. N.

hältnisses daher grundsätzlich ein hohes verfassungsrechtliches Gewicht zu. Eine weitere Aufwertung erfährt das Kindeswohl dadurch, dass ihm das Bundesverfassungsgericht gegenüber den Elternrechten stets den Vorrang einräumt. Insoweit ist „wesentlich, daß bei Entscheidungen des Gesetzgebers [...] das Wohl des Kindes immer den Richtpunkt bildet, so daß bei Interessenkollisionen [...] dem Kind der Vorrang zukommen muß"[519].

Bei präziser Betrachtung des Abwägungsbelangs der Sicherheit und Stabilität ist indes Folgendes zu beachten: Zum einen kann die Frage nach der dauerhaften Unterbringung nicht losgelöst von derjenigen der Ausgestaltung des Umgangs betrachtet werden. Naheliegend erscheint nach den obigen Ausführungen, jedenfalls den erheblicheren Grund für die Unsicherheit und Destabilisierung in dem fortgesetzten Umgangsrecht der leiblichen Eltern zu sehen. Der Umgang besteht jedoch grundsätzlich unabhängig von der Dauer des Pflegeverhältnisses, sodass das Prinzip der Förderung des Kindeswohls an Gewicht verliert. Zum anderen ergeben sich Schwierigkeiten daraus, dass sich die Regelung auf jene Fälle beziehen soll, in denen die Rückkehrwahrscheinlichkeit ohnehin sehr gering ist.

Bezüglich des **Umgangs** ist jedoch als einer der Vorteile der Abschwächung des Befristungsdogmas zu berücksichtigen, dass das Umgangsrecht nicht mehr wie nach derzeitiger Rechtslage die Aufrechterhaltung der Rückkehrwahrscheinlichkeit gewährleisten müsste. Bei einer dauerhaften Unterbringung könnte bezüglich des Umfangs somit ein anderer Maßstab angesetzt werden. Zwar hat auch das Kind ein Interesse an seinen familiären Wurzeln und der Aufrechterhaltung des Kontaktes zu den leiblichen Eltern.[520] Sein Persönlichkeitsrecht allein erlaubte es jedoch, die Umgangsintervalle wesentlich weiter zu fassen, als es für das Entgegenwirken des Entfremdungsprozesses notwendig ist.[521] Das Umgangsrecht steht daher nicht grundsätzlich der Abschwächung des Befristungsdogmas entgegen. Im Gegenteil böte die Abschwächung des Befristungsdogmas die Möglichkeit, die Modalitäten des Umgangsrechts stärker als bisher an den Interessen des Kindes zu bemessen. Dieser Umstand ist jedoch mit in die Ge-

---

519 BVerfG, Urt. v. 24.03.1981 – Az. 1 BvR 1516/78, 1 BvR 964/80, 1 BvR 1337/80, in: BVerfGE 56, 363 (383).

520 So das BVerfG, Beschl. v. 29.11.2012 – 1 BvR 335/12, in: NJW 2013, 1867 (1868); vgl. BVerfG, Beschl. v. 28.12.2004 – 1 BvR 2790/04, in: BVerfGK 4, 339 (347); vgl. BVerfG, Beschl. 14.07.2010 – Az. 1 BvR 3189/09, in: BeckRS 2010, 51310 Rn. 16.

521 Vgl. *Heilmann*, in: Coester-Waltjen/Lipp/Schumann/Veit, Das Pflegekindverhältnis, S. 100.

wichtung einzubeziehen, wodurch das Eingriffsgewicht in das Elternrecht zusätzlich erhöht ist.

Jedoch könnte sich ein Widerspruch daraus ergeben, dass sich die Regelung nach ihrem Wortlaut lediglich auf die Fälle bezieht, in denen die Rückkehrwahrscheinlichkeit ohnehin sehr gering ist. Über die geringe Rückkehrwahrscheinlichkeit kann das Jugendamt die Pflegeeltern und das Pflegekind im Rahmen seiner Beratungstätigkeit aufklären. Präziser formuliert lautet die Frage deshalb, wie hoch der Mehrwert für die Sicherheit und Stabilität des pflegefamiliären Rahmens dadurch ist, dass die ohnehin als sehr unwahrscheinlich prognostizierte Rückkehr des Pflegekindes nunmehr ausgeschlossen ist.

cc) Die Grundrechtsposition der Pflegeeltern

Zwar werden in Art. 6 Abs. 1 und 3 GG grundsätzlich auch die Pflegeeltern als Verband geschützt, jedoch können sich diese nur auf diese Regelungen berufen, sofern durch den Aufbau von Bindungen zu dem Pflegekind ein familienähnliches Verhältnis entstanden ist.[522] Zum Zeitpunkt der Begründung des Pflegeverhältnisses ist demgemäß kein Eingriff anzunehmen, sodass die Grundrechtsposition der Pflegeeltern keinen Abwägungsbelang innerhalb des konkreten Kollisionsfalls darstellt.

dd) Die Abwägung

Das wesentliche Kriterium der Verhältnismäßigkeit ist die Zumutbarkeit der Belastung, die sich aus der Abwägung zwischen den verfassungsrechtlich geschützten Rechtsgütern ergibt. Die abzuwägende Fragestellung lautet den bisherigen Ausführungen entsprechend, ob der Mehrwert an Sicherheit und Stabilität, der sich für das Kind aus der Möglichkeit der dauerhaften Unterbringung ergibt, in Proportionalität zu dem Ausschluss der Rückkehroption der Herkunftseltern steht.

522 BVerfG, Beschl. v. 17.10.1984 – Az. 1 BvR 284/84, in: BVerfGE 68, 176 (187).

(1) Stabilität und Sicherheit des Pflegeverhältnisses

Nach gesicherten psychologischen Erfahrungssätzen ist das kindliche Interesse an **Sicherheit und Stabilität** im Allgemeinen als sehr hoch zu gewichten, insbesondere dann, wenn das Kind durch seine Vorerfahrungen traumatisiert ist. Der strukturelle Anteil des personalen Kerns des Normbereichs an traumatisierten Kindern spricht für einen höheren Erfüllungsgrad des Kindeswohlprinzips durch die Möglichkeit der Anordnung des dauerhaften Verbleibs. Inadäquat wäre jedoch, den gedanklichen Anknüpfungspunkt hierbei nur auf das generelle Interesse des Kindes, in der Pflegefamilie zu verbleiben, zu richten, da die Rückkehrwahrscheinlichkeit praktisch ohnehin gering ist. Der Mehrwert für das Kindeswohl besteht in dem erhöhten Maß an Sicherheit und Stabilität, das dadurch entsteht, dass die Rückkehrwahrscheinlichkeit verbindlich ausgeschlossen ist. Dies wiegt gegenüber dem generellen Interesse des Kindes an seinem Verbleib in der Pflegefamilie zwar geringer. Zu berücksichtigen ist aber, dass zum einen auch Eltern, zu denen eine Rückführung sehr unwahrscheinlich ist, aufgrund der dargestellten rechtlichen Möglichkeiten den pflegefamiliären Rahmen erheblich destabilisieren können. Zum anderen gestaltet sich die Klärung der kindlichen Perspektiven schwierig, wenn das Verbleiben des Kindes in der Pflegefamilie nicht gesichert ist. Naheliegend ist, dass die – wenn auch geringe – Rückkehrwahrscheinlichkeit zu jahrelangen Schwebezuständen führt, die der mit Blick auf die statistische Unwahrscheinlichkeit der Rückführung angezeigten Integration der betroffenen Kinder in ihre neue soziale Bezugswelt entgegenstehen. Einer rechtlich verbindlichen Absicherungsmöglichkeit von Pflegeverhältnissen ist in ihrer Bedeutung für das Kindeswohl daher ein *hohes* Gewicht beizumessen.[523]

(2) Tatsächliche Fundierung

Dieses auf vernünftigen Erwägungen beruhende Gemeinwohlziel setzt jedoch eine hinreichende tatsächliche Fundierung voraus.[524] Hieran schließt sich die Frage an, inwieweit der Gesetzgeber bei der Rechtsetzung die tatsächlichen Lebensverhältnisse mit Blick auf den Einzelfallcharakter des

523 Vgl. den Tagungsbericht zum 12. Göttinger Workshop zum Familienrecht von *Seibl*, FamRZ 2014, 532 (533).

524 Vgl. die Prüfung des BVerfG, Urt. v. 30.07.2008 – Az. 1 BvR 3262/07, 1 BvR 402/08, 1 BvR 906/08, in: BVerfGE 121, 317 (349 ff.).

Art. 6 Abs. 3 GG im Speziellen und auf die Verfassung, die den individuellen Menschen in das Zentrum der Betrachtung stellt, im Allgemeinen typisieren darf.

Nach der Rechtsprechung des Bundesverfassungsgerichts hat der Gesetzgeber durchaus einen Spielraum für typisierende Regelungen.[525] Die Typisierung ist der Rechtssetzung gewissermaßen wesensimmanent, da der Gesetzgeber für diese notwendig den verallgemeinernden Regelfall unter Vernachlässigung des Einzelfalls in das Zentrum seiner Betrachtung stellen muss.[526] Allerdings darf der Gesetzgeber einer Regelung nicht den „atypischen Fall als Leitbild"[527] zugrunde legen.[528] Im Übrigen hat der Gesetzgeber aber einen Gestaltungsspielraum für „generalisierende, typisierende und pauschalierende Regelungen"[529]. Jedoch ergeben sich hieraus hohe Anforderungen an die zugrunde gelegten empirischen Erkenntnisse.[530]

Der Gesetzgeber muss überzeugend darlegen, dass zum einen die Rückkehrwahrscheinlichkeit der vom personalen Kern des Normbereichs erfassten Kinder nach der Herausnahme aus der Herkunftsfamilie sehr gering ist und zum anderen der Regelungsvorschlag mit hoher Wahrscheinlichkeit eine günstige Wirkung hinsichtlich des Bedürfnisses der Kinder nach Sicherheit und Stabilität entfalten wird. Lassen die dem Regelungsvor-

---

525 Vgl. etwa BVerfG, Beschl. v. 05.04.1960 – Az. 1 BvL 31/57, in: BVerfGE 11, 50 (60); BVerfG, Urt. v. 10.05.1960 – Az. 1 BvR 190/58, 1 BvR 363/58, 1 BvR 401/58, 1 BvR 409/58, 1 BvR 471/58, in: BVerfGE 11, 105 (122 f.); BVerfG, Beschl. v. 28.06.1960 – Az. 2 BvL 19/59, in: BVerfGE 11, 245 (253 f.); BVerfG, Urt. v. 24.01.1962 – Az. 1 BvR 845/58, in: BVerfGE 13, 331 (341); BVerfG, Urt. v. 24.07.1963 – Az. 1 BvL 30/57, 1 BvL 11/61, in: BVerfGE 17, 1 (23 f.); BVerfG, Beschl. v. 12.02.1964 – Az. 1 BvL 12/62, in: BVerfGE 17, 210 (216 f.); BVerfG, Urt. v. 13.07.1965 – Az. 1 BvR 771/59, 1 BvR 234/61, 1 BvR 246/61, 1 BvR 367/61, 1 BvR 17/62, in: BVerfGE 19, 101 (116); BVerfG, Beschl. v. 19.12.1967 – Az. 2 BvL 4/65, in: BVerfGE 23, 12 (28 f.); BVerfG, Beschl. v. 14.05.1969 – Az. 1 BvR 615/67, 1 BvR 303/68, in: BVerfGE 26, 16 (31 f.); *Meßerschmidt*, Gesetzgebungsermessen, S. 732.

526 *Aulehner*, Grundrechte und Gesetzgebung, S. 373; *Meßerschmidt*, Gesetzgebungsermessen, S. 732.

527 BVerfG, Beschl. v. 07.10.1969 – Az. 2 BvR 555/67, in: BVerfGE 27, 142 (150); BVerfG, Beschl. v. 06.05.1975 – Az. 1 BvR 332/72, in: BVerfGE 39, 316 (329).

528 *Meßerschmidt*, Gesetzgebungsermessen, S. 732.

529 *Aulehner*, Grundrechte und Gesetzgebung, S. 373; vgl. BVerfG, Beschl. v. 28.06.1960 – Az. 2 BvL 19/59, in: BVerfGE 11, 245 (254); BVerfG, Beschl. v. 14.05.1969 – Az. 1 BvR 615/67, 1 BvR 303/68, in: BVerfGE 26, 16 (31).

530 Vgl. *Aulehner*, Grundrechte und Gesetzgebung, S. 388. Die zugrunde zu legenden Erkenntnisse kann der Gesetzgeber etwa durch sachverständige Beratung, Anhörungen oder Einholung wissenschaftlicher Gutachten ermitteln, vgl. *Zenz*, in: Schwab/Zenz, Gutachten für den 54. DJT, A 29.

schlag zugrunde gelegten tatsächlichen Lebensverhältnisse Aussagen zur Wahrscheinlichkeit bestimmter Entwicklungen zu, darf der Gesetzgeber auf Grundlage der tatsächlichen Lebensverhältnisse generalisieren und typisieren. Bezüglich der Feststellung der einer Regelung zugrunde gelegten Tatsachen belässt das Bundesverfassungsgericht dem Gesetzgeber einen Beurteilungsspielraum. So stellt es fest, dass Erwägungen und Wertungen des Gesetzgebers, die „nicht entkräftet werden, [...] die Vermutung der Richtigkeit für sich in Anspruch nehmen" dürfen, auch wenn sich das Bundesverfassungsgericht „einen möglichst umfassenden Einblick in die durch das Gesetz zu ordnenden Lebensverhältnisse" verschaffen und die für die Gesetzesgestaltung „maßgebend gewesenen Erwägungen des Gesetzgebers [...] im einzelnen"[531] analysieren müsse.[532] Dennoch bleibt zu berücksichtigen, dass die Gewissheit der den Eingriff tragenden Prämissen umso größer sein muss, je schwerer der Eingriff in das Elternrecht wiegt.[533]

Die Empirie zeigt, dass es nur bei einem geringen Teil der in Vollzeitpflege lebenden Kinder und Jugendlichen zu einer Rückführung kommt. Das Projekt „Pflegekinderhilfe" des Deutschen Jugendinstituts (DJI) etwa kam zu dem Befund, dass lediglich 11 Prozent der Pflegeverhältnisse zeitlich befristet waren und die Zahl der geplanten Rückführungen mit 5,7 Prozent entsprechend niedrig ausfiel.[534] Das Bundesministerium für Familie, Senioren, Frauen und Jugend stellte 2016 fest, dass lediglich bei 32 Prozent der im Jahre 2014 beendeten Hilfen für minderjährige

---

531 BVerfG, Urt. v. 11.06.1958 – Az. 1 BvR 596/56, in: BVerfGE 7, 377 (412).

532 *Meßerschmidt*, Gesetzgebungsermessen, S. 940 f.; für einen Gestaltungsspielraum auch etwa BVerfG, Urt. v. 01.03.1979 – Az. 1 BvR 532/77, 1 BvR 533/77, 1 BvR 419/78, 1 BvL 21/78, in: BVerfGE 50, 290 (331 f.); das Schrifttum steht einem gesetzgeberischen Einschätzungsspielraum gespalten gegenüber, soll jedoch an dieser Stelle keine vertiefende Darstellung erfahren, da für den Gestaltungsspielraum des Gesetzgebers bei der Optimierung der Rechtsstellung der Pflegefamilie praktisch die Rechtsauffassung des Bundesverfassungsgerichts von größtem Belang ist. Darstellung des Schrifttums im Einzelnen bei *Meßerschmidt*, Gesetzgebungsermessen, S. 941 ff. m. w. N.

533 Zweites Abwägungsgesetz nach Alexy, s. *Alexy*, in: Gedächtnisschrift für Jürgen Sonnenschein, S. 789; *Borowski*, in: Sieckmann, Die Prinzipientheorie der Grundrechte, S. 101; *Borowsky*, Grundrechte als Prinzipien, S. 127 f.; *Klatt/Schmidt*, AöR 137 (2012), 545 (552).

534 *Kindler/Küfner/Thrum/Gabler*, in: Kindler/Helming/Meysen/Jurczyk, Handbuch Pflegekinderhilfe, S. 625; ebenso *Kindler*, RdJB 2011, 410 (416); *Salgo*, in: Coester-Waltjen/Lipp/Schumann/Veit, Das Pflegekindverhältnis, S. 65; vgl. *Diouani-Streek*, in: Stiftung zum Wohl des Kindeswohls, 6. Jahrbuch des Pflegekinderwesens, S. 159; krit. *van Santen/Pluto/Peucker*, Pflegekinderhilfe, S. 211 ff.

Pflegekinder eine Rückführung möglich war.[535] Bezogen auf alle Ende des Jahres bestehenden Pflegeverhältnisse ergab sich ebenfalls ein Schätzwert von rund 5 Prozent, in denen eine Rückführung in die Herkunftsfamilie tatsächlich gelang.[536] Letztlich verbleiben 60 Prozent der Pflegekinder in den Pflegefamilien und wachsen in ihnen auf.[537] Aktuelle Daten zur Verbreitung traumatischer Erlebnisse von Pflegekindern weisen einen Anteil traumatisierter Pflegekinder von 82 bis 92 Prozent aus.[538] Aus diesen Zahlen wird deutlich, dass erstens ein praktisches Bedürfnis nach einer Möglichkeit der dauerhaften Unterbringung in Familienpflege besteht und zweitens der personale Kern des Normbereichs einen sehr hohen Anteil von Kindern aufweist, deren Rückkehrwahrscheinlichkeit überaus gering ist. Dass für diese Kinder die Sicherheit und Stabilität des Pflegeverhältnisses von besonders hoher Bedeutung ist, wurde bereits dargestellt.

(3) Unbillige Einzelfallergebnisse

Trotz der tatsächlichen Fundierung stellt sich das Problem, dass es auf Grundlage der Regelung im Einzelfall zu gerichtlichen Entscheidungen kommen kann, die dem Wortlaut des Art. 6 Abs. 3 GG formal widersprechen. Dies ist dann der Fall, wenn es den Herkunftseltern im konkreten Fall gelingt, die Erziehungsfähigkeit entgegen der Prognose des Familiengerichts wiederherzustellen. Dies ist besonders insoweit problematisch, als den aufgezeigten innerfamiliären Faktoren, welche die Unterbringung in einer Pflegefamilie erfordern, trotz aller Vielschichtigkeit gemein ist, dass theoretisch eine Verbesserung der Situation der Herkunftseltern erfolgen kann. Die Ausführungen in Kapitel B haben gezeigt, dass Verwahrlosungen und Misshandlungen als primäre Ursachen einer Kindeswohlgefährdung häufig auf psychische Erkrankungen oder Alkohol- und

---

535 BMFSFJ, Pflegefamilien als soziale Familien, S. 26; auf 31 Prozent kommen *van Santen/Pluto/Peucker*, Pflegekinderhilfe, S. 211.

536 BMFSFJ, Pflegefamilien als soziale Familien, S. 26; ebenso *Kindler/Küfner/Thrum/Gabler*, in: Kindler/Helming/Meysen/Jurczyk, Handbuch Pflegekinderhilfe, S. 625; *Kindler*, RdJB 2011, 410 (416).

537 *Salgo*, in: Staudinger/*Salgo*, BGB § 1632 Rn. 62; genauso *Salgo*, in: Stiftung zum Wohl des Pflegekindes, 3. Jahrbuch des Pflegekinderwesens, S. 21; vgl. *Schmid-Obkirchner*, in: Wiesner, SGB VIII § 33 Rn. 22; BT-Drucks. 11/6576, S. 149.

538 BMFSFJ, Pflegefamilien als soziale Familien, S. 9 m. w. N.; *Diouani-Streek/Salgo* kommen auf 86 bis 92 Prozent, s. *Diouani-Streek/Salgo*, RdJB 2016, 176 (178 f.). m. w. N.

Substanzabhängigkeit zurückzuführen sind. Die entsprechenden Behandlungsperspektiven sind jedoch mitunter durchaus günstig. Auch wenn die Wahrscheinlichkeit strukturell gering ist, dass es den Betroffenen gelingt, die Trennungsursachen erfolgreich zu therapieren,[539] lässt sich nicht ausschließen, dass Eltern im Einzelfall das kindeswohlgefährdende Verhalten entgegen der Prognose korrigieren können. Dies gilt umso mehr, als den Staat die verfassungsrechtliche Verpflichtung trifft, die Wiederherstellung der elterlichen Erziehungsfähigkeit mit helfenden Maßnahmen zu unterstützen. Für das familiengerichtliche Verfahren bedeutet dies konkret, dass das Familiengericht unter Berücksichtigung milderer Mittel die Prognose treffen muss, dass die Wahrscheinlichkeit der Wiedererlangung der Erziehungsfähigkeit im konkreten Fall *unter Berücksichtigung* der staatlichen Verpflichtung zu helfenden, unterstützenden Angeboten zur Wiedererlangung dauerhaft sehr gering ist.

Jedoch ist dieses eindimensionale Verständnis, das den Blick auf die Grundrechtsverletzung des einzelnen Grundrechtsträgers richtet, für die Bestimmung des Gestaltungsspielraums des Gesetzgebers inadäquat.[540] *Aulehner* bezeichnet ein solches Grundrechtsverständnis als überkommen und legt der Rechtsetzung ein mehrdimensionales Verständnis zugrunde.[541] Für die Bestimmung des Gestaltungsspielraums des Gesetzgebers ist der Blick danach auf sämtliche betroffenen Grundrechte aller Grundrechtsträger zu richten.[542] Jede einfachgesetzliche Regelung, die für den Einzelnen eine schwerwiegende Rechtsfolge entfaltet, führt zu unbilligen Ergebnissen im Einzelfall, wenn die der Entscheidung zugrunde gelegten Tatsachen fehlerhaft ermittelt oder ausgelegt werden. Aufgabe des Gesetzgebers kann es nicht sein, die richtige Normanwendung für jeden Einzelfall zu gewährleisten, vielmehr obliegt es ihm, bei der Rechtsetzung Ziele und Gefahren in ein angemessenes Verhältnis zu setzen. Dem Familiengericht wird lediglich die Möglichkeit eröffnet, als Ultima ratio die dauerhafte Unterbringung des Kindes in einer Pflegefamilie anzuordnen. Von dieser Möglichkeit wird es nur Gebrauch machen, sofern die vorgegebenen rechtlichen Voraussetzungen nach sorgfältiger Ermittlung aller entscheidungsrelevanten Tatsachen im Einzelfall vorliegen. Die Schwere des Eingriffs in die Grundrechte verpflichtet den Staat bei der Rechtsetzung

539 Vgl. die Ausführungen in Kapitel B über die Gründe für die Inpflegenahme, die nur selten innerhalb eines vertretbaren Zeitraums verbessert werden können.

540 *Aulehner*, Grundrechte und Gesetzgebung, S. 338.

541 *Aulehner*, Grundrechte und Gesetzgebung, S. 338.

542 *Aulehner*, Grundrechte und Gesetzgebung, S. 338.

ausschließlich, hohe Ansprüche an das gerichtliche Verfahren zu stellen. Dem kommt er nach, sofern hohe Anforderungen an die gerichtliche Ermittlung der Kindeswohlgefährdung und der kind- und elternbezogenen Gründe, aufgrund derer die Rückkehrwahrscheinlichkeit als sehr gering zu prognostizieren ist, gestellt sind[543] und den Eltern im Rahmen des Verfahrens umfangreiche Anhörungsrechte[544] gewährt werden.

(4) Das Elternrecht

Das Gewicht des Eingriffs in das **Elternrecht** ist wie dargestellt als sehr hoch einzuschätzen, da die Möglichkeit des Ausschlusses der Rückführungsoption für die betroffenen Eltern die Wirkung einer dauerhaften Trennung im Sinne des Art. 6 Abs. 3 GG entfalten kann. Darüber hinaus hat der Regelungsvorschlag zulasten der Herkunftseltern die faktische Wirkung, dass die Umgangsintervalle bei Ausschluss der Rückkehroption weiter zu fassen sein werden. Mit Blick auf das hohe verfassungsrechtliche Gewicht, das dem Umgangsrecht der Eltern beizumessen ist, wird die Eingriffsintensität hierdurch bedeutend erhöht. Zwar soll der Regelungsvorschlag lediglich die Fälle erfassen, in denen die Rückkehrwahrscheinlichkeit sehr gering ist, womit das Umgangsrecht prognostisch ohnehin nicht geeignet ist, die Rückkehroption aufrechtzuerhalten. Dennoch ist es aus verfassungsrechtlicher Sicht höchst problematisch, im Zuge der Normanwendung die Rückkehrwahrscheinlichkeit bei Inpflegenahme des Kindes als sehr gering zu prognostizieren, wenn die selbe Norm mittelbar ermöglicht, die Umgangsintervalle, die am besten geeignet wären, um die Wahrscheinlichkeit zumindest zu erhöhen, zu reduzieren. Hiergegen spricht ferner die staatliche Pflicht zu unterstützenden Maßnahmen, um den Herkunftseltern dabei zu helfen, ihre Erziehungsfähigkeit wiederzuerlangen.

In dieser Hinsicht ist zu berücksichtigen, dass die Umgangskontakte die für den Staat maßgebliche Erkenntnismöglichkeit darstellen, sich von der Entwicklung des Verhaltens der Herkunftseltern in dem entscheiden-

543 Vgl. BVerfG, Beschl. v. 15.06.1971 – Az. 1 BvR 192/70, in: BVerfGE 31, 194 (210); vgl. BVerfG, Beschl. v. 18.02.1993 – Az. 1 BvR 692/92, in: NJW 1993, 2671 (2671); vgl. BVerfG, Beschl. v. 23.08.2006 – Az. 1 BvR 476/04, in: NJOZ 2006, 3851 (3855).

544 Vgl. BVerfG, Beschl. v. 17.10.1984 – Az. 1 BvR 284/84, in: BVerfGE 68, 176 (188).

den Zeitraum nach der Inpflegenahme ein Bild zu verschaffen. Dies gilt insbesondere, da sich zu Beginn eines Pflegeverhältnisses im Allgemeinen schwer abschätzen lässt, ob zu einem späteren Zeitpunkt eine Rückführung des Kindes in die Herkunftsfamilie möglich ist. Zwar darf der Gesetzgeber bei der Rechtsetzung durchaus wie aufgezeigt die Lebenswirklichkeit zugrunde legen, nach der nur bei einer sehr geringen Zahl von Pflegekindern die Rückführung in die Herkunftsfamilie gelingt. Liegt aber infolge des Ausschlusses der Rückkehroption zugleich die Möglichkeit nahe, die Umgangsintervalle zu reduzieren, erscheint nicht unwahrscheinlich, dass die Normanwendung zu einer Situation der Herkunftseltern führt, die dem hohen Gewicht des Elternrechts nicht gerecht wird.

Dieses hohe Eingriffsgewicht wird durch das Kindeswohl nicht ausgeglichen. Eine günstige Wirkung des Regelungsvorschlags hinsichtlich der Sicherheit und Stabilität des pflegefamiliären Rahmens ist zwar als wahrscheinlich abzuschätzen: Liegen der Inpflegenahme schwere Kindeswohlgefährdungen zugrunde, werden die betroffenen Kinder strukturell von der Möglichkeit profitieren, etwa die Umgangsintervalle stärker als bisher an ihrem Interesse auszurichten. Die nach den Erkenntnissen der Bindungspsychologie jedoch schwerste Bedrohung für das Wohl dieser Kinder in Form der Rückführung ist ohnehin sehr unwahrscheinlich. Es ist zwar wahrscheinlich, dass die betroffenen Kinder strukturell davon profitieren würden, wenn die Rückführung sicher ausgeschlossen werden könnte. Dieser Erfüllungsgrad ist jedoch insgesamt nicht ausreichend, um das Maß der Nichterfüllung des Elternrechts auszugleichen.[545] Auch die Entwicklung der kindlichen Perspektive sollte, wenn die Rückkehrwahrscheinlichkeit praktisch als sehr gering zu prognostizieren ist, bei einer formal offenen Rückkehroption möglich sein.

(ee) Ergebnis der Abwägung

Insgesamt ist davon auszugehen, dass das sehr hohe Eingriffsgewicht in das Elternrecht zu dem Mehrwert an Sicherheit und Stabilität des pflegefamiliären Rahmens für das Kind in keinem proportionalen Verhältnis steht. Der Regelungsvorschlag ist unverhältnismäßig.

545 Vgl. *Alexy*, Theorie der Grundrechte, S. 146.

5. Gesamtergebnis

Es ist kein Gestaltungsspielraum des Gesetzgebers hinsichtlich der Implementierung einer Regelung anzunehmen, die eine dauerhafte Vermittlung von Kindern bei sehr geringer Rückkehrwahrscheinlichkeit ermöglicht.

III. Die fehlende Möglichkeit, bereits lange bestehende Pflegeverhältnisse verbindlich abzusichern

Der Reformgedanke, bereits langfristig bestehende Pflegeverhältnisse rechtlich abzusichern, zielt ebenfalls darauf ab, die Rückkehroption des Kindes zugunsten seines Interesses an der Sicherheit und Stabilität des Pflegeverhältnisses auszuschließen. Im Unterschied zu dem zuvor betrachteten Regelungsentwurf bezieht sich der folgende Vorschlag jedoch im Wesentlichen auf die entstandenen Bindungen zwischen Kind und Pflegeeltern. Im Allgemeinen ist anzunehmen, dass ein Kind umso tiefere Bindungen zu seinen Pflegeeltern aufbaut, je länger das Pflegeverhältnis andauert. Somit indiziert ein bereits über einen langen Zeitraum bestehendes Pflegeverhältnis, dass sich das Kind mit hoher Wahrscheinlichkeit in seiner neuen Bezugswelt integriert hat und es gelungen ist, Bindungen zwischen Kind und Pflegeeltern aufzubauen. Aufgrund der Letzteren ist bei der Gewichtung der einzelnen Grundrechtspositionen auch diejenige der Pflegeeltern aus Art. 6 Abs. 1 und Abs. 3 GG zu berücksichtigen.

1. Ziel und Zweck des Regelungsvorschlags

Ziel und Zweck des Regelungsvorschlags bestehen darin, das Interesse der Pflegefamilie an Stabilität, Sicherheit und Kontinuität sowie die sozialen Bindungen, welche die betroffenen Kinder im Laufe der Zeit aufgebaut haben, rechtlich stärker als bisher zu schützen. Die dem Regelungsvorschlag zugrunde liegende Zielsetzung liegt somit in der Aufwertung des Kindeswohls.

2. Die Geeignetheit des Regelungsvorschlags

Der personale Kern des Normbereichs dieses Regelungsvorschlags zielt auf **Kinder**, die von ihrer Herkunftsfamilie getrennt und in einer Pflegefamilie betreut werden müssen. Diese unterscheiden sich strukturell wie aufgezeigt von Kindern, die unter normalen familiären Verhältnissen aufgewachsen sind und sichere Bindungen erfahren haben. Kinder mit stabilen sozialen Bindungen zeigen eine bessere Lern- und Gedächtnisleistung, eine bessere Sprachentwicklung und ein gesundes Selbstbewusstsein, das die Fähigkeit zum Umgang mit Konflikten, Problemen, Belastungen und Stress fördert.[546] Pflegekindern mit sehr geringer Rückkehrprognose fehlten diese positiven Bindungserfahrungen in der Vergangenheit in aller Regel. Sie weisen in der Folge regelmäßig eine erhebliche Vorbelastung auf. Waren die Kinder in ihrer Herkunftsfamilie schweren Misshandlungen ausgesetzt, sind infolge des massiven Dauerstresses sogar neurobiologische Schädigungen des Hirns festzustellen.[547] Für die weitere Persönlichkeitsentwicklung dieser Kinder ist der Erhalt der nunmehr im Rahmen des Pflegeverhältnisses entstandenen Bindungen von besonderer Bedeutung, da es nur mit deren Hilfe gelingen kann, die verinnerlichten Vorerfahrungen im Laufe der Zeit zu bewältigen. Die entstandenen Bindungen stellen daher ein Schutzgut von besonders hohem Wert dar, für deren Aufbau die Kontinuität der Bindungsverhältnisse von zentraler Bedeutung ist. Wiederholte Bindungsabbrüche und Wechsel des kindlichen Lebensmittelpunktes verringern dagegen die Chancen auf eine gesunde Entwicklung des Kindes.[548] Daher ist davon auszugehen, dass eine Regelung, welche die Absicherung bereits lange bestehender Pflegeverhältnisse ermöglicht, die Wahrscheinlichkeit erhöht, die Sicherheit des Pflegeverhältnisses zu fördern und die entstandenen Bindungen zugunsten des Kindes zu schützen.

Der personale Kern des Normbereichs umfasst darüber hinaus auch die **Pflegeeltern**. Ihnen ist in struktureller Hinsicht gemein, dass die Betreuung der oftmals erheblich vorbelasteten Kinder mit besonderen Anstrengungen verbunden ist. Dies gilt insbesondere hinsichtlich der offenen Rückkehroption sowie der Umsetzung der Umgangskontakte mit den leiblichen Eltern, durch welche die Pflegefamilie fortlaufend einer Destabilisierung durch die Herkunftseltern ausgesetzt sein kann. Dabei müssen die Pflegeeltern nicht nur die persönliche Beanspruchung durch

546 *Brisch*, FPR 2013, 183 (185); *Cappenberg*, in: Coester-Waltjen/Lipp/Schumann/Veit, Das Pflegekindverhältnis, S. 23; Schwarzer/Jovanovic, Entwicklungspsychologie der Kindheit, S. 56; *Bovenschen/Spangler*, FPR 2013, 187 (188).

547 Dazu ausführlich *Brisch*, FPR 2013, 183 (186); Schwarzer/Jovanovic, Entwicklungspsychologie der Kindheit, S. 55 f.; *Brisch*, in: Stiftung zum Wohl des Pflegekindes, Bindung und Trauma, S. 24 f. m. w. N.

548 Vgl. dazu oben Kapitel H. III. 2.

die Betreuungssituation bewältigen, sondern darüber hinaus das Kind dabei unterstützen, seine emotionalen Belastungen so gut wie möglich zu verarbeiten. Diese Tätigkeit stellt erhebliche pädagogische und psychologische Ansprüche an die Pflegeeltern, vor allem, da es sich bei ihnen in aller Regel um Personen ohne pädagogische oder psychologische Fachausbildung handelt. Darüber hinaus gelten Pflegefamilien im Vergleich zu herkömmlichen Familien als Gebilde in verstärktem Maße als instabil und unsicher. Die Pflegeeltern haben daher ein besonderes Interesse daran, dass die Stabilität und Kontinuität der Lebensverhältnisse sowie die im Laufe der Zeit entstandenen Bindungen zwischen Kindern und Pflegeeltern effektiv gesichert werden können.

Es ist davon auszugehen, dass der Regelungsvorschlag die Wahrscheinlichkeit erhöht, das Interesse der Pflegeeltern an Stabilität und dem Erhalt der aufgebauten sozialen Bindungen stärker als bisher zu schützen.

3. Die Erforderlichkeit

Im Rahmen der Erforderlichkeit ist zu ermitteln, ob es eine das Elternrecht aus Art. 6 Abs. 2 und 3 GG weniger beeinträchtigende Alternative gibt, welche die Wahrscheinlichkeit, das angestrebte Ziel zu erreichen, in demselben Maße erhöht. Insoweit ist der Blick wie zuvor auf die derzeitige gesetzliche Ausgestaltung zu richten.

Hierzu kann im Wesentlichen auf die Ausführungen über die Erforderlichkeit des obigen Regelungsvorschlags verwiesen werden. Nach der gegenwärtigen Gesetzeslage drohen jedenfalls dann geringere Beeinträchtigungen seitens der Eltern für die Stabilität der Lebensverhältnisse und den Schutz der entstandenen Bindungen, wenn diese nicht mehr Sorgerechtsinhaber sind. Erstens unterliegen die Sorgerechtsverhältnisse jedoch der fortlaufenden familiengerichtlichen Überprüfung. Zweitens sind die Eltern häufig auch noch nach Jahren Sorgerechtsinhaber, da etwa bei der Inpflegenahme die Voraussetzungen für einen Entzug nach § 1666 BGB nicht vorlagen und später keine gerichtlichen Maßnahmen eingeleitet wurden, um die ohnehin oft schwierige Zusammenarbeit nicht noch mehr zu belasten. In dieser Konstellation sind die Eltern formal befugt, zu jeder Zeit die Herausnahme des Kindes zu verlangen. Drittens sollte nicht außer Acht gelassen werden, dass es für den Erlass einer Verbleibensanordnung nach § 1632 Abs. 4 BGB zunächst eines Herausgabeverlangens der Herkunftseltern bedarf,[549] womit jedenfalls keine präventive Absicherungsmöglichkeit besteht. Aber bereits die *theoretische* Herausnahmemöglichkeit kann zu jahrelangen Schwebezuständen führen, welche die Sicherheit des pflegefamiliären Rahmens erheblich beeinträchtigen. Dem Kind kann – auch nachdem die Pflegeeltern längst zu seinen sozialen Eltern geworden sind – nicht versichert werden, dass es dauerhaft in der Pflegefamilie bleiben kann.

Darüber hinaus kommt es aber auch *tatsächlich* zu Herausnahmeverlangen aus bereits seit langer Zeit bestehenden Pflegeverhältnissen. In vielen Fällen fehlt den Eltern die Einsicht, dass die Pflegefamilie ihrem Kind das stabile und sichere Zuhause bietet, das es für seine gesunde psychische Entwicklung braucht. Auch nach einem langen Zeitraum, in dem sich die Eltern nicht um das Kind gekümmert haben, glauben sie, dieses Versäumnis durch die Rückführung des Kindes aufwiegen zu können, auch wenn sie das Kind dadurch aus dem bisher erreichten Gesundungsprozess herausreißen.[550] Dabei mag den Eltern die Rückkehr des Kindes gerade in persönlichen Krisenzeiten als Lebenssinn oder neue Perspektive erscheinen. Zwar wäre es unangemessen, dem Verhalten der Herkunftseltern in dieser Situation ausschließlich selbstbezogene Beweggründe zu unterstellen.[551] Jedoch erkennen die Eltern häufig, je mehr sie in ihre eigenen Probleme verstrickt sind, umso weniger, dass sich das Kind längst von ihnen wegentwickelt hat und ihnen das Zusammenleben mit diesem inzwischen „fremden“ Kind wahrscheinlich große Schwierigkeiten bereiten würde.[552] Da zudem die Gründe, weshalb die Betreuung des Kindes in einer Pflegefamilie erforderlich war, häufig fortbestehen,[553] ist nach einer Rückführung nur selten eine am Wohl des Kindes orientierte Fürsorge zu erwarten.

Der beschriebenen Lebenswirklichkeit kann aufgrund der fehlenden Absicherungsmöglichkeit lange bestehender Pflegeverhältnisse nach geltender Rechtslage nicht ausreichend entgegengewirkt werden. Ein alternativer Regelungsvorschlag, der die Stabilität und Kontinuität der Lebensverhältnisse sowie den Schutz der entstandenen Bindungen gleichermaßen erhöht, ist nicht ersichtlich. Der Regelungsvorschlag ist somit erforderlich.

---

549 Vgl. oben Kapitel E. I. 2.

550 Vgl. *Baer*, FamRZ 1982, 221 (223).

551 Darauf hinweisend *Gernhuber*, FamRZ 1973, 229 (238).

552 So *Baer*, FamRZ 1982, 221 (223).

553 BMFSFJ, Pflegefamilien als soziale Familien, S. 9; *Salgo*, in: Coester-Waltjen/Lipp/Schumann/Veit, Das Pflegekindverhältnis, S. 82.

4. Die Proportionalität des Regelungsvorschlags

Sodann stellt sich die Frage, ob die durch den Regelungsvorschlag bewirkte Grundrechtseinschränkung zu dem zu erreichenden gesetzgeberischen Ziel in Proportionalität steht. Dafür ist der Blick auf die gegenläufigen Grundrechtspositionen zu richten. Während hinsichtlich des Elternrechts weitgehend auf die Ausführungen zu dem vorherigen Regelungsvorschlag verwiesen werden kann, ergeben sich in Bezug auf die Grundrechtspositionen des Kindes und der Pflegeeltern Unterschiede durch das Gewicht der entstandenen Bindungen, an denen auch die Pflegeeltern als Verband ein grundrechtlich geschütztes Interesse haben.

a) Gegenüberstehende Rechtspositionen

Bei der Möglichkeit der dauerhaften Vermittlung von Kindern in Pflegeverhältnisse geht es wie zuvor um die Sicherung des Gemeinwohlziels des Kindeswohls. Den Grundrechtspositionen des Kindes aus Art. 2 Abs. 1 GG stehen das Elternrecht aus Art. 6 Abs. 2 und 3 GG sowie das Grundrecht des Kindes auf Gewährleistung elterlicher Pflege und Erziehung gegenüber. Im Unterschied zu dem zuvor untersuchten Regelungsvorschlag ist aufgrund der entstandenen gegenseitigen Bindungen des Weiteren auch die Grundrechtsposition der Pflegeeltern aus Art. 6 Abs. 1 und 3 GG zu berücksichtigen.

b) Die konkrete Gewichtung

Nachfolgend werden die verschiedenen Grundrechtspositionen der einzelnen Beteiligten gewichtet.

aa) Die Grundrechtspositionen des Kindes und der Pflegeeltern

Der **Stabilität und Kontinuität** des pflegefamiliären Rahmens kommen wie bereits erwähnt ein hohes verfassungsrechtliches Gewicht zu, da sie für die persönliche Entwicklung des Pflegekindes nach Art. 2 Abs. 1 GG von entscheidender Bedeutung sind. Zu berücksichtigen ist darüber hinaus die Grundrechtsposition der Pflegeeltern aus Art. 6 Abs. 1 und 3 GG, die innerhalb eines bereits seit langer Zeit bestehenden Pflegeverhältnisses ein rechtlich geschütztes Interesse an der Stabilität des Pflegeverhältnisses und dem Schutz der entstandenen Bindungen haben. Die Familienpflege stellt ein Ehrenamt im besonderen Interesse der Gesellschaft dar, das der Gesetzgeber als Gemeinwohlziel durch eine stärkere Berücksichtigung der familienähnlichen Strukturen fördern kann. Zwar kommt den Rechten der Pflegeeltern im Verhältnis zu den Kindes- und Elternrechten eine untergeordnete Bedeutung zu, dennoch stellt ihre Grundrechtsposition einen Abwägungsbelang dar, den der Gesetzgeber bei der Rechtsetzung zu berücksichtigen und gewichten hat. Da davon auszugehen ist, dass die Grundrechtsposition der Pflegeeltern mit der zunehmenden Dauer des Pflegeverhältnisses fortlaufend an Bedeutung gewinnt, ist die Wichtigkeit als *mittelhoch* zu bewerten.

Entscheidend für das Gewicht streitet bei bereits langfristig bestehenden Pflegeverhältnissen jedoch der Aspekt des **Bindungsabbruchs** des Kindes: Je länger ein Pflegeverhältnis andauert, desto stärkere Bindungen erwachsen zwischen dem Kind und seiner neuen Bezugswelt. Auch wenn der Inpflegenahme kein erzieherisches Versagen der Eltern zugrunde liegt und ein solches bei einer Rückführung auch nach den sonstigen Umständen nicht zu erwarten ist, stellt die Herausnahme des Kindes durch den Abbruch der erwachsenen Bindungen regelmäßig eine gravierende Gefährdung der kindlichen Entwicklung dar.[554] Die Wichtigkeit des Schutzgutes der Stabilität und Kontinuität der Lebensverhältnisse ist aufgrund der entstandenen Bindungen daher als *sehr hoch* zu bewerten.

bb) Der Schutz der Bindungen im Hinblick auf Art. 6 Abs. 3 GG

Zu vertiefen ist diesbezüglich, in welchem Maß die entstandenen Bindungen des Kindes mit der Schutzgewähr des Art. 6 Abs. 3 GG zu vereinbaren sind, denn der Schutz der entstandenen Bindungen führte dazu, dass die Rückführung des Kindes selbst dann ausgeschlossen wäre, wenn durch das elterliche Verhalten keine Kindeswohlgefährdung mehr ersichtlich ist. Unter der Prämisse, dass der Aufbau von Bindungen den Regelfall

554 Vgl. damit korrespondierend die Rechtsprechung des Bundesverfassungsgerichts, nach der allein die Dauer eines Pflegeverhältnisses für eine Verbleibensanordnung nach § 1632 Abs. 4 BGB ausreicht, vgl. BVerfG, Beschl. v. 31.03.2010 – Az. 1 BvR 2910/09, in: NJW 2010, 2336 (2337); BVerfG, Beschl. v. 23.08.2006 – Az. 1 BvR 476/04, in: NJOZ 2006, 3851 (3854); BVerfG, Beschl. v. 17.10.1984 – Az. 1 BvR 284/84, in: BVerfGE 68, 176 (191).

markiert, bedeutete dies in der Konsequenz, dass die Rückkehroption bei Pflegeverhältnissen über längere Zeit nahezu immer ausgeschlossen wäre. Dies erscheint jedoch im Hinblick auf den Schutzgehalt des Art. 6 Abs. 3 GG problematisch.

Art. 6 Abs. 3 GG legt fest, dass die Trennung des Kindes von seinen Eltern nur bei deren Versagen oder einer aus anderen Gründen drohenden Verwahrlosung erfolgen darf. Damit scheiden zwar andere als im Kindeswohl liegende Gründe als Rechtfertigung für die Trennung des Kindes von den Eltern aus. Nicht entnehmen lässt sich dem Wortlaut des Art. 6 Abs. 3 GG jedoch, dass der Versagensgrund, der die erstmalige Trennung von der Familie rechtfertigte, inhaltlich kongruent mit demjenigen für die Aufrechterhaltung der Trennung sein muss. Um das durch die Verfassung in die Verantwortung des Staates gelegte Wohl des Kindes umfassend zu schützen, muss der Wortlaut „aus anderen Gründen" vielmehr auch außerhalb der Herkunftsfamilie liegende, die Rückführung ausschließende Gründe erfassen. Dies ergibt sich aus den Grundrechten des Kindes aus Art. 1 Abs. 1 und Art. 2 Abs. 1 und Abs. 2 S. 2 GG sowie der staatlichen Schutzverpflichtung aus Art. 6 Abs. 2 S. 2 GG.

Außerdem spricht hierfür die **subjektiv-historische Auslegung** des Willens des Verfassungsgebers. Auch wenn der historischen Auslegung des Verfassungstextes grundsätzlich nicht zu viel Wert beigemessen werden sollte, stellt die Entstehungsgeschichte ein wesentliches Erkenntnismittel bei der Auslegung des Grundgesetzes dar.[555] Insoweit soll ermittelt werden, welches Verständnis der historische Verfassungsgeber der Formulierung, dass die Trennung auch zulässig ist, wenn das Kind „aus anderen Gründen" zu verwahrlosen droht, zugrunde gelegt hat.

Im Rahmen der Entstehung des Grundgesetzes sah der Vorschlag der CDU/CSU zunächst die Formulierung vor, dass „die Herausnahme von Kindern aus der Familiengemeinschaft gegen den Willen der Erziehungsberechtigten [...] nur auf gesetzlicher Grundlage möglich [ist], wenn durch ein Versagen der Erziehungsberechtigten die Gefahr der Verwahr-

555 Der Parlamentarische Rat hatte sogar in Betracht gezogen, im Verfassungstext zum Ausdruck zu bringen, dass die Verfassung „aus unserer Zeit" entstanden ist. Auch wenn er sich letztlich dagegen entschieden hat, hebt der schriftliche Bericht zum Grundrechtsstil hervor, dass die Streichung dieses Hinweises an dem Bestreben nichts geändert habe. Von entscheidender Bedeutung ist die Anpassungsfähigkeit der Verfassung an fortschreitende Entwicklungen, s. *Seibert*, FamRZ 1995, 1457 (1457); zur subjektiv-historischen Auslegung im Einzelnen *Hillgruber*, in: Depenheuer/Grabenwarter, Verfassungstheorie, S. 512 ff.

losung der Kinder gegeben ist."[556] Der Allgemeine Redaktionsausschuss änderte die Formulierung dahingehend, dass „ein Kind [...] gegen den Willen der Erziehungsberechtigten von der Familie nur getrennt werden [kann], wenn die Gefahr der Verwahrlosung besteht."[557]

Nachdem der Grundsatzausschuss die Formulierung mit dem abgeänderten Wortlaut angenommen hatte, dass „gegen den Willen der Erziehungsberechtigten [...] Kinder nur auf Grund eines Gesetzes von der Familie getrennt werden [dürfen], wenn die Erziehungsberechtigten versagen und deshalb die Kinder zu verwahrlosen drohen"[558], änderte der Allgemeine Redaktionsausschuss die Formulierung erneut dahingehend, dass „gegen den Willen der Erziehungsberechtigten [...] Kinder nur auf Grund eines Gesetzes von der Familie getrennt werden [dürfen], wenn die Gefahr der Verwahrlosung besteht."[559] Als Begründung führte er dann an, dass „eine Verwahrlosung der Kinder [...] auch vorliegen und eine Trennung von der Familie erforderlich machen [kann], ohne daß die Erziehungsberechtigten versagt haben", da auch „äußere, von den Erziehungsberechtigten nicht abhängige oder verschuldete Umstände [...] zur Verwahrlosung führen"[560] können. Schließlich wurde die Formulierung vorgeschlagen, dass „gegen den Willen der Erziehungsberechtigten [...] Kinder nur auf Grund eines Gesetzes von der Familie getrennt werden [dürfen], wenn die Erziehungsberechtigten versagen oder wenn die Kinder aus anderen Gründen zu verwahrlosen drohen."[561] Dieser Fassung wurde letztlich zugestimmt.

Die Entstehungsgeschichte des Art. 6 Abs. 3 GG zeigt, dass der Verfassungstext über innerfamiliäre Faktoren der Herkunftsfamilie hinaus auch

556 Jahrbuch des öffentlichen Rechts, Bd. 1, S. 99; Der Parlamentarische Rat, Bd. 5/II, S. 634; *Ossenbühl*, Das elterliche Erziehungsrecht, S. 24; *Jestaedt/Reimer*, in: Bonner Kommentar, GG Art. 6 Abs. 2 und 3 Rn. 49; *Wapler*, Kinderrechte und Kindeswohl, S. 145.

557 Der Parlamentarische Rat, Bd. 7, S. 138; *Ossenbühl*, Das elterliche Erziehungsrecht, S. 31; *Jestaedt/Reimer*, in: Bonner Kommentar, GG Art. 6 Abs. 2 und 3 Rn. 50; *Wapler*, Kinderrechte und Kindeswohl, S. 146.

558 Jahrbuch des öffentlichen Rechts, Bd. 1, S. 100; *Ossenbühl*, Das elterliche Erziehungsrecht, S. 32; *Jestaedt/Reimer*, in: Bonner Kommentar, GG Art. 6 Abs. 2 und 3 Rn. 51; *Wapler*, Kinderrechte und Kindeswohl, S. 146.

559 Vgl. Der Parlamentarische Rat, Bd. 7, S. 210; *Ossenbühl*, Das elterliche Erziehungsrecht, S. 34; *Jestaedt/Reimer*, in: Bonner Kommentar, GG Art. 6 Abs. 2 und 3 Rn. 52; *Wapler*, Kinderrechte und Kindeswohl, S. 145.

560 Der Parlamentarische Rat, Bd. 7, S. 210.

561 Jahrbuch des öffentlichen Rechts, Bd. 1, S. 101; *Ossenbühl*, Das elterliche Erziehungsrecht, S. 34.

die Fälle erfassen soll, in denen äußere, nicht von den Eltern abhängige oder verschuldete Umstände die Trennung des Kindes erfordern. Ist unter „Trennung" nach heutigem Verständnis nicht nur die erstmalige Herausnahme, sondern auch der Zustand des Getrenntseins zu verstehen, muss als Rechtfertigungsgrund jedenfalls genügen, dass das Kindeswohl bei einer Rückführung durch den Abbruch der aufgebauten Bindungen des Kindes zu seiner neuen Bezugswelt gefährdet ist.

Darüber hinaus wird in Art. 6 Abs. 2 S. 1 GG deutlich, dass das Grundgesetz die Bindungen im Rahmen einer Eltern-Kind-Beziehung als Teil des verfassungsrechtlichen **Menschenbildes** anerkennt, denn mit Blick auf den Sinn und Zweck des Art. 6 Abs. 2 S. 1 GG ist festzustellen, dass die Schutzgewähr nach dem Normgehalt an die natürlichen Bindungen zwischen Eltern und Kind anknüpft. Auch wenn Art. 6 Abs. 2 S. 1 GG nach Ansicht des Bundesverfassungsgerichts nicht auf die Pflegeeltern als Verband anwendbar ist, zeigt die Norm, dass die Verfassung jedenfalls den Wert von sozialen Bindungen anerkennt und als besonders schutzwürdig erachtet. Der Wortlaut des Art. 6 Abs. 3 GG („Erziehungsberechtigte") wiederum verdeutlicht, dass das Grundgesetz, wenn es um die entstandenen Bindungen zwischen Eltern und Kind geht, nicht an die genetische, sondern an die soziale Elternschaft anknüpft.

Insgesamt ist daher festzustellen, dass mit Art. 6 Abs. 3 GG vereinbar ist, den entstandenen Bindungen des Kindes Vorrang gegenüber dem Rückführungsinteresse der Herkunftseltern einzuräumen.

cc) Die Abwägung

Fraglich ist, ob die Implementierung der Möglichkeit der Anordnung des dauerhaften Verbleibs des Kindes bei bereits lange bestehenden Pflegeverhältnissen einen unverhältnismäßigen Eingriff in das Elternrecht aus Art. 6 Abs. 2 S. 1 GG darstellt.

Kinder können im Rahmen einer zugewandten Betreuung zu ihrer neuen Bezugswelt bereits nach kürzerer Zeit vertrauensvolle Bindungen aufbauen. Die Lehre von der faktischen Elternschaft ist vonseiten der Kinderpsychologie und -pädagogik unumstritten. Demgemäß ist das Bestehen eines Pflegeverhältnisses über lange Zeit ein maßgeblicher Hinweis darauf, dass sich das Kind in seine Bezugswelt integriert hat und es gelungen ist, Bindungen zu seinen Pflegeeltern aufzubauen. Wäre die Eingliederung in die Pflegefamilie nicht geglückt, hätte das Pflegeverhältnis kaum langfristig aufrechterhalten werden können. Vor dem Hintergrund ihrer soziobiografischen Historie sind die entstandenen Bindungen für die betroffenen Kinder in besonderem Maße schützenswert. Sie sind für ihre weitere Entwicklung maßgeblich auf die Sicherheit, Stabilität und Kontinuität der Rahmenbedingungen des Aufwachsens angewiesen. Weitere Trennungen von ihrer sozialen Bezugswelt sind daher unbedingt zu vermeiden. Das Herausreißen des Kindes aus seiner mittlerweile gewohnten sozialen Umgebung stellt demgegenüber eine schwere Beeinträchtigung des Kindeswohls dar. Als unmittelbare Folgen einer drohenden Rückführung zeigen sich bei den betroffenen Kindern gesundheitliche Leiden und gravierende Beeinträchtigungen im kognitiven, emotionalen und sozialen Bereich.[562]

Entsprechend dieser gesicherten bindungspsychologischen Erkenntnisse ist dem Wert der Bindungen aus verfassungsrechtlicher Sicht ein umso höheres Gewicht beizumessen, je länger die Eltern-Kind-Beziehung im Rahmen des Pflegeverhältnisses besteht.[563] Bei einer baldigen Rückführung nach Wiedererlangung der Erziehungsfähigkeit der Herkunftseltern ist hingegen weitaus seltener eine Kindeswohlgefährdung festzustellen, da der Bindungsabbruch des Kindes zu seiner neuen Bezugswelt dann weniger schwer wiegt. In diesem Fall kann der Bindungsabbruch wie dargestellt durch einen prognostizierten mittel- oder langfristigen Mehrwert für das Kindeswohl kompensiert werden. Diese Fälle sind von dem Regelungsvorschlag jedoch nicht erfasst. Der personale Kern des Normbereichs des Regelungsvorschlags bezieht sich ausschließlich auf Kinder, die bereits über einen langen Zeitraum bei der Pflegefamilie leben. Für diese Kinder haben die aufgebauten Bindungen strukturell einen besonders hohen Wert.

Für ein hohes Gewicht der kindlichen Bindungen spricht darüber hinaus, dass die entstehenden Bindungen zwischen Kind und Pflegeeltern den betroffenen Kindern die Möglichkeit bieten, die erlebten Vorbelastungen zu verarbeiten. Dies ist bei Kindern mit geringer Rückkehrprognose von maßgeblicher Bedeutung, da ein hoher struktureller Anteil schwere Kindeswohlverletzungen erlebt hat und dadurch traumatisiert ist. Für diese Kinder ist die Verarbeitung der verinnerlichten Erfahrungen für ihre Persönlichkeitsentwicklung nach Art. 2 Abs. 1 GG von hoher Bedeutung. Der Pflegefamilie kann es – gegebenenfalls mit fachlicher Unterstützung

---

562 *Salgo*, in: Coester-Waltjen/Lipp/Schumann/Veit, Das Pflegekindverhältnis, S. 82; *Hassenstein/Hassenstein*, in: Stiftung zum Wohl des Pflegekindes, 3. Jahrbuch des Pflegekinderwesens, S. 64.

563 Vgl. BVerfG, Beschl. v. 17.10.1984 – Az. 1 BvR 284/84, in: BVerfGE 68, 176 (187); BVerfG, Beschl. v. 12.10.1988 – Az. 1 BvR 818/88, in: BVerfGE 79, 51 (59 f.).

– gelingen, die kindlichen Vorerfahrungen im Laufe der Zeit durch den Aufbau einer verlässlichen Eltern-Kind-Beziehung zu korrigieren. Hinsichtlich des von den Pflegeeltern zu leistenden Integrationsprozesses sind zwar im Einzelnen verschiedene Phasen zu unterscheiden.[564] Jedenfalls gilt aber, dass das Herausreißen aus diesem Integrationsprozess dem Kind die Möglichkeit verwehrt, traumatisierende Erfahrungen zu verarbeiten, wodurch mit Blick auf Art. 2 Abs. 1 GG das Gewicht der Grundrechtsposition des Kindes erhöht wird. Insgesamt ist deren Wichtigkeit als *sehr hoch* zu bewerten.

Mit Blick auf das **Elternrecht** ist jedoch zu berücksichtigen, dass eine Rückführung aufgrund der erwachsenen Bindungen nahezu immer ausgeschlossen wäre, wenn bei lange bestehenden Pflegeverhältnissen das Erwachsen tragfähiger Bindungen der Regelfall ist.[565] Das Elternrecht verpflichtet den Staat dazu, für die Eltern die Möglichkeiten zu schaffen, den Entfremdungsprozess aufzuhalten.[566] In dieser Hinsicht kommen dem Umgangsrecht und der Gewährung von unterstützenden Maßnahmen, um die Erziehungsfähigkeit wiederzuerlangen, eine hohe Bedeutung zu.

Ist die Rückführung jedoch über einen langen Zeitraum gescheitert, spricht dies dafür, dass „das Verhalten der Eltern dem Kinde gegenüber [...] sich in dem für die Entwicklung des Kindes entscheidenden Zeitraum“[567] trotz helfender Maßnahmen nicht verbessert hat. Eltern, die (wieder) erziehungsfähig sind, wäre es gelungen, das Kind in einem angemessenen Zeitrahmen zurückzuführen. Die Lebenswirklichkeit zeigt aber, dass die Gründe, welche die Betreuung des Kindes in einer Pflegefamilie erforderlich machten, meist fortbestehen.[568] Je länger die Rückführung des Kindes scheitert, desto unwahrscheinlicher ist aufgrund der psychischen Dynamik eine Wiederherstellung der Eltern-Kind-Beziehung.[569] Zei-

---

564 1. Phase: Anpassung des Kindes, 2. Phase: Übertragungsphase (Wiederholung früherer Beziehungsformen), 3. Phase: Regressionsphase (Entwicklung persönlicher Beziehungen), vgl. *Hardenberg*, in: Stiftung zum Wohl des Pflegekindes, Bindung und Trauma, S. 95; ausführlich zu den einzelnen Phasen *Cappenberg*, in: Coester-Waltjen/Lipp/Schumann/Veit, Das Pflegekindverhältnis, S. 29 ff.

565 BVerfG, Beschl. v. 17.10.1984 – Az. 1 BvR 284/84, in: BVerfGE 68, 176 (189); BVerfG, Beschl. v. 14.04.1987 – Az. 1 BvR 332/86, in: BVerfGE 75, 201 (219).

566 BVerfG, Beschl. v. 17.10.1984 – Az. 1 BvR 284/84, in: BVerfGE 68, 176 (189); BVerfG, Beschl. v. 14.04.1987 – Az. 1 BvR 332/86, in: BVerfGE 75, 201 (219).

567 BVerfG, Beschl. v. 29.07.1968 – Az. 1 BvL 20/63, 1 BvL 31/66, 1 BvL 5/67, in: BVerfGE 24, 119 (146).

568 *Salgo*, in: Coester-Waltjen/Lipp/Schumann/Veit, Das Pflegekindverhältnis, S. 82.

569 *Salgo*, NJW 1985, 413 (414); *Salgo*, Pflegekindschaft und Staatsintervention, S. 213; vgl. *Schmid-Obkirchner*, in: Wiesner, SGB VIII § 33 Rn. 5.

gen sich Eltern über einen langen Zeitraum nicht willens oder in der Lage, eine mit dem Kindeswohl vereinbare Pflege und Erziehung zu gewährleisten, ist der Gesetzgeber daher nicht gezwungen, den Rückkehranspruch der Eltern über diesen langen Zeitraum entgegen der statistischen Unwahrscheinlichkeit aufrechtzuerhalten, sondern darf den entstandenen Bindungen gegenüber der Grundrechtsposition der Eltern durchaus den Vorrang einräumen.[570]

Etwas anderes ergibt sich auch nicht unter Berücksichtigung des hohen Gewichts des von Art. 6 Abs. 3 GG geschützten **Umgangs** der Herkunftseltern, dessen Intervalle infolge eines dauerhaften Verbleibs regelmäßig weiter zu fassen sein werden. Hieraus folgt zwar zunächst ein erhöhtes Eingriffsgewicht des Regelungsvorschlags. Ist die Rückführung jedoch bereits über einen langen Zeitraum gescheitert und die Rückkehrprognose sehr gering, verliert der Umgang im Zeitablauf an verfassungsrechtlichem Gewicht, da dieser tatsächlich ohnehin nicht mehr die Rückkehroption offenhält. Zwar schützt der Umgang neben der Rückkehroption auch das von Art. 6 Abs. 2 S. 1 GG umfasste elterliche Liebesbedürfnis und das Interesse, die entstandene soziale Beziehung durch den fortlaufenden Kontakt aufrechtzuhalten und ein persönliches Bild von dem Wohlergehen des Kindes und seiner körperlichen und geistigen Entwicklung zu gewinnen. Da sich der personale Kern des Regelungsvorschlags lediglich auf die Fälle bezieht, in denen die Rückkehrwahrscheinlichkeit ohnehin sehr gering ist, verwirklicht der Umgang allerdings ausschließlich dieses emotionale Interesse der Eltern. Diesem gegenüber darf der Gesetzgeber dem Interesse des Kindes an dem Schutz der entstandenen Bindungen und einem von Stabilität und Kontinuität geprägten Pflegeverhältnis den Vorrang gewähren.

Insgesamt ist der Gesetzgeber daher verfassungsrechtlich nicht gezwungen, die Rückkehroption der Kinder zeitlich unbegrenzt offenzuhalten, wenn die Herausnahme der Kinder tatsächlich bereits sehr unwahrscheinlich erscheint. Diese Lebensverhältnisse darf der Gesetzgeber typisieren und einer Regelung, welche die Absicherung bereits lange bestehender Pflegeverhältnisse ermöglicht, zugrunde legen.

---

570 So auch BMFSFJ, Pflegefamilien als soziale Familien, S. 40.

5. Zusammenfassung und Ergebnis

Der wesentlichste Aspekt ist darin zu sehen, dass ein Abbruch der entstandenen Bindungen *in aller Regel* eine Gefährdung des Kindeswohls darstellt, sofern die Pflegeeltern zu den sozialen Eltern geworden sind.[571] Daher ist mit der Grundrechtsposition des Kindes aus Art. 2 Abs. 1 in Verbindung mit Art. 1 Abs. 1 GG nicht vereinbar, das Verbleiben des Kindes in der Pflegefamilie von der Situation der Herkunftsfamilie abhängig zu machen.[572] Für den personalen Kern des Normbereichs dieses Regelungsvorschlags sind die entstandenen Bindungen besonders schützenswert, da strukturell ein hoher Anteil der Kinder traumatisiert ist und ein weiterer Bindungsabbruch für sie nach bindungspsychologischen Erfahrungssätzen besonders schwer wiegt. Darüber hinaus ist das Erleben sicherer Bindungen die Grundvoraussetzung, um belastende Vorerfahrungen aufzuarbeiten, womit ein Abbruch entstandener Bindungen einen besonders schweren Eingriff ist das Grundrecht der Kinder auf ihre Persönlichkeitsentwicklung darstellt. Die Wichtigkeit der Grundrechtsposition des Kindes ist mithin als *sehr hoch* zu bewerten.

Zu berücksichtigen ist ferner die Grundrechtsposition der Pflegeeltern aus Art. 6 Abs. 1 und 3 GG. Auch wenn den Rechten der Pflegeeltern im Verhältnis zu den Kindes- und Elternrechten eine untergeordnete Rolle zukommt, stellen sie doch einen Abwägungsbelang dar, den der Gesetzgeber bei der Rechtsetzung zu gewichten hat. Da die Rechtsposition der Pflegeeltern mit der Dauer des Pflegeverhältnisses zunehmend an Bedeutung gewinnt und der Regelungsvorschlag lediglich Pflegeverhältnisse erfasst, die bereits über einen langen Zeitraum bestehen, kann die grundrechtliche Position der Pflegeeltern als *mittelhoch* gewichtet werden.

Demgegenüber ist, wie im Rahmen des vorherigen Regelungsvorschlags dargestellt wurde, der Eingriff in das Elternrecht ebenfalls als *sehr hoch* zu gewichten. Im Ergebnis ist daher ein Gestaltungsspielraum des Gesetzgebers anzunehmen. Hierfür sprechen zusammenfassend insbesondere folgenden Erwägungen:

1. Das Grundgesetz misst wie aufgezeigt der Bedeutung der Bindungen ein hohes Gewicht bei und erstreckt die Schutzwürdigkeit der Bindungen auf Pflegepersonen.

---

571 So bereits *Baer*, FamRZ 1982, 221 (225); vgl. auch *Balloff*, NZFam 2014, 769 (771); *Salgo*, in: Staudinger, BGB § 1632 Rn. 86 ff.

572 Vgl. BVerfG, Beschl. v. 31.03.2010 – Az. 1 BvR 2910/09, in: NJW 2010, 2336 (2337).

2. Die drohende Schadenshöhe wiegt bei den betroffenen Kindern als personaler Kern des Normbereichs aufgrund des hohen Anteils traumatisierter Kinder besonders schwer.
3. Der Nichterfüllung des Elternrechts steht ein hoher Erfüllungsgrad des Kindeswohlprinzips gegenüber. Mit Blick auf die gesicherten Erkenntnisse der Bindungspsychologie ist mit hoher Wahrscheinlichkeit von einer günstigen Wirkung des Regelungsvorschlages auszugehen.

Ist die Rückführung über einen langen Zeitraum gescheitert und die Rückkehrprognose sehr gering, kann der Gesetzgeber den entstandenen Bindungen gegenüber der Grundrechtsposition der Eltern den Vorrang gewähren und den Rückkehranspruch der Eltern entsprechend der statistischen Unwahrscheinlichkeit ausschließen.[573] Er darf insoweit die tatsächlichen Lebensverhältnisse wie dargestellt typisieren und einer Regelung, welche die Absicherung bereits lange bestehender Pflegeverhältnisse ermöglicht, zugrunde legen. Das Elternrecht wird auch nicht generell und schematisch eingeschränkt, da die Möglichkeit der Anordnung des dauerhaften Verbleibs nur durch richterliche Entscheidung nach Prüfung der tatsächlichen Verhältnisse des Einzelfalls erfolgen kann.[574] Das Familiengericht muss die jeweiligen Umstände und hierbei insbesondere die Lebenssituation der Herkunftsfamilie und das individuelle Wohl des Kindes unter Rückgriff auf belastbare psychologische und pädagogische Erkenntnisse ermitteln. Ist der Verbleib an diese besonderen Voraussetzungen gebunden und es den Herkunftseltern im Rahmen umfassender Anhörungsrechte möglich, die Vermutung des Gesetzgebers zu widerlegen, steht die Möglichkeit der Anordnung des dauerhaften Verbleibs des Kindes in Familienpflege in Einklang mit Art. 6 Abs. 2 und 3 GG.

IV. Gesamtergebnis

Ziel und Zweck von Regelungsvorschlag A ist die Möglichkeit einer verbindlichen Unterbringung in Familienpflege, während es bei Regelungsvorschlag B um die Absicherung zumindest bereits lange bestehender Pflegeverhältnisse geht. Im Rahmen von Regelungsvorschlag B ist durch die regelmäßig entstandenen Bindungen eine weitaus höhere Gewichtung

573 BMFSFJ, Pflegefamilien als soziale Familien, S. 40.

574 Vgl. BVerfG, Beschl. v. 29.07.1968 - Az. 1 BvL 20/63, 1 BvL 31/66, 1 BvL 5/67, in: BVerfGE 24, 119 (145); vgl. BVerfG, Beschl. v. 17.10.1984 - Az. 1 BvR 284/84, in: NJW 1985, 423 (424).

der Grundrechtsposition des Kindes möglich. Im Ergebnis ist hinsichtlich des Regelungsvorschlags B ein Gestaltungsspielraum des Gesetzgebers anzunehmen. Der Ausnahmecharakter der Einzelfallentscheidung kann im Wortlaut des Regelungsvorschlags durch die Formulierung „ausnahmsweise“[575] hervorgehoben werden.

> Das Familiengericht kann das Verbleiben des Kindes in der Pflegefamilie ausnahmsweise auf Dauer anordnen, wenn das Kind langfristig in Familienpflege lebt.

Eine maßgebliche Bedeutung ist dem unbestimmten Rechtsbegriff „langfristig“ beizumessen. Nach dem Ziel und Zweck des Regelungsvorschlags sollen die entstandenen Bindungen des Kindes zu seiner Pflegefamilie und seinem sozialen Umfeld stärker als bisher geschützt werden. Dazu ist auf das kindliche Zeitempfinden abzustellen, wobei im Wesentlichen auf die Auslegung des Merkmals der „längeren Zeit“ verwiesen werden kann. Der Regelung ist kein absoluter Zeitbegriff im Sinne einer festen Zeitspanne zugrunde zu legen. Bei einer solchen „Fristenlösung“ bestünde die Gefahr einer „Entscheidungsautomatik“, welche die Besonderheiten des Einzelfalls vernachlässigt.[576] Für die Vereinbarkeit mit Art. 6 Abs. 2 und 3 GG müssen vielmehr die kindlichen Bindungen im Einzelfall im Mittelpunkt der Entscheidung stehen. Daher sollte der kindliche Zeitbegriff Anwendung finden.

Darüber hinaus ist in Erwägung zu ziehen, der Regelung hinzuzufügen, dass das dauerhafte Verbleiben des Kindes in der Pflegefamilie nur angeordnet werden kann, sofern dies dem Kindeswohl entspricht. Durchaus sind Fälle denkbar, in denen das Kind bereits langfristig in der Pflegefamilie lebt, die Anordnung eines dauerhaften Verbleibens jedoch aufgrund der Umstände des Einzelfalls nicht seinem Wohl entsprechen würde.

> Das Familiengericht kann das Verbleiben des Kindes in der Pflegefamilie ausnahmsweise auf Dauer anordnen, wenn das Kind langfristig in Familienpflege lebt und sofern dies dem Wohl des Kindes entspricht.

---

575 Diese Formulierung ist innerhalb familienrechtlicher Normen gebräuchlich, vgl. § 1568 Abs. 1 BGB, § 1315 Abs. 1 S. 1 Nr. 1 b) BGB, § 1316 Abs. 3 S. 1 BGB oder § 1836 Abs. 1 S. 2 BGB.

576 Kinderrechtekommission des Deutschen Familiengerichtstags, in: FamRZ 2014, 891 (896).

Dieser Wortlaut stellt das nach dem Ziel und Zweck der Regelung maßgebende Kindeswohl in den Mittelpunkt der Betrachtung und normiert damit die Voraussetzung, dass der Verbleib des Kindes im Einzelfall dem konkreten Kindeswohl entspricht.

Weitere Formulierungsmöglichkeiten bestehen etwa dahingehend, neben der Entscheidung von Amts wegen die Antragsbefugnis des Kindes, der Eltern und der Pflegeperson in den Wortlaut der Regelung aufzunehmen und diese als Legaldefinition für die Dauerverbleibensanordnung auszugestalten.[577] Eine Begründung des Dauerpflegeverhältnisses gegen den Willen der Pflegeperson ist jedoch nicht denkbar, sodass im Falle einer Antragsbefugnis der Eltern und des Kindes die Erteilung der Einwilligung durch die Pflegeperson eine ungeschriebene Voraussetzung wäre.[578]

Bleibt es hingegen dabei, dass das Familiengericht „von Amts wegen oder auf Antrag der Pflegeperson" entscheidet, könnte auf die entsprechende Formulierung mit Blick auf die Kürze, Einfachheit und Verständlichkeit der Norm[579] verzichtet werden, da sich die Regelung erkennbar an den vorhergehenden Abs. 4 beziehungsweise Abs. 4 S. 1 anschließt.

Mit Blick auf den Schwerpunkt dieser Arbeit ist jedenfalls davon auszugehen, dass die aufgezeigten Formulierungsmöglichkeiten mit den verfassungsrechtlichen Vorgaben vereinbar sind.

V. Das Gesetz zur Stärkung von Kindern und Jugendlichen

Durch das Kinder- und Jugendstärkungsgesetz (KJSG) vom 3. Juni 2021, in Kraft getreten am 10. Juni 2021, hat der Gesetzgeber zahlreiche Neuregelungen in BGB, SGB VIII, FamFG und weiteren Gesetzen vorgenommen. Mit Blick auf die Familienpflege wollte der Gesetzgeber insbesondere folgende Zielsetzungen verwirklichen: Erstens die Hervorhebung des Grundbedürfnisses des Kindes nach positiven und stabilen Lebensverhältnissen, zweitens die Förderung von Maßnahmen zur Wiederherstellung der elterlichen Erziehungsfähigkeit und drittens die stärkere Berücksichtigung des kindlichen Zeiterlebens bei der Frage, über welchen Zeitraum die unter-

577 So der Vorschlag der Kinderrechtekommission des Deutschen Familiengerichtstags, in: FamRZ 2014, 891 (896).

578 So die herrschende Lehre bezüglich der Übernahme von Angelegenheiten der elterlichen Sorge im Rahmen des § 1630 Abs. 3 BGB, vgl. Fn. 375.

579 Vgl. mit Blick auf § 42 Abs. 4 GGO die Allgemeinen Empfehlungen für das Formulieren von Rechtsvorschriften in dem Handbuch der Rechtsförmigkeit, Rn. 53 f. und 63.

stützenden Maßnahmen erfolgen müssen, bevor das Familiengericht das unbefristete Verbleiben des Kindes in der Pflegefamilie anordnet.[580] Um diese Ziele zu erreichen, hat der Gesetzgeber in § 1632 Abs. 4 S. 2 BGB n.F. die Möglichkeit eröffnet, unter bestimmten Voraussetzungen eine Dauerverbleibensanordnung zu erlassen. Eine Abänderung und Überprüfung der Anordnung ist nach § 1696 Abs. 3 BGB n.F. in Verbindung mit § 166 Abs. 2 FamFG n.F. nur noch eingeschränkt möglich. Die Neuregelung des § 1697a Abs. 2 BGB n.F. hebt hervor, dass die oben genannten Aspekte auch im Rahmen sämtlicher weiterer Entscheidungen zu berücksichtigen sind, die ein in Familienpflege lebendes Kind betreffen.

1. § 1632 Abs. 4 S. 2 BGB n.F.

Auf Grundlage des neu eingefügten § 1632 Abs. 4 S. 2 BGB n.F. kann das Familiengericht über die allgemeine Regelung zur Verbleibensanordnung nach § 1632 Abs. 4 S. 1 BGB n.F. hinaus den unbefristeten Verbleib des Kindes bei der Pflegeperson anordnen, sofern die im Folgenden aufgeführten Voraussetzungen vorliegen.

a) Voraussetzungen des § 1632 Abs. 4 S. 1 BGB n.F.

Wie aus § 1632 Abs. 4 S. 2 BGB n.F. hervorgeht, ist eine Dauerverbleibensanordnung nur zulässig, wenn die Voraussetzungen des § 1632 Abs. 4 S. 1 BGB n.F. vorliegen. Diese sind, wie dargestellt,[581] das Bestehen eines Pflegeverhältnisses seit längerer Zeit, ein Herausgabeverlangen der Herkunftseltern und das Vorliegen einer Kindeswohlgefährdung durch die Wegnahme.

b) Antrag

Darüber hinaus muss die Anordnung des dauerhaften Verbleibs beantragt werden. Gemäß § 1632 Abs. 4 S. 2 BGB n.F. kann der Antrag von der Pflegeperson gestellt werden. Die Entscheidung kann jedoch auch von Amts

580 BT-Drucks. 19/26107, S. 128.
581 Vgl. Kapitel E. I.

wegen ergehen, etwa nach Anregung durch den Vormund oder Pfleger, das Jugendamt oder den Verfahrensbeistand des Kindes.[582]

c) Voraussetzungen des § 1632 Abs. 4 S. 2 Nr. 1 und 2 BGB n.F.

Die weiteren Voraussetzungen für eine Dauerverbleibensanordnung ergeben sich aus § 1632 Abs. 4 S. 1 Nr. 1 und 2 BGB n.F.

aa) § 1632 Abs. 4 S. 1 Nr. 1 BGB n.F.

Nach § 1632 Abs. 4 S. 1 Nr. 1 BGB n.F. müssen alle konkret in Betracht kommenden Möglichkeiten, die Erziehungsverhältnisse bei den Eltern wiederherzustellen, ausgeschöpft sein. Erforderlich ist, dass trotz des Angebots geeigneter Maßnahmen zur Beratung, Unterstützung und Beziehungsförderung innerhalb eines für die Entwicklung des Kindes vertretbaren Zeitraums keine nachhaltige Verbesserung erreicht werden konnte und dies mit hoher Wahrscheinlichkeit auch in der Zukunft nicht zu erwarten ist.[583] Die Prognose trifft das Familiengericht anhand sämtlicher Umstände des Einzelfalls, insbesondere unter Berücksichtigung des bisherigen Verlaufs angebotener Leistungen der Kinder- und Jugendhilfe nach den §§ 27 ff. SGB VIII und § 37 Abs. 1 SGB VIII n.F. Die Maßnahmen dürfen bis zum Zeitpunkt der Entscheidung keinen nachhaltigen Erfolg zur Abwehr der Gefährdung des Kindeswohls erbracht haben.[584] Allerdings ist nicht erforderlich, dass sämtliche in Betracht kommende Leistungen über einen unbegrenzten Zeitraum versucht oder angeboten worden sind. Entscheidend ist, welcher Zeitraum im Hinblick auf das Zeitempfinden des jeweiligen Kindes, sein Bedürfnis nach stabilen und kontinuierlichen Lebensverhältnissen sowie seine individuellen alters- und entwicklungsbedingten Erfordernisse vertretbar erscheint.[585] Dazu bedarf es seitens des Familiengerichts einer sorgfältigen Abwägung zwischen den kurz- und

582 BT-Drucks. 19/26107, S. 128.

583 BT-Drucks. 19/26107, S. 128; *Cirullies*, FamRB 2021, 346 (347); *Schmidt*, NJW 2021, 1992 (1995).

584 Dies kann neben Leistungen der Kinder- und Jugendhilfe auch andere Maßnahmen zur Verbesserung der Erziehungsfähigkeit umfassen, wie etwa Anti-Gewalt-Trainings, Drogensubstitutionsprogramme oder Psychotherapie, s. BT-Drucks. 19/26107, S. 129.

585 BT-Drucks. 19/26107, S. 129.

mittelfristigen Erfolgsaussichten weiterer Unterstützungsmaßnahmen und den genannten Bedürfnissen des Kindes. Erklären die Eltern etwa, weiterhin oder erstmalig unterstützende Maßnahmen annehmen zu wollen, muss das Familiengericht unter Berücksichtigung ihres bisherigen Verhaltens und der bisher angebotenen Leistungen ermitteln, inwieweit die Eltern tatsächlich willens und in der Lage sind, die Maßnahmen umzusetzen und innerhalb welchen Zeitrahmens eine Verbesserung der Erziehungsverhältnisse zu erwarten ist.[586] Der im Rahmen dieser Prognoseentscheidung gemäß § 1632 Abs. 4 S. 1 Nr. 1 BGB n.F. anzulegende Maßstab der „sehr hohen Wahrscheinlichkeit" soll den Vorrang unterstützender Maßnahmen und die Wichtigkeit des Elternrechts hervorheben.[587]

bb) § 1632 Abs. 4 S. 1 Nr. 2 BGB n.F.

Nach § 1632 Abs. 4 S. 1 Nr. 2 BGB n.F. kann der unbefristete Verbleib nur angeordnet werden, sofern er zum Wohl des Kindes erforderlich ist. Dazu bedarf es seitens des Familiengerichts einer positiven Kindeswohlprüfung, in die sämtliche Belange des Kindes, wie etwa seine psychische Verfassung, seine Resilienz, die bevorstehende Identitätsfindung oder sein Bedürfnis nach kontinuierlichen, stabilen Lebensverhältnissen, einzubeziehen sind.[588]

2. § 1696 Abs. 3 BGB n.F., § 166 Abs. 2 FamFG n.F.

Die in § 1696 Abs. 3 BGB n.F. eingefügte Regelung betrifft die Aufhebung gemäß § 1632 Abs. 4 BGB n.F. erlassener Verbleibensanordnungen. Grundsätzlich gilt nach § 1696 Abs. 2 BGB, dass eine kindesschutzrechtliche Maßnahme aufzuheben ist, wenn eine Gefahr für das Kindeswohl nicht mehr besteht oder die Erforderlichkeit der Maßnahme entfallen ist. Die familiengerichtlichen Entscheidungen erlangen mithin keine materielle Rechtskraft, sondern stehen weiter unter dem Vorbehalt der Aufhebung aufgrund einer Veränderung der Verhältnisse.

Mit Blick auf die besonderen Umstände in Pflegeverhältnissen hat der Gesetzgeber mit der Einführung des § 1696 Abs. 3 BGB n.F. eine spezielle

586 BT-Drucks. 19/26107, S. 129.
587 BT-Drucks. 19/26107, S. 129.
588 BT-Drucks. 19/26107, S. 129.

Regelung für die Aufhebbarkeit von Verbleibensanordnungen geschaffen. Danach ist eine Anordnung nach § 1632 Abs. 4 BGB n.F. auf Antrag der Eltern aufzuheben, wenn die Wegnahme des Kindes von der Pflegeperson das Kindeswohl nicht gefährdet. Eine Aufhebung ist demnach nicht nur dann ausgeschlossen, wenn die Umstände, die zur Unterbringung des Kindes in der Pflegefamilie führten, fortbestehen oder sich neue, das Kindeswohl gefährdende Umstände ergeben haben, sondern auch, wenn der Bindungsabbruch zur bisherigen Bezugsperson das Kindeswohl gefährdet.

Außerdem wurde die Regelung zur Abänderung und Überprüfung kindesschutzrechtlicher Maßnahmen in § 166 Abs. 2 FamFG n.F. modifiziert. Nunmehr hat das Familiengericht eine kindesschutzrechtliche Maßnahme in angemessenen Zeitabständen zu überprüfen, sofern sie „von Amtswegen geändert werden kann". Gemäß § 1696 Abs. 3 BGB n.F. trifft dies auf Verbleibensanordnungen nicht zu, sodass diese im Ergebnis nicht mehr der Überprüfungspflicht des Familiengerichts unterliegen.

3. § 1697a Abs. 2 BGB n.F.

Die Verbesserung der Erziehungsverhältnisse bei den Herkunftseltern sowie das kindliche Bedürfnis nach positiven und stabilen Bindungen hat der Gesetzgeber in § 1697a Abs. 2 BGB n.F. zu einem allgemeinen Kindeswohlprinzip erhoben. Gemäß § 1697a Abs. 2 S. 1 BGB n.F. hat das Gericht, soweit nichts anderes bestimmt ist, auch in allen anderen Verfahren, die ein in Familienpflege lebendes Kind betreffen, zu berücksichtigen, ob und inwieweit sich innerhalb eines im Hinblick auf die kindliche Entwicklung vertretbaren Zeitraums die Erziehungsverhältnisse bei den Herkunftseltern derart verbessert haben, dass diese das Kind (wieder) selbst erziehen können.[589] Nach § 1697a Abs. 2 S. 2 BGB n.F. hat es bei Vorliegen der Voraussetzungen des § 1632 Abs. 4 S. 2 Nr. 1 BGB n.F. im Rahmen seiner Entscheidung auch das Bedürfnis des Kindes nach kontinuierlichen und stabilen Lebensverhältnissen zu berücksichtigen.

4. Weitere Neuregelungen

Weitere Neuregelungen betreffen die Hilfeplanung bei außerfamiliärer Unterbringung (§§ 37 bis 37c SGB VIII n.F.). Eltern haben nach § 37 Abs. 1

---

589 *Meysen*, FamRZ 2021, 401 (404); *Cirullies*, FamRB 2021, 346 (348).

S. 1 SGB VIII n.F. nunmehr einen rechtlichen Anspruch auf Beratung und Unterstützung sowie auf Förderung der Beziehung zu ihrem fremdbetreuten Kind. Bisher wurde ein solcher Anspruch von der Rechtsprechung abgelehnt.[590] Gemäß § 37 Abs. 1 S. 3 SGB VIII n.F. besteht der Anspruch auch dann, wenn eine nachhaltige Verbesserung der Verhältnisse bei den Herkunftseltern nicht erreicht werden kann, da die Beziehung zwischen Eltern und Kind auch in diesem Fall förderungswürdig ist. Weitere Änderungen betreffen etwa die Beratung und Unterstützung der Pflegeperson (§ 37a SGB VIII n.F.), die Sicherung der Rechte von Kindern und Jugendlichen in Familienpflege (§ 37b SGB VIII n.F.), die Perspektivklärung als Bestandteil der Hilfeplanung (§ 37c SGB VIII n.F.) sowie die Vorlage des Hilfeplans in familiengerichtlichen Verfahren (§ 50 Abs. 2 SGB VIII n.F.).

5. Bewertung der Reform

Innerhalb der Neuregelungen durch das KJSG kommt hinsichtlich der Rechtsstellung der Pflegefamilie § 1632 Abs. 4 S. 2 BGB n.F. und der damit eröffneten Möglichkeit, länger bestehende Pflegeverhältnisse abzusichern, die zentrale Bedeutung zu. Probleme könnten sich aus den Voraussetzungen des § 1632 Abs. 4 S. 2 Nr. 1 BGB n.F. ergeben. Fraglich erscheint außerdem, welches Maß an Stabilität und Sicherheit durch eine Dauerverbleibensanordnung mit Blick auf die Regelungen in § 1696 Abs. 3 BGB n.F. und § 166 Abs. 2 FamFG n.F. tatsächlich zu erwarten ist.

a) Die Voraussetzungen des § 1632 Abs. 4 S. 2 Nr. 1 BGB n.F.

Der Gesetzgeber war im Rahmen des § 1632 Abs. 4 S. 2 BGB n.F. um einen möglichst schonenden Ausgleich zwischen den gegenläufigen Grundrechtspositionen von Eltern und Kind bemüht. Der Wichtigkeit des Elternrechts wurde insbesondere dadurch Rechnung getragen, dass ein unbefristeter Verbleib nur angeordnet werden darf, sofern sich die Erziehungsverhältnisse bei den Eltern trotz angebotener geeigneter Beratungs- und Unterstützungsmaßnahmen nicht nachhaltig verbessert haben und dies mit hoher Wahrscheinlichkeit auch zukünftig nicht zu erwarten ist.

590 OVG Lüneburg, Beschl. v. 08.11.2011 – Az. 4 PA 292/11, in: JAmt 2012, 271 (271); VerwG Düsseldorf, Beschl. v. 19.10.2004 – Az. 19 L 2724/04, in: FamRZ 2005, 844 (844); vgl. *Meysen*, FamRZ 2021, 401 (405) m. w. N.

Somit scheidet eine präventive Dauerverbleibensanordnung bei Begründung des Pflegeverhältnisses aus. Eine solche Regelung ist auch weder verfassungsrechtlich zulässig,[591] noch seitens des Gesetzgebers intendiert: Das primäre Ziel bleibt, wie sich auch aus § 1697a Abs. 2 S. 1 BGB n.F. ergibt, eine Gefahrenabwehr durch eine Wiederherstellung der Erziehungsfähigkeit der Herkunftseltern. Maßgebliche Bedeutung kommt daher der Frage zu, ab welchem Zeitpunkt eine nachhaltige Verbesserung der Erziehungsverhältnisse bei den Herkunftseltern gescheitert ist beziehungsweise Unterstützungsmaßnahmen als geeignet und angeboten gelten.

Die Grundrechtsposition des Kindes aus Art. 2 Abs. 1 in Verbindung mit Art. 1 Abs. 1 GG findet ihren Ausdruck darin, dass die Maßnahmen zur Wiederherstellung der elterlichen Erziehungsfähigkeit innerhalb eines im Hinblick auf die Entwicklung des Kindes *vertretbaren* Zeitraums zu einer nachhaltigen Verbesserung führen müssen. Fraglich ist, nach welchen Grundsätzen sich die Vertretbarkeit bestimmt. Dass die Maßnahmen den Herkunftseltern auch nach Scheitern der Rückführung gewährt werden (vgl. § 37 Abs. 1 S. 3 SGB VIII n.F.), spricht dafür, dass sich die Vertretbarkeit nicht auf die Gewährung der Hilfsmaßnahmen, sondern auf die Offenhaltung der Rückkehroption bezieht. Denn Letztere führt zu Verunsicherungen und Schwebezuständen, die dem Bedürfnis des Kindes nach kontinuierlichen und stabilen Lebensverhältnissen zuwiderlaufen, vgl. § 1697a Abs. 2 S. 2 BGB n.F. Entscheidend für die Entwicklung des Kindes sind nach Auffassung des Gesetzgebers ein möglichst hohes Maß an Stabilität und Kontinuität hinsichtlich des neuen Lebensmittelpunktes sowie der Schutz der zu den Pflegeeltern entstandenen Bindungen.[592] Dies gilt insbesondere insoweit, als der personale Kern des Normbereichs des § 1632 Abs. 4 S. 2 BGB n.F. strukturell einen sehr hohen Anteil erheblich vorbelasteter oder traumatisierter Kinder umfasst.

Die wachsenden Bindungen zu den Pflegeeltern und die Wiederherstellung der elterlichen Erziehungsfähigkeit stehen damit in einem erheblichen Spannungsfeld, zumal die Zeitspanne, in der die Kinder Bindungen aufbauen, aufgrund ihres Zeiterlebens sehr gering sein kann. Da die vom Anwendungsbereich erfassten Kinder jedenfalls seit längerer Zeit in Familienpflege leben, wird eine Rückführung häufig bereits aufgrund des drohenden Abbruchs der im Zeitablauf entstandenen Bindungen ausscheiden. In diesen Fällen kommt es auf die Entwicklung der Erziehungsverhältnisse bei den Herkunftseltern und den Erfolg der Beratungs- und

591 Vgl. Kapitel H. II.
592 BT-Drucks. 19/26107, S. 2.

Unterstützungsangebote nicht an. Auch die zu prognostizierende geringe Wahrscheinlichkeit einer Verbesserung der Erziehungsverhältnisse nach § 1632 Abs. 4 S. 2 Nr. 1 BGB n.F. ist dann entbehrlich. Beeinträchtigt die weitere Offenhaltung der Rückkehroption die Sicherheit und Stabilität des pflegefamiliären Rahmens, ist sie im Hinblick auf die Entwicklung des Kindes unvertretbar und das dauerhafte Verbleiben des Kindes anzuordnen.

Zusammenfassend wird bei der Normanwendung daher der Frage nach der Vertretbarkeit des Zeitrahmens, in dem eine Verbesserung der Erziehungsverhältnisse versucht wird, die zentrale Bedeutung beizumessen sein. An die Vertretbarkeit sollten aufgrund der regelmäßig entstandenen Bindungen zwischen Kind und Pflegefamilie hohe Anforderungen gestellt und das Reformziel des Gesetzgebers, das kindliche Zeiterleben bei der Frage nach der Dauer der unterstützenden Maßnahmen stärker zu gewichten, konsequent berücksichtigt werden.

b) Rechtssicherheit

Fraglich erscheint, in welchem Maße die Neuregelung des § 1632 Abs. 4 S. 2 BGB n.F. tatsächlich geeignet ist, Pflegeverhältnisse gegen Herausgabeverlangen der Herkunftseltern dauerhaft abzusichern. Aus § 1632 Abs. 4 S. 2 BGB n.F. ergibt sich, dass die Anordnung des dauerhaften Verbleibs lediglich als Reaktion auf ein Herausnahmeverlangen der Herkunftseltern in Betracht kommt, da der unbefristete Verbleib des Kindes nur in Verfahren nach § 1632 Abs. 4 S. 1 BGB n.F. beantragt werden kann. Verlangen die Herkunftseltern zu keinem Zeitpunkt die Herausgabe, drohen auch nach neuer Rechtslage jahrelange Schwebezustände, die der Stabilität des Pflegeverhältnisses, und damit dem Kind, erheblich schaden. Wünschenswert wäre gewesen, dass die Pflegeeltern bei langfristig bestehenden Pflegeverhältnissen einen Antrag auf Anordnung eines unbefristeten Verbleibs auch dann stellen können, wenn es zu keinem Herausgabeverlangen der Herkunftseltern kommt.

Problematisch erscheint außerdem die Abänderung und Überprüfung der Verbleibensanordnung nach den Regelungen der § 1696 Abs. 3 BGB n.F. und § 166 Abs. 2 FamFG n.F. Nach § 166 Abs. 2 FamFG n.F. hat das Familiengericht kindesschutzrechtliche Maßnahmen in angemessenen Zeitabständen zu überprüfen, sofern sie von Amts wegen geändert werden können. Hiervon sind (beide) Verbleibensanordnungen ausgenommen, da sie gemäß § 1696 Abs. 3 BGB n.F. nur auf Antrag der Eltern überprüft und geändert werden. Mit einer Dauerverbleibensanordnung erklärt das Familiengericht also, dass es davon ausgeht, dass es zukünftig zu keiner Herausnahme des Kindes aus der Pflegefamilie kommen werde und es von sich aus keine Überprüfungen vornimmt.[593] Stellen aber die sorgeberechtigten Eltern einen Antrag auf Aufhebung der Verbleibensanordnung nach § 1696 Abs. 3 BGB n.F., muss das Familiengericht die Verbleibensanordnung überprüfen und sie, sofern die Herausnahme des Kindes aus der Pflegefamilie sein Wohl nicht gefährdet, aufheben.[594] Zwar wird die Anordnung praktisch in aller Regel auf Dauer fortgelten, da § 1632 Abs. 4 S. 2 BGB n.F. Fälle erfasst, in denen die Rückkehrwahrscheinlichkeit ohnehin sehr gering ist. Ausschließen lässt sich eine Rückführung zu einem späteren Zeitpunkt jedoch auch nach neuer Rechtslage nicht.

Eine „Dauerverbleibensanordnung", wie in den Gesetzesmaterialen bezeichnet,[595] ermöglichen die Regelungen der §§ 1632 Abs. 4 S. 2, 1696 Abs. 3 BGB n.F. daher nur bedingt. Gerade von einer verbindlichen Absicherung würden die betroffenen Kinder aufgrund ihres Bedürfnisses nach Sicherheit und Stabilität jedoch strukturell, wie dargelegt, in besonderem Maß profitieren.

---

593 *Meysen*, FamRZ 2021, 401 (404).

594 BT-Drucks. 19/26107, S. 131; *Veit*, FamRZ 2021, 1501 (1506); *Meysen*, FamRZ 2021, 401 (403 f.); *Cirullies*, FamRB 2021, 346 (348); *Schmidt*, NJW 2021, 1992 (1995).

595 Vgl. BT-Drucks. 19/26107, S. 128 ff.

I. Das Umgangsrecht

Einer der problematischsten Aspekte des Pflegekinderwesens ist der Umgang der leiblichen Eltern mit dem Pflegekind. Das Umgangsrecht ist für die Herkunftseltern von großer Bedeutung. Im Idealfall wird die persönliche Verbindung zwischen Eltern und Kind durch die Wahrnehmung der Personensorge gelebt, die nach § 1631 Abs. 1 BGB das Recht umfasst, das Kind zu pflegen, zu erziehen, zu beaufsichtigen und seinen Aufenthalt zu bestimmen.[596] Lebt das Kind hingegen in einer Pflegefamilie, bleibt den leiblichen Eltern lediglich der Umgang, um ihre soziale Beziehung zu dem Kind aufrechtzuerhalten, wodurch das Umgangsrecht in den Kerngehalt des Art. 6 Abs. 2 S. 1 GG fällt.[597]

1. Reformierungsbedarf

Dem Familiengericht ist nach § 1684 Abs. 3 und 4 BGB die Möglichkeit eröffnet, den Umgang der Herkunftseltern zu beschränken oder auszuschließen. § 1684 BGB bezieht sich indes auf das Kind im Elternstreit nach Scheidung oder Trennung der Eltern. Darüber hinaus wird der Ausgestaltung des Umgangs das gesetzliche Leitbild des § 1626 Abs. 3 S. 1 BGB zugrunde gelegt, nach dem die Umgangskontakte mit den Herkunftseltern grundsätzlich auch im Interesse des Pflegekindes liegen. Beide Aspekte erschweren eine Einschränkung oder den Ausschluss des Umgangs und könnten insoweit reformierungsbedürftig sein.

---

596 *Heilmann*, in: Coester-Waltjen/Lipp/Schumann/Veit, Das Pflegekindverhältnis, S. 90; dazu im Einzelnen etwa *Huber*, in: MünchKomm, BGB § 1631 Rn. 2 ff.; *Salgo*, in: Staudinger, BGB § 1631 Rn. 22 ff.; *Döll*, in: Erman, BGB § 1631 Rn. 7 ff.

597 *Heilmann*, in: Coester-Waltjen/Lipp/Schumann/Veit, Das Pflegekindverhältnis, S. 90; *Salgo*, FPR 2004, 419 (420); vgl. auch BVerfG, Beschl. v. 24.07.2006 – Az. 1 BvR 971/03, in: NJOZ 2006, 3846 (3848); vgl. BVerfG, Beschl. v. 26.09.2006 – Az. 1 BvR 1827/06, in: NJW 2007, 1266 (1267).

1. § 1684 BGB und § 1626 Abs. 3 S. 1 BGB

Die Vorschrift des § 1684 BGB ist für den Umgang von Trennungs- und Scheidungskindern konzipiert worden.[598] Fraglich ist, ob sich die Interessenlage nach Trennung oder Scheidung mit derjenigen nach Inpflegenahme des Kindes vergleichen lässt. Dazu ist es hilfreich, den Blick auf den Sinn und Zweck des § 1684 BGB in Bezug auf Trennungs- und Scheidungskinder zu richten.

Die zurückliegende Trennung oder Scheidung der Eltern stellt für die Kinder in aller Regel ein belastendes Ereignis dar.[599] Dennoch geht der Gesetzgeber zutreffend davon aus, dass der Umgang mit dem getrennt lebenden Elternteil grundsätzlich im Interesse des Kindes liegt.[600] Über das Liebebedürfnis hinaus ist es für Scheidungs- und Trennungskinder von besonderer Relevanz, dass ihnen durch den persönlichen Kontakt die Möglichkeit eröffnet ist, ein eigenständiges, auf persönlichen Erfahrungen beruhendes Bild von beiden Elternteilen und deren Ansichten zu erhalten. Außerdem kann es sich auf die seelische Entwicklung des Kindes und dessen persönliche Aufarbeitung der Trennung positiv auswirken, wenn beide Elternteile als Bindungspartner erhalten bleiben. Spätestens im Jugendalter spielt für die Identifikation und Selbstfindung des Kindes außerdem die Frage nach der Herkunft und der Person des leiblichen Elternteils eine bedeutende Rolle. Das Kind soll demgemäß die Möglichkeit erhalten, auch die Verbindung zu dem Elternteil, in dessen Obhut es sich nicht befindet, aufrechtzuerhalten.

Zweifelhaft erscheint, ob sich diese Ziele und Aufgaben des Umgangs auf die Situation von Pflegekindern übertragen lassen. Soll die Situation des Pflegekindes mit derjenigen des Kindes im Elternstreit nach Scheidung oder Trennung verglichen werden, erscheint mit Blick auf die bisherigen Ausführungen jedoch angezeigt, zwischen der Herausnahme des Kindes infolge einer Kindeswohlgefährdung und der einvernehmlichen Inpflegegabe zu differenzieren. Es ist anzunehmen, dass sich diese Elterngruppen hinsichtlich ihrer Fähigkeiten, die Bedürfnisse des Kindes richtig zu deuten, sowie der Einsicht in die Notwendigkeit der Fremdbetreuung und

598 *Salgo*, FPR 2004, 419 (424); vgl. BT-Drucks. 13/4899, S. 105 f.

599 *Walper*, Zeitschrift für Soziologie der Erziehung und Sozialisation 18 (1998), 134 (134 f.); im Einzelnen *Strobach*, FPR 2008, 148 (149 f.).

600 Dies belegen zahlreiche Studien, vgl. *Amato/Gilbreth*, Journal of Marriage and Family 61 (1999), 557 (764 ff.); vgl. *Walper*, Zeitschrift für Soziologie der Erziehung und Sozialisation 18 (1998), 134 (145 ff.); *Dettenborn/Walter*, Familienpsychologie, S. 248 m. w. N.

deren Akzeptanz unterscheiden.[601] Insoweit befinden sich die beiden Elterngruppen in einer unterschiedlichen Ausgangslage.

a) Umgang nach Inpflegenahme infolge eines Kindesschutzverfahrens

Ist den Herkunftseltern das Sorgerecht nach §§ **1666, 1666a BGB** entzogen worden, drohte dem Kind bei Verbleiben in der Herkunftsfamilie mit ziemlicher Sicherheit eine erhebliche Schädigung seines körperlichen, geistigen oder seelischen Wohls. In diesem Fall wurden die Kinder wie dargestellt häufig traumatisierenden Erfahrungen ausgesetzt, wodurch negative Auswirkungen auf die Persönlichkeitsentwicklung des Kindes wahrscheinlich sind. Mit den betroffenen Kindern lassen sich die oben aufgeführten Aufgaben und Ziele des Umgangs bei Trennungs- oder Scheidungskindern kaum in Einklang bringen. Im Zentrum des kindlichen Interesses steht die Herstellung eines sicheren familiären Umfelds, das die Grundlage dafür bildet, allmählich zu einer persönlichen Verarbeitung des Erlebten zu gelangen. Wenn der regelmäßige Kontakt zu den Herkunftseltern zu belastenden Erfahrungen des Kindes führt, wird seine seelische Entwicklung erheblich erschwert. Zu berücksichtigen ist, dass sich die Gründe, die zum Entzug des Sorgerechts und zur Fremdbetreuung des Kindes führten unabhängig vom Verschulden jedenfalls unmittelbar gegen das Kind richteten. Das Kind im Elternstreit bei Scheidung und Trennung ist hingegen lediglich mittelbar Leidtragender der elterlichen Konflikte, welche die Eltern in aller Regel untereinander austragen. Bereits aus diesem Grund erscheint ein Vergleich der Situation des Pflegekindes mit derjenigen von Kindern im Elternstreit inadäquat.

Zwar kann der Frage nach den Wurzeln und der Herkunft auch für die Identifikation und Selbstfindung von Pflegekindern, die infolge eines Kindesschutzverfahrens fremdbetreut werden, eine wesentliche Bedeutung zukommen. Insoweit entspricht es nach der rechtlichen Auffassung des Bundesverfassungsgerichts grundsätzlich dem Wohl des Pflegekindes, „die familiären Beziehungen aufrechtzuerhalten und das Kind nicht vollständig von seinen Wurzeln zu trennen."[602] Gerade in Fällen von schwerer

---

601 So *Rüting*, FPR 2004, 415 (416).

602 BVerfG, Beschl. v. 29.11.2012 – Az. 1 BvR 335/12, in: NJW 2013, 1867 (1868); vgl. BVerfG, Beschl. v. 28.12.2004 – Az. 1 BvR 2790/04, in: BVerfGK 4, 339 (347); BVerfG, Beschl. 14.07.2010 – Az. 1 BvR 3189/09, in: BeckRS 2010, 51310 Rn. 16.

Misshandlung, Vernachlässigung oder sexuellem Missbrauch zeigen viele der betroffenen Kinder jedoch bei Konfrontation mit den Herkunftseltern als Verursachern dieser Vorerfahrungen massive posttraumatische Symptome.[603] Insoweit lassen die Befunde der Psychotraumatologie eindeutig erkennen, dass, sofern das Pflegekind von seinen Herkunftseltern traumatischen Erfahrungen ausgesetzt wurde, eine Reaktivierung der hochbelastenden Erinnerungen durch die Umgangskontakte *wahrscheinlich* ist.[604] Dadurch fallen viele traumatisierte Kinder in ihr früheres Belastungs- und Konflikterleben zurück, sodass eine erhebliche Gefahr einer Retraumatisierung oder Sensitivierung besteht, die potenziell kindeswohlgefährdend ist.[605]

Darüber hinaus wird hierdurch der Erfolg des therapeutischen Prozesses gefährdet. Die Integration von hochbelasteten Kindern ist ohnehin eine schwierige Aufgabe. Zunächst muss ein gemeinsamer Sinngehalt geschaffen werden, bevor im Laufe der Zeit eine stabile und verlässliche Familienstruktur entstehen kann.[606] Dies gestaltet sich mit Blick auf die biografische Historie der Kinder und ihre Vorerfahrungen meist schwierig. Die wiederkehrende Konfrontation mit den Herkunftseltern kann zu Loyalitätskonflikten und emotionalen Belastungen führen, welche die Entstehung eines gemeinsamen familiären Systems zusätzlich erschweren.[607] Dies wirkt sich ungünstig auf die Integrationschancen der betroffenen Kinder in die Pflegefamilie aus, wodurch ihre weitere Entwicklung erheblich gefährdet ist.

Daher ist insgesamt davon auszugehen, dass sich der Grundsatz der Kindeswohldienlichkeit nicht auf die Situation von Pflegekindern übertragen lässt, die infolge eines Kindesschutzverfahrens in einer Pflegefamilie betreut werden.

---

603 *Fegert*, FPR 2002, 219 (220); vgl. *Kindler/Salzgeber/Fichtner/Werner*, FamRZ 2004, 1241 (1246 f.).

604 *Heilmann*, in: Coester-Waltjen/Lipp/Schumann/Veit, Das Pflegekindverhältnis, S. 92; *Himpel/Hüther*, in: Stiftung zum Wohl des Pflegekindes, 3. Jahrbuch des Pflegekinderwesens, S. 120.

605 *Salgo*, FPR 2004, 419 (423); *Köckeritz*, Entwicklungspsychologie für die Jugendhilfe, S. 257; *Brisch*, in: Stiftung zum Wohl des Pflegekindes, Bindung und Trauma, S. 30.

606 *Kuhls*, Ambivalenzen in der Beratung von Pflegeeltern, S. 241; *Nienstedt/Westermann*, Pflegekinder und ihre Entwicklungschancen, S. 82.

607 Vgl. *Heilmann*, in: Coester-Waltjen/Lipp/Schumann/Veit, Das Pflegekindverhältnis, S. 93; vgl. *Cappenberg*, in: Stiftung zum Wohl des Pflegekindes, 3. Jahrbuch des Pflegekinderwesens, S. 88 ff.

b) Umgang nach freiwilliger Inpflegegabe

Im Anschluss ist der Blick auf die Fälle zu richten, in denen die Inpflegenahme im Einvernehmen mit den Eltern erfolgte. Grundsätzlich ist anzunehmen, dass der Umgang mit Kindern, die aufgrund einer freiwilligen Inpflegegabe der Eltern in einer Pflegefamilie betreut werden, weniger problematisch ist, so etwa, wenn es sich um einen vorübergehenden Ausfall der Eltern handelt.[608] Insoweit ist grundsätzlich von einer unterschiedlichen Ausgangslage auszugehen, da sich diese Elterngruppe wie bereits erwähnt hinsichtlich ihrer Fähigkeiten, die Bedürfnisse des Kindes richtig zu deuten, sowie der Einsicht in die Notwendigkeit der Fremdbetreuung und deren Akzeptanz unterscheidet.

Allerdings sind die Gründe für die Inpflegenahme von Kindern wie dargestellt strukturell vergleichbar.[609] Häufig kommen die Herkunftseltern durch ihr Einverständnis der staatlichen Inobhutnahme lediglich zuvor, sodass die Kinder häufig auch bei einer formal freiwilligen Fremdunterbringung eine gestörte Bindung zu ihren Eltern aufweisen. Daher ist in diesen Fällen ebenfalls nicht ohne Weiteres davon auszugehen, dass Umgangskontakte mit den leiblichen Eltern grundsätzlich im Interesse der betroffenen Kinder liegen.

In den Fällen, in denen eine realistische Rückkehroption besteht, kann der Umgang mit den leiblichen Eltern jedoch durchaus im Interesse des Kindes liegen. Eltern, die sich kooperativ zeigen und die Betreuungssituation akzeptieren, können dem Kind dabei helfen, das Gefühl des Verlassenseins zu reduzieren und die subjektive Realität sowie die Gründe für seine Situation besser zu verstehen und zu akzeptieren.[610] Zwar können regelmäßige Umgangskontakte auch hier im Einzelfall zu Loyalitätskonflikten führen und sich negativ auf die Integrationsfähigkeit des Kindes auswirken.[611] Insgesamt aber scheint der Grundsatz der Kindeswohldienlichkeit mit den Fällen, in denen sich die Herkunftseltern mit der Inpflegenahme des Kindes einverstanden erklärt haben, nicht zwingend in Widerspruch

---

608 Vgl. Kinderrechtekommission des Deutschen Familiengerichtstags, FamRZ 2014, 891 (899); vgl. *Westermann*, in: Stiftung zum Wohl des Pflegekindes, 3. Jahrbuch des Pflegekinderwesens, S. 151.

609 *Britz*, in: Coester-Waltjen/Lipp/Schumann/Veit, Das Pflegekindverhältnis, S. 14; vgl. *Salgo*, Pflegekindschaft und Staatsintervention, S. 312 f.

610 Vgl. *Balloff*, NZFam 2014, 769 (770); vgl. *Wiemann*, Ratgeber Pflegekinder, S. 209.

611 Kinderrechtekommission des Deutschen Familiengerichtstags, FamRZ 2014, 891 (899).

zu stehen. Dies zeigt sich nicht zuletzt darin, dass sich für das Familiengericht die Frage nach der Regelung des Umgangs in aller Regel im Zusammenhang mit einer Herausnahme des Kindes aufgrund von Kindeswohlgefährdungen stellt.[612]

2. Zusammenfassung

Insgesamt ist davon auszugehen, dass die Ziele und Aufgaben des Umgangs nach Trennung und Scheidung allenfalls mit erheblichen Einschränkungen auf die Situation des Kindes nach Kindesschutzverfahren übertragen werden können.[613] Zwar kann es auch im Rahmen der Trennung der Eltern zu einem Maß an Partnerschaftsgewalt gekommen sein, das eine Beschränkung oder gar den Ausschluss des Umgangs nach der Trennung erfordert. Selbst die ganz überwiegende Mehrzahl an Familien, in denen es zu Partnerschaftsgewalt gekommen ist, erfüllt jedoch nicht die Voraussetzungen einer Kindeswohlgefährdung.[614] Kinder, deren Fremdbetreuung im Rahmen eines Kindesschutzverfahrens angeordnet wurde, wurden von ihren leiblichen Eltern hingegen Kindeswohlgefährdungen ausgesetzt. In der Folge haben diese Kinder – im Gegensatz zum Kind im Elternstreit bei Scheidung und Trennung – häufig eine gestörte oder überhaupt keine Beziehung zu den Eltern, wodurch die meisten Aussagen zum Umgangsrecht für die Situation des Pflegekindes inadäquat sind.[615] Deshalb spricht wenig dafür, das Umgangsrecht dieser Gruppe von Eltern an der Situation des Kindes getrenntlebender Eltern zu bemessen. Demgegenüber ist die Rechtsprechung des Bundesverfassungsgerichts, dass es bei einem Pflegekind „in der Regel dem Kindeswohl [entspricht], die familiären Beziehungen aufrechtzuerhalten und das Kind nicht vollständig von seinen Wurzeln zu trennen“[616], zu hinterfragen. Vielmehr erscheint nach den bisherigen Ausführungen angezeigt, die Ausgestaltung des Umgangs für die Situation

612 So *Heilmann*, in: Coester-Waltjen/Lipp/Schumann/Veit, Das Pflegekindverhältnis, S. 89.

613 *Salgo*, FamRZ 1999, 337 (345);

614 *Kindler*, Partnerschaftsgewalt und Kindeswohl, S. 66.

615 So *Salgo*, FamRZ 1999, 337 (345); *Salgo*, in: Stiftung zum Wohl des Pflegekindes, 3. Jahrbuch des Pflegekinderwesens, S. 19; *Westermann*, in: Stiftung zum Wohl des Pflegekindes, 3. Jahrbuch des Pflegekinderwesens, S. 157 f.

616 BVerfG, Beschl. v. 29.11.2012 – Az. 1 BvR 335/12, in: NJW 2013, 1867 (1868), Hervorhebung nicht im Original.

der Kinder nach Kindesschutzverfahren „nach völlig anderen Mustern“[617] zu beurteilen.

Fraglich ist, inwieweit das Umgangsrecht nach den obigen Ausführungen reformierungsbedürftig ist. *Hennemann* lehnt eine gesetzliche Sonderregelung des Umgangs von Herkunftseltern und Pflegekind unter dem Verweis, dass eine Entscheidung über den Umgang ohnehin nur anhand der jeweiligen Situation des Kindes im Einzelfall in Betracht komme, ab.[618] Dem ist insoweit zuzustimmen, als § 1684 BGB dem Familiengericht alle Mittel zur Verfügung stellt, um das Umgangsrecht individuell an den Bedürfnissen des Pflegekindes und den Begebenheiten des Einzelfalls auszurichten. Außerdem müssten auch entsprechende Reformierungsvorschläge die dargestellte Heterogenität der Betreuungssituationen abbilden, die schematischere Lösungsansätze verbietet.

In Betracht käme jedoch, den gedanklichen Ausgangspunkt der Entscheidung über den Umgang zu korrigieren, indem die Anwendung von § 1626 Abs. 3 S. 1 BGB in den Fällen ausgeschlossen wird, in denen die Voraussetzungen für die Anordnung eines Dauerpflegeverhältnisses nach § 1632 Abs. 5 BGB vorliegen. Dies würde verdeutlichen, dass sich die Situation dieser Pflegekinder von derjenigen des Kindes im Elternstreit nach Scheidung oder Trennung unterscheidet.[619] Da jedoch bereits der Wortlaut des § 1626 Abs. 3 S. 1 BGB („in der Regel“) den Grundsatz der Kindeswohldienlichkeit relativiert und daher im Einzelfall zu prüfen ist, inwieweit die Umgangskontakte mit dem Kindeswohl vereinbar sind, ist eine Änderung nicht zwingend erforderlich.[620] Insoweit erscheint die Regelung zwar als gedanklicher Ausgangspunkt für die Frage des Umgangs im Rahmen der Familienpflege „irreführend“[621], jedoch lässt sich die gesetzliche Vermutung widerlegen, sofern es zum Schutz des Kindes erforderlich ist.[622]

Bedeutsamer erscheint eine Änderung des § 1684 BGB. In Betracht kommt eine Implementierung eines S. 5 in § 1684 Abs. 4.

---

617 *Salgo*, FPR 2004, 419 (427).

618 *Hennemann*, in: MünchKomm, BGB § 1684 Rn. 106.

619 So auch Kinderrechtekommission des Deutschen Familiengerichtstags, FamRZ 2014, 891 (899).

620 Kinderrechtekommission des Deutschen Familiengerichtstags, FamRZ 2014, 891 (899).

621 So *Heilmann*, in: Coester-Waltjen/Lipp/Schumann/Veit, Das Pflegekindverhältnis, S. 95; ähnlich *Salgo*, in: Stiftung zum Wohl des Pflegekindes, 3. Jahrbuch des Pflegekinderwesens, S. 23.

622 *Hennemann*, in: MünchKomm, BGB § 1684 Rn. 106.

> Liegen die Voraussetzungen nach § 1632 Abs. 5 vor, kann das Familiengericht das Umgangsrecht beschränken oder ausschließen, soweit dies zum Wohl des Kindes erforderlich ist.

Diese Gesetzeserweiterung hätte den Vorteil, dass eine Beschränkung oder ein Ausschluss der Umgangskontakte nicht erst dann möglich wäre, wenn der Umgang das Wohl des Kindes gefährdet. Das Umgangsrecht könnte vielmehr stärker als bisher an dem kindlichen Interesse an fortgesetzten Kontakten bemessen werden. Zu klären bleibt die Vereinbarkeit mit den verfassungsrechtlichen Vorgaben.

Ein alternativer Reformierungsvorschlag besteht darin, § 1684 Abs. 4 S. 1 BGB folgenden Halbsatz hinzufügen[623]:

> Dies kann insbesondere der Fall sein, wenn das Kind dauerhaft in Familienpflege lebt.

Jedoch hätte diese Erweiterung lediglich eine Appellfunktion und ist daher mit Blick auf die Vereinbarkeit mit den verfassungsrechtlichen Vorgaben vergleichsweise unproblematisch. Daher wird lediglich der erstgenannte Regelungsvorschlag untersucht.

3. Der Gestaltungspielraum des Gesetzgebers

Zu ermitteln ist der Gestaltungsspielraum des Gesetzgebers.

a) Legitimes Ziel

Ziel und Zweck des Regelungsvorschlags bestehen darin, die Einschränkung und den Ausschluss des Umgangsrechts der Herkunftseltern mit ihrem leiblichem Kind in den Fällen zu vereinfachen, in denen die Rückkehrwahrscheinlichkeit sehr gering ist und die Umgangskontakte nicht dem Kindeswohl dienen.

623 So der Vorschlag der Kinderrechtekommission der Deutschen Familiengerichtstags, FamRZ 2014, 891 (900).

b) Geeignetheit und Erforderlichkeit

Es ist davon auszugehen, dass sich die Regelung positiv auf das Wohl der betroffenen Kinder auswirken würde, da das Familiengericht als belastend empfundene Umgangskontakte leichter als bisher einschränken oder ausschließen könnte. Der Regelungsvorschlag erscheint geeignet.

Darüber hinaus ist er auch erforderlich. Wie dargestellt stellen insbesondere eine Stärkung der Vermittlungspflicht des Jugendamtes oder die vermehrte Anordnung eines begleiteten Umgangs keine geeigneten Mittel dar, um den Umgang belasteter Kinder mit den Herkunftseltern zu ermöglichen. Die Anwesenheit eines Dritten schützt allenfalls vor körperlichen, nicht jedoch vor den seelischen Einwirkungen,[624] die drohen, wenn das Kind durch seine Eltern traumatischen Erfahrungen ausgesetzt wurde. Daneben sind an die Möglichkeit eines begleiteten Umgangs generell keine zu hohen Erwartungen zu stellen, da es nur selten zu einer kontinuierlichen, tragfähigen Zusammenarbeit kommt.[625]

Daher ist kein alternatives Mittel ersichtlich, das eine gleichermaßen günstige Wirkung erwarten lässt.

c) Proportionalität

Des Weiteren ist zu ermitteln, ob der Regelungsvorschlag verhältnismäßig ist.

aa) Gegenüberstehende Rechtspositionen

Die Rechte des Kindes aus Art. 2 Abs. 1 GG und der Pflegeeltern aus Art. 6 Abs. 1 GG stehen dem Elternrecht aus Art. 6 Abs. 2 und 3 GG gegenüber. Ferner ist das Grundrecht des Kindes auf Gewährleistung der Pflege und Erziehung durch seine Eltern zu berücksichtigen.

---

624 *Zenz*, in: Stiftung zum Wohl des Pflegekindes, 2. Jahrbuch des Pflegekinderwesens, S. 31.

625 Dazu ausführlich *Fichtner/Fthenakis*, FPR 2002, 231 ff.

bb) Die konkrete Gewichtung

(1) Die Grundrechtsposition der Eltern

Dem Umgangsrecht der leiblichen Eltern ist aus verfassungsrechtlicher Sicht ein *sehr hohes* Gewicht beizumessen. Im Kontext der Einschränkungsmöglichkeit des Umgangsrechts zulasten der Eltern sind insbesondere die folgenden Aspekte zu berücksichtigen: Zum einen soll der Umgang die Rückführungsmöglichkeit des Kindes offenhalten, wodurch der Kernbereich des Art. 6 Abs. 2 S. 1 GG betroffen ist, da ein weiteres Auseinanderleben die Rückkehrwahrscheinlichkeit des Kindes in die Obhut der Herkunftseltern erheblich verringert und dadurch die Gefahr einer faktischen Präjudizierung besteht.[626] Zum anderen verwirklicht der Umgang das natürliche Recht der Eltern auf persönlichen Kontakt und Austausch mit ihrem leiblichen Kind. Hinter Letzterem, dem **Kontaktbedürfnis** der Eltern, stehen das von Art. 6 Abs. 2 S. 1 GG geschützte Liebesbedürfnis der Eltern und das Interesse am persönlichen Augenschein und gegenseitigen Austausch mit ihrem Kind.[627] Insoweit sollen die Umgangskontakte den Eltern einen unmittelbaren Einblick in die körperliche und geistige Entwicklung des Kindes ermöglichen.[628] Ohne regelmäßige Umgangskontakte sind die Eltern aus dem Lebensmittelpunkt ihres Kindes praktisch ausgeschlossen, sodass die verfassungsrechtlich gewährleistete Elternverantwortung aus Art. 6 Abs. 2 S. 1 GG im Wesentlichen aufgehoben würde.[629]

Die Aufrechterhaltung der **Rückkehrmöglichkeit** als Sinn und Zweck des Umgangs gebietet es hingegen, durch den persönlichen Kontakt des Kindes mit den leiblichen Eltern der beiderseitigen Entfremdung vorzubeugen. Hat sich das Kind erst von seinen leiblichen Eltern entfremdet, ist eine Rückführung praktisch nahezu ausgeschlossen.[630] Diesem Aspekt dürfte im Hinblick auf die Schutzgewähr des Art. 6 Abs. 2 und 3 GG ein sehr hohes Gewicht zukommen, da ohne die Umgangskontakte der

---

626 *Heilmann*, ZKJ 2014, 48 (51).

627 BGH, Beschl. v. 21.10.1964 – Az. IV ZB 228/64, in: NJW 1965, 394 (395 f.); *Obermann*, NZFam 2019, 293 (295).

628 *Obermann*, NZFam 2019, 293 (295).

629 Vgl. *Heilmann*, in: Coester-Waltjen/Lipp/Schumann/Veit, Das Pflegekindverhältnis, S. 90.

630 Vgl. BVerfG, Beschl. v. 17.10.1984 – Az. 1 BvR 284/84, in: BVerfGE 68, 176 (189); vgl. BVerfG, Beschl. v. 14.04.1987 – Az. 1 BvR 332/86, in: BVerfGE 75, 201 (219).

dauerhafte Verlust der Rückkehrmöglichkeit und damit der Option der Eltern, ihr Grundrecht aus Art. 6 Abs. 2 S. 1 GG wahrzunehmen, droht.

(2) Die Grundrechtsposition des Kindes

Der verfassungsrechtlichen Position des Kindes ist im Allgemeinen eine hohe Wertigkeit beizumessen. Ihre Wirkungsrichtung ist jedoch wie dargestellt ambivalent. Ein Anspruch des Kindes auf Umgang mit den leiblichen Eltern gewährt grundsätzlich das Recht auf die persönliche Entwicklung aus Art. 2 Abs. 1 GG, da im Allgemeinen unterstellt wird, dass das Aufwachsen des Kindes in seiner Herkunftsfamilie – sofern keine drohende Kindeswohlgefährdung (mehr) ersichtlich ist – gegenüber demjenigen in der Pflegefamilie vorzugswürdig ist. Daneben wird im Allgemeinen die Kindeswohldienlichkeit des Umgangs für die persönliche Entwicklung des Kindes, die ebenfalls von Art. 2 Abs. 1 GG geschützt ist, unterstellt.

Darüber hinaus ist der Staat durch das Grundrecht des Kindes auf Gewährleistung elterlicher Pflege und Erziehung verpflichtet, das Aufwachsen in der Herkunftsfamilie nach allen Möglichkeiten zu unterstützen. Das wichtigste Mittel hierzu ist wie erläutert der Umgang.

Umgekehrt stellen die Umgangskontakte jedoch einen Eingriff in das Recht des Kindes aus Art. 2 Abs. 1 GG dar, sofern die Begegnungen sein Wohl beeinträchtigen. Nach gesicherten Erfahrungssätzen der Psychotraumatologie gilt für traumatisierte Kinder als wahrscheinlich, dass Begegnungen mit den Herkunftseltern die hochbelastenden Erinnerungen zurückrufen, womit wiederholte Konfrontationen mit den Stressfaktoren die erhebliche Gefahr einer Retraumatisierung bedeuten.[631] Traumatisierende Lebensereignisse führen zu einer deutlich höheren Vulnerabilität des Kindes, sodass es in besonderem Maße schutzbedürftig ist.[632] Erfährt es diesen Schutz nicht, entwickelt sich bei dem Kind regelmäßig keine stabile Bindung, sondern eine Bindungsstörung,[633] die eine schwerwiegende Gefähr-

---

631 *Himpel/Hüther*, in: Stiftung zum Wohl des Pflegekindes, 3. Jahrbuch des Pflegekinderwesens, S. 120 f.; *Heilmann*, in: Coester-Waltjen/Lipp/Schumann/Veit, Das Pflegekindverhältnis, S. 92; *Köckeritz*, Entwicklungspsychologie für die Jugendhilfe, S. 257.

632 *Rüting*, FPR 2004, 415 (416); vgl. *Himpel/Hüther*, in: Stiftung zum Wohl des Pflegekindes, 3. Jahrbuch des Pflegekinderwesens, S. 113.

633 *Zenz*, in: Stiftung zum Wohl des Pflegekindes, 2. Jahrbuch des Pflegekinderwesens, S. 31; *Diouani-Streek*, Kontinuität im Kinderschutz, S. 133 ff.; vgl. dazu *Fegert/Kliemann*, in: Götz/Schwenzer/Seelmann/Taupitz, FS Brudermüller, S. 183.

dung des Kindeswohls darstellt. Da der personale Kern des Normbereichs des Regelungsentwurfs strukturell einen hohen Anteil an erheblich vorbelasteten oder traumatisierten Kindern aufweist, drohen dem geschützten Rechtsgut besonders bedeutende Schäden. In diesem Kollisionsfall ist die Wichtigkeit der Rechtsposition des Kindes daher als *sehr hoch* einzuschätzen.

(3) Die Grundrechtsposition der Pflegeeltern

Der Umgang ist eine Angelegenheit des täglichen Lebens, zu deren konkreter Umsetzung die Pflegeeltern verpflichtet sind. Zwar lässt sich häufig nicht vermeiden, dass der regelmäßige Umgang des Kindes mit den leiblichen Eltern die Stabilität und Sicherheit des pflegefamiliären Rahmens belastet. Dies in einem gewissen Maß zu akzeptieren und auszuhalten, ist insoweit Teil des Pflegeverhältnisses.[634] Dennoch ist zu berücksichtigen, dass einerseits die Stabilität des pflegefamiliären Rahmens in die Verantwortung der Pflegeeltern übergeben wird, dieser andererseits jedoch fortlaufend der Destabilisierung durch die Herkunftseltern ausgesetzt ist.[635] Den Pflegeeltern werden durch diesen Spannungszustand erhebliche Anstrengungen abverlangt, insbesondere da Pflegefamilien wie erwähnt ohnehin in einem höheren Maße instabil sind. Daher haben auch die Pflegeeltern bei einem bereits seit langer Zeit bestehenden Pflegeverhältnis ein verfassungsrechtlich geschütztes Interesse daran, dass die Umgangskontakte das familienähnliche Zusammenleben nicht fortlaufend destabilisieren. Jedoch ist die Wichtigkeit der Rechtsposition der Pflegeeltern aufgrund der zwingend mit der Bereitschaft zur Familienpflege einhergehenden pädagogischen Anforderungen insgesamt als *mittelleicht* zu abzuschätzen.

(4) Konkrete Gewichtung

Für das Kindeswohl sprechen wie dargestellt die hohe rechtliche Wertigkeit der kindlichen Entwicklungschancen und der strukturell hohe Anteil an traumatisierten Kindern, der zu einer erheblichen drohenden Schadenshöhe im Falle eines fortgesetzten Umgangs führt.

---

634 *Obermann*, NZFam 2019, 293 (296).
635 So *Kuhls*, Ambivalenzen in der Beratung von Pflegeeltern, S. 242.

Im Hinblick auf das Elternrecht ist jedoch zu fragen, inwieweit sich die geringe Rückkehrwahrscheinlichkeit auf die Umgangsfähigkeit der Herkunftseltern auswirkt. Problematisch ist, dass die Schwere der Kindeswohlgefährdung, die zur Inpflegenahme des Kindes führte, keine zwingenden Rückschlüsse darauf zulässt, ob und inwieweit auch der Umgang eine Kindeswohlgefährdung darstellt. Zwar können dieselben Erziehungsmissstände, die zum Entzug des elterlichen Sorgerechts geführt haben, auch auf die Umgangsfähigkeit der Herkunftseltern durchschlagen.[636] Allein aus dem Umstand, dass die Voraussetzungen für einen Sorgerechtsentzug vorlagen, darf jedoch keinesfalls der Schluss gezogen werden, dass auch das Umgangsrecht der Eltern eingeschränkt werden muss.[637] Elterliche Sorge und Umgang haben – worauf *Obermann* hinweist[638] – unterschiedliche Bezugspunkte. Zeigten sich die Eltern etwa mit den schulischen, hygienischen oder medizinischen Angelegenheiten überfordert, wodurch eine Trennung des Kindes erforderlich war, müssen diese Defizite einerseits nicht zwangsläufig im Widerspruch zu häufigen Umgangskontakten stehen.[639] Andererseits kann durch das elterliche Verhalten während der Umgangskontakte auch eine eigenständige Gefährdung des Kindeswohls vorliegen, etwa dann, wenn das Kind durch kontinuierliche Abwerbungsversuche der Eltern in Loyalitätskonflikte gerät und dadurch die Integration in die Pflegefamilie erschwert wird.[640] Insgesamt ergibt sich, dass sich eine schematische, weitgehend pauschalisierte Betrachtung des Umgangsrechts verbietet, da sich die Gründe, die zur Inpflegenahme führten, häufig von denen, die eine Beschränkung oder einen Ausschluss des Umgangs erfordern, unterscheiden. Diesem Aspekt trägt der Gesetzgeber jedoch ausreichend Rechnung, sofern er im Rahmen der Einzelfallentscheidung an die Feststellung der Kindeswohldienlichkeit der Beschränkung oder des Ausschlusses des Umgangs hohe Anforderungen stellt und den Eltern im Rahmen des Verfahrens umfangreiche Anhörungsrechte gewährt.

Die Ausführungen ändern nichts daran, dass das Gewicht der Grundrechtsposition der Herkunftseltern, wenn der personale Kern lediglich Fälle erfasst, in denen die Rückkehrwahrscheinlichkeit des Kindes sehr gering ist und der Umgang nicht die Rückkehroption offenhalten muss,

---

636 *Obermann*, NZFam 2019, 293 (296).
637 *Obermann*, NZFam 2019, 293 (296).
638 *Obermann*, NZFam 2019, 293 (296).
639 *Obermann*, NZFam 2019, 293 (296).
640 *Dettenborn/Walter*, Familienrechtspsychologie, S. 406; *Obermann*, NZFam 2019, 293 (296).

deutlich verringert ist. Es geht lediglich um das verfassungsrechtlich geschützte Kontaktbedürfnis der Eltern. Gegenüber dem Kontaktbedürfnis kann der Gesetzgeber dem Interesse des Kindes und der Pflegeeltern an einem effektiven Schutz der entstandenen Bindungen und der Stabilität des Pflegeverhältnisses den generellen Vorrang einräumen.[641]

cc) Ergebnis

Ein Gestaltungsspielraum des Gesetzgebers zugunsten einer Einschränkungs- und Ausschlussmöglichkeit des Umgangs ist anzunehmen, wenn das Verbleiben des Kindes in der Pflegefamilie auf Dauer angeordnet worden ist, die Einschränkung oder der Ausschluss dem Interesse des Kindes dient und den Eltern im Rahmen des Verfahrens hinreichende Anhörungsrechte gewährt werden. Geeignet ist eine Implementierung als S. 5 von § 1684 Abs. 4 BGB:

> Hat das Familiengericht nach § 1632 Abs. 5 das dauerhafte Verbleiben des Kindes in der Pflegefamilie angeordnet, kann es das Umgangsrecht beschränken oder ausschließen, soweit dies zum Wohl des Kindes erforderlich ist.

Der Mehrwert einer solchen Regelung bestünde darin, dass dann, wenn das dauerhafte Verbleiben des Pflegekindes in der Pflegefamilie angeordnet wurde, für eine Beschränkung oder einen Ausschluss des Umgangs – in Abkehr von § 1684 Abs. 4 S. 2 BGB – bereits die Kindeswohl*dienlichkeit* ausreichend wäre.[642]

II. Reformbedarf hinsichtlich der verfahrensrechtlichen Situation

Für eine weitergehende Optimierung der Rechtssituation ist in Betracht zu ziehen, die verfahrensrechtliche Situation der Pflegeeltern im Hinblick auf das Umgangsverfahren zu korrigieren. Grundsätzlich gilt, dass die Pflegeel-

---

641 Vgl. BVerfG, Urt. v. 01.04.2008 – Az. 1 BvR 1620/04, in: NJW 2008, 1287 (1290).

642 Eine Verbindung der Verfahren nach § 20 FamFG sollte jedoch ausgeschlossen sein, da es mit Blick auf die bisherigen Ausführungen nicht sachdienlich ist, die Dauerpflege bereits mit dem Umgangsrecht zu verbinden, vgl. OLG Frankfurt, Beschl. v. 30.03.2015 – Az. 5 UF 1/14, in: NJW 2015, 2672 (2675).

tern nur insoweit Rechte als Verfahrensbeteiligte haben, als ihnen eigene Antragsrechte zustehen.[643] Dies ist hinsichtlich § 1632 Abs. 4 BGB, § 1630 Abs. 3 BGB und § 1688 Abs. 3 und 4 BGB der Fall. Keine Beschwerdemöglichkeit haben die Pflegeeltern somit gegen familiengerichtliche Entscheidungen, die den Umgang des Kindes mit den Herkunftseltern[644] oder die elterliche Sorge[645] betreffen.

Dies erscheint insbesondere in jenen Fällen zweifelhaft, in denen die Pflegeeltern im Rahmen bereits langfristig bestehender Pflegeverhältnisse zu den sozialen Eltern des Kindes geworden sind und Umgangsentscheidungen etwa gegen den Kindeswillen durchgesetzt werden.[646] In diesen Fällen kann eine gerichtliche Umgangsregelung das Familienleben in der Pflegefamilie beeinträchtigen, wenn das Verhalten der Herkunftseltern während der Umgangskontakte den pflegefamiliären Rahmen destabilisiert.

Da die Pflegefamilie wie erwähnt unstreitig von dem Schutzbereich des Art. 6 Abs. 1 GG umfasst ist und die Auswirkungen der Umgangsentscheidung das soziale Eltern-Kind-Verhältnis und den Familienalltag erheblich belasten können,[647] ist davon auszugehen, dass ohne Weiteres ein Gestaltungsspielraum des Gesetzgebers bestünde, die Pflegeeltern mit eigenen Beteiligungsrechten auszustatten. Bisher geht der Gesetzgeber zwar davon aus, dass die Auswirkungen der Entscheidung auf das Pflegeverhältnis nicht ausreichen, um den Pflegeeltern ein subjektives Recht zur Verhinderung des Umgangs der Herkunftseltern einzuräumen.[648] Dies ändert jedoch nichts daran, dass hierfür ein entsprechender Gestaltungsspielraum seinerseits bestünde. Insofern soll die Frage nach einer möglichen Aufwertung der Beteiligungsrechte der Pflegeeltern im Rahmen dieser Arbeit keine weitere Vertiefung erfahren.

---

643 BMFSFJ, Pflegefamilien als soziale Familien, S. 19.
644 BGH, Beschl. v. 13.04.2005 – Az. XII ZB 54/03, in: NJW 2005, 2149 (2151).
645 BGH, Beschl. v. 18.12.2019 – Az. XII ZB 445/18, in: NJW-RR 2020, 385 (386); BGH, Beschl. v. 25.08.1999 – Az. XII ZB 109/08, in: NJW 1999, 3718 (3719).
646 BMFSFJ, Pflegefamilien als soziale Familien, S. 14.
647 BMFSFJ, Pflegefamilien als soziale Familien, S. 14.
648 BGH, Beschl. v. 13.04.2005 – Az. XII ZB 54/03, in: NJW 2005, 2149 (2151).

J. Übertragungsmöglichkeiten von Entscheidungsbefugnissen

Nach der gegenwärtigen Gesetzeslage bestehen Übertragungsmöglichkeiten von Entscheidungsbefugnissen nach § 1688 BGB sowie durch gerichtliche Entscheidung nach § 1630 Abs. 3 BGB.

I. Die gegenwärtige Rechtssituation

Die aufgezeigte gegenwärtige Rechtssituation wird im Hinblick auf verschiedene Aspekte als reformierungsbedürftig angesehen.

1. Die Entscheidungsrechte der Pflegeeltern nach § 1688 Abs. 1 BGB

Die den Pflegeeltern nach § 1688 Abs. 1 BGB eingeräumten Entscheidungs- und Handlungskompetenzen zur Ausübung der elterlichen Sorge sind zu stark eingeschränkt, um den pädagogischen Anforderungen an den Familienalltag der Pflegefamilie gerecht zu werden.[649] Können die Pflegeeltern ihre Aufgaben und Pflichten wie die Erziehung, Pflege und Aufsicht im Alltag nicht adäquat wahrnehmen, kann hierdurch das Kindeswohl beeinträchtigt sein.[650] Darüber hinaus führt die Möglichkeit der sorgeberechtigten Herkunftseltern nach § 1688 Abs. 3 S. 1 BGB, sogar Entscheidungskompetenzen in Angelegenheiten des täglichen Lebens einzuschränken oder zu widerrufen, insbesondere bei länger bestehenden Pflegeverhältnissen fortwährend zu Konflikten, Auseinandersetzungen und Verunsicherungen.[651] Sachdienlich erscheint demgegenüber, dass die gesetzlichen Wirkungen zugunsten der Pflegeeltern gemäß § 1688 Abs. 4 BGB auch nach einer ergangenen Verbleibensanordnung gemäß § 1632 Abs. 4 BGB gelten, da in diesem Fall nur noch das Familiengericht und

---

649 So BMFSFJ, Pflegefamilien als soziale Familien, S. 15; vgl. auch *Salgo/Veit/Zenz*, ZKJ 2013, 204 (204 f.).
650 *Salgo*, FamRZ 1999, 337 (344).
651 BMFSFJ, Pflegefamilien als soziale Familien, S. 15.

nicht mehr der Sorgerechtsinhaber – etwa aus Trotz – die gesetzlichen Befugnisse der Pflegeeltern beschränken kann.[652]

Maßgebliche Unsicherheiten ergeben sich durch die aktuelle Rechtssituation auch bei außenstehenden Dritten wie etwa Kindergärten, Schulen oder Arztpraxen. Gegenwärtig können sich Dritte nicht sicher sein, welche Entscheidungen die Pflegeeltern treffen dürfen, wofür Unterschriften erforderlich oder an wen welche Informationen oder Dokumente weiterzureichen sind.[653] Insbesondere bei ärztlichen Angelegenheiten stellen sich schwierige Abgrenzungsfragen, beispielsweise, ob eine Impfung oder die Gabe bestimmter Arzneimittel noch eine Angelegenheit des täglichen Lebens darstellen.[654] Der dafür notwendige juristische Abwägungsprozess kann von Nichtjuristen im Allgemeinen nicht erwartet werden. Daher besteht ein erhebliches praktisches Interesse an Rechtsklarheit.

Zwar lassen sich diese Abgrenzungsfragen aufseiten von Dritten durch die Ausstellung von Vollmachten durch die Herkunftseltern vermeiden. Allerdings sind diese nicht immer bereit, entsprechende Vollmachten zu erteilen. Außerdem können Letztere von den Herkunftseltern jederzeit widerrufen oder eingeschränkt werden. Daraus können sich Unsicherheiten bei den Pflegeeltern ergeben, welche die Stabilität und Sicherheit des pflegefamiliären Rahmens gefährden. Die Erteilung von unwiderruflichen Vollmachten ist für die Regelung der Entscheidungs- und Vertretungsbefugnisse zwischen Pflege- und Herkunftseltern inadäquat. Deshalb bedarf es einer Klärung durch den Gesetzgeber.

2. Die Übertragung von Entscheidungsbefugnissen durch gerichtliche Entscheidung nach § 1630 Abs. 3 BGB

Auch die Übertragung weiterer Aspekte der elterlichen Sorge durch gerichtliche Entscheidung nach § 1630 Abs. 3 BGB gestaltet sich für die Pflegeeltern problematisch. Soll die Übertragung auf Antrag der Pflegeeltern erfolgen, ist die Zustimmung der Herkunftseltern erforderlich, zu der diese aber häufig nicht bereit sind.[655] In diesem Fall bleibt nur die Übertragung aufgrund einer Kindeswohlgefährdung gemäß § 1666 BGB oder

652 So *Salgo*, FamRZ 1999, 337 (344).
653 BMFSFJ, Pflegefamilien als soziale Familien, S. 15.
654 BMFSFJ, Pflegefamilien als soziale Familien, S. 15; vgl. nur *Reichmann/Ufer*, JR 2009, 485 (487 ff.).
655 BMFSFJ, Pflegefamilien als soziale Familien, S. 17.

im Rahmen einer Verbleibensanordnung nach § 1632 Abs. 4 BGB. Hierfür jedoch ist bereits die Antragstellung der Pflegeeltern an das Familiengericht problematisch: Neben den unsicheren Erfolgsaussichten ist schon die Antragstellung per se geeignet, die Beziehungen zu den Herkunftseltern erheblich zu beschädigen und die künftige Zusammenarbeit zwischen Pflegeeltern, Herkunftseltern und Jugendamt nachhaltig zu gefährden.[656] Des Weiteren gewährt die gerichtliche Übertragung von Angelegenheiten der elterlichen Sorge lediglich ein begrenztes Maß an Rechtssicherheit zugunsten der Pflegeeltern. Die übertragenen Angelegenheiten sind wie erwähnt nach herrschender Lehre wieder an die sorgeberechtigten Eltern zu übertragen, sofern sie dies verlangen. Darüber hinaus steht den Herkunftseltern selbst bei einer vollumfänglichen Übertragung der Personensorge weiterhin die Möglichkeit offen, das Kind nach § 1632 Abs. 1 BGB herauszuverlangen.[657] Dies setzt zwar gegenüber dem Gebrauch von Vollmachten immerhin eine Entscheidung des Familiengerichts voraus. Liegen die Voraussetzungen des § 1666 BGB nicht vor, ist dem Antrag der Eltern jedoch stattzugeben. Somit schafft die Möglichkeit der gerichtlichen Übertragung von Angelegenheiten der elterlichen Sorge kein Maß an Rechtssicherheit, das der dargestellten Interessenlage der Pflegefamilie gerecht wird.

3. Reformierungsbedarf

In Betracht zu ziehen ist, die Entscheidungsbefugnisse der Pflegeeltern in Pflegeverhältnissen von längerer Dauer auszuweiten und in diesen Fällen eine gerichtliche Übertragung der elterlichen Sorge auch in Angelegenheiten von erheblicher Bedeutung zu ermöglichen, sofern dies dem Kindeswohl entspricht.[658] Eine gerichtliche Prüfung von Amts wegen brächte Pflegeeltern nicht in die Situation, das Vertrauens- und Kooperationsverhältnis zu den Herkunftseltern gefährden zu müssen. Reformvorschläge zielen etwa auf eine Erweiterung des § 1688 BGB um einen Abs. 5 ab, wonach das Familiengericht von Amts wegen oder auf Antrag der Pflegeperson weitere Angelegenheiten der elterlichen Sorge auch von erheb-

656 BMFSFJ, Pflegefamilien als soziale Familien, S. 18.

657 *Lettmaier*, in: Staudinger, BGB § 1630 Rn. 90; *Veit*, in: BeckOK, BGB § 1630 Rn. 17; *Huber*, in: MünchKomm, BGB § 1630 Rn. 31.

658 So BMFSFJ, Pflegefamilien als soziale Familien, S. 18; vgl. *Salgo/Veit/Zenz*, ZKJ 2013, 204 (204 f.).

licher Bedeutung übertragen kann, wenn dies dem Wohl des Kindes entspricht.[659]

> Das Familiengericht kann von Amts wegen oder auf Antrag der Pflegeperson weitere Angelegenheiten der elterlichen Sorge auch von erheblicher Bedeutung übertragen, wenn dies dem Wohl des Kindes entspricht.

Ferner ist in Betracht zu ziehen, eine Rückübertragung von Angelegenheiten der elterlichen Sorge nur zu ermöglichen, sofern diese dem Kindeswohl nicht widerspricht.[660] Naheliegend wäre, § 1630 Abs. 3 BGB um einen S. 4 zu erweitern:

> Das Familiengericht kann die Angelegenheiten auf Antrag der Eltern zurückübertragen, sofern dies dem Kindeswohl entspricht.

Der Unterschied zur gegenwärtigen Rechtslage bestünde darin, dass eine Rückübertragung nicht nur ausschiede, sofern sie das Kindeswohl gefährdet, vgl. § 1666 BGB, sondern bereits dann, wenn sie dem Kindeswohl widerspricht, vgl. § 1697a BGB.

Schließlich könnte die bestehende Möglichkeit der Übertragung des Sorgerechts mit Zustimmung der Herkunftseltern um eine Bestimmung in § 1630 Abs. 3 S. 4 BGB ergänzt werden, die (teilweise) Sorgerechtsübertragungen auch ohne Zustimmung der Eltern durch das Familiengericht ermöglicht, wenn das Kind langfristig in der Pflegefamilie lebt.[661]

> Das Familiengericht kann von Amts wegen oder auf Antrag der Pflegeperson auch ohne die Zustimmung der Eltern Teile der elterlichen Sorge übertragen, wenn das Kind langfristig in der Pflegefamilie lebt.

Bisher setzt die gerichtliche Übertragung des Sorgerechts auf die Pflegeeltern entweder die Zustimmung der Eltern nach § 1630 Abs. 3 S. 2 BGB oder die gerichtliche Entziehung des Sorgerechts wegen Kindeswohlgefährdung nach § 1666 BGB voraus. Die vorgeschlagene Gesetzesänderung wäre geeignet, die Entscheidungs- und Vertretungsbefugnisse von Pflegeeltern in länger andauernden Pflegeverhältnissen abzusichern und das Zusammenleben in der sozialen Familie zu stabilisieren.

---

659 Vgl. den Vorschlag der Kinderrechtekommission des Deutschen Familiengerichtstags, in: FamRZ 2014, 891 (897).

660 So *Hoffmann*, NZFam 2019, 1 (4).

661 Vgl. den Vorschlag der Kinderrechtekommission des Deutschen Familiengerichtstags, in: FamRZ 2014, 891 (897).

II. Der Gestaltungsspielraum

Zu untersuchen ist, inwieweit sich die entsprechenden Änderungen der Rechtssituation mit den verfassungsrechtlichen Vorgaben vereinbaren lassen. Die Ausübung der übertragenen Angelegenheiten der elterlichen Sorge durch die Pflegeeltern ist zumindest nicht von den strengen Vorgaben des Art. 6 Abs. 3 GG erfasst, da es sich lediglich um die Ausgestaltung des Fremdbetreuungsverhältnisses handelt. Nicht ersichtlich ist, dass sich die rechtliche Ausgestaltung der Entscheidungsbefugnisse auf das Getrenntsein von Herkunftseltern und Kind auswirkt, etwa indem die bestehende Trennung verfestigt wird. Betroffen ist jedoch das Grundrecht der Eltern auf die Pflege und Erziehung ihres Kindes nach Art. 6 Abs. 2 S. 1 GG. Darüber hinaus ist fraglich, ob das Grundrecht des Kindes auf Gewährleistung der Pflege und Erziehung durch seine Eltern eingeschränkt wird.

Mit Blick auf die Rechtsprechung des Bundesverfassungsgerichts ist tendenziell von einem weiter gefassten funktionalen Gestaltungsspielraum des Gesetzgebers auszugehen: Der Staat muss entsprechend seiner Schutzpflicht aus Art. 2 Abs. 1 in Verbindung mit Art. 6 Abs. 2 S. 1 GG die Voraussetzungen dafür schaffen, dass die elterliche Verantwortung in Fällen, in denen die Herkunftseltern nicht willens oder in der Lage sind, diese wahrzunehmen, von Dritten übernommen werden kann.[662]

1. Regelungsvorschläge

Grundsätzlich kommen wie dargestellt drei Regelungsoptionen in Betracht, um die Entscheidungs- und Vertretungsbefugnisse der Pflegeeltern zu erweitern. Der erstgenannte Regelungsvorschlag A eines § 1688 Abs. 5 BGB-E, dass „das Familiengericht [...] auf Antrag oder von Amts wegen der Pflegeperson weitere Angelegenheiten der elterlichen Sorge auch von erheblicher Bedeutung übertragen [kann], wenn dies dem Wohl des Kindes entspricht", stellt eine Generalklausel zugunsten des Kindeswohls dar, deren Eingriffsgewicht aufgrund des Kindeswohls als einziger Voraussetzung zunächst höher als dasjenige der anderen Regelungsoptionen erscheint. Der Regelungsvorschlag C eines § 1630 Abs. 3 S. 4 BGB-E, dass „das Familiengericht [...] auf Antrag oder von Amts wegen der Pflegeper-

662 BVerfG, Urt. 19.02.2013 – Az. 1 BvL 1/11, 1 BvR 3247/09, in: NJW 2013, 847 (848); vgl. BVerfG, Beschl. v. 29.07.1968 – 1 BvL 20/63, 1 BvL 31/66, 1 BvL 5/67, in: BVerfGE 24, 119 (148 f.).

son auch ohne die Zustimmung der Eltern Teile der elterlichen Sorge übertragen [kann], wenn das Kind langfristig in der Pflegefamilie lebt oder dies zu erwarten ist“, stellt – anstelle des „Kindeswohls“ – hingegen konkret auf die Dauer des Pflegeverhältnisses ab.

Problematisch an der Formulierung ist, dass ohne Weiteres Fallkonstellationen vorstellbar sind, in denen das Kindeswohl durch die Ausgestaltung der Entscheidungs- und Vertretungsbefugnisse gefährdet ist, ohne dass ein langfristiges Pflegeverhältnis besteht oder zu erwarten ist. Diese Fälle sind von dem Wortlaut der Regelung des § 1630 Abs. 3 S. 4 BGB-E nicht erfasst. Beide Regelungsvorschläge zielen auf das Wohl des Kindes ab, § 1630 Abs. 3 S. 4 BGB-E konkretisiert das Kindeswohl jedoch, indem er die Stabilität und Sicherheit des pflegefamiliären Rahmens in das Zentrum der Betrachtung rückt. Das Eingriffsgewicht des § 1630 Abs. 3 S. 4 BGB-E erscheint daher zunächst geringer. Da beide Regelungsvorschläge jedoch das Kindeswohl als Bezugspunkt haben, sollen beide Vorschläge zusammen mit Regelungsvorschlag B aus verfassungsrechtlicher Sicht betrachtet werden.

2. Die Verfassungsmäßigkeit der Regelungsvorschläge

Nachfolgend ist die Verfassungsmäßigkeit der Regelungsvorschläge zu prüfen. Zunächst ist festzustellen, dass die Regelungsvorschläge nicht bereits an der aus der Pflichtenbindung aus Art. 6 Abs. 2 S. 1 GG folgenden Unveräußerlichkeit des Elternrechts scheitern, da die Eltern durch diese nicht daran gehindert sind, sich bei der Ausübung der elterlichen Sorge der Hilfe Dritter zu bedienen.[663] Eine Regelung, die Dritte mit eigenständigen Entscheidungs- und Vertretungsbefugnissen ausstattet, wenn diese langfristig in die Pflege und Erziehung des Kindes eingebunden sind, steht daher nicht in Widerspruch mit Art. 6 Abs. 2 S. 1 GG.[664]

663 Vgl. BVerfG, Beschl. v. 10.11.1998 – Az. 2 BvR 1057/91, 2 BvR 1226/91, 2 BvR 980/91, in: BVerfGE 99, 216 (231 f.); *Jarass*, in: Jarass/Pieroth, GG Art. 6 Rn. 42a; *Brosius-Gersdorf*, in: Dreier, GG Art. 6 Rn. 156; *Schwab*, in: Schwab/Zenz, Gutachten für den 54. DJT, A 97.

664 Vgl. Kinderrechtekommission des Deutschen Familiengerichtstags, in: FamRZ 2014, 891 (898).

a) Das gesetzgeberische Ziel

Das gesetzgeberische Ziel besteht den bisherigen Ausführungen entsprechend darin, das Wohl des Kindes in den Fällen zu gewährleisten, in denen es durch die konkrete Ausgestaltung der Entscheidungs- und Vertretungsbefugnisse gefährdet ist.

b) Geeignetheit und Erforderlichkeit

Hinsichtlich der Geeignetheit und Erforderlichkeit der Regelungsvorschläge ist nach den Ausführungen über den Prognosespielraum des Gesetzgebers insbesondere die hohe rechtliche Wertigkeit des Kindeswohls von Bedeutung. Darüber hinaus sind die Wahrscheinlichkeit von Schädigungen des Kindeswohls sowie die drohende Schadenshöhe maßgeblich: Die Integration des Kindes in seine neue soziale Umgebung ist eine schwierige Aufgabe, deren Gelingen durch eine sich aus fehlenden Sorgebefugnissen ergebende Unsicherheit der Pflegeeltern bedroht ist.[665] Von der Instabilität des pflegefamiliären Rahmens ist auch das Pflegekind betroffen. Darüber hinaus führen unklare Entscheidungsbefugnisse zu erheblichen Unsicherheiten bei Dritten wie etwa Kindergärten, Schulen oder Ärzten,[666] die sich mittelbar auf die betroffenen Kinder übertragen können. Dass diese unsicheren Verhältnisse das Kind auf Dauer in seiner psychischen Struktur schädigen und seinen psychischen Regenerationsprozess beeinträchtigen, kann durchaus als wahrscheinlich eingeschätzt werden. In dieser Hinsicht wiegt die drohende Höhe des Schadens nicht unerheblich: Wie dargestellt umfasst der strukturelle und personale Kern des Normbereichs in aller Regel Kinder mit einem schwierigen soziobiografischen Hintergrund, die nicht selten traumatischen Erfahrungen ausgesetzt waren. In dieser Situation sind die Stabilität und Sicherheit des pflegefamiliären Rahmens für die weiteren persönlichen Entwicklungschancen der Kinder von zentraler Bedeutung. Eine Regelung, welche die Übertragung von Entscheidungs- und Vertretungsbefugnissen ermöglicht, die zur Bewältigung der Anforderungen aus dem Pflegeverhältnis notwendig sind, verringert die Wahrscheinlichkeit von negativen Effekten auf das Kindeswohl.

---

665 *Schwedler*, in: BeckOGK, BGB § 1688 Rn. 29; vgl. Kinderrechtekommission des Deutschen Familiengerichtstags, FamRZ 2014, 891 (897).

666 BMFSFJ, Pflegefamilien als soziale Familien, S. 15; vgl. *Salgo*, in: Staudinger, BGB § 1688 Rn. 4.

Für die Frage nach der Erforderlichkeit ist der Blick auf die gegenwärtige Rechtslage zu richten. Ob das gesetzgeberische Ziel bei geringerem Eingriffsgewicht durch die aktuelle Rechtssituation ebenso effektiv verwirklicht wird, wurde bereits erläutert: Insbesondere die Möglichkeit der sorgeberechtigten Herkunftseltern nach **§ 1688 Abs. 3 S. 1 BGB**, Entscheidungsbefugnisse in Angelegenheiten des täglichen Lebens einzuschränken oder zu widerrufen, kann im Alltag zu andauernden Konflikten, Auseinandersetzungen und Verunsicherungen führen.[667] Dies kann häufig auch nicht durch das Jugendamt im Rahmen seiner Vermittlungspflicht nach § 38 SGB VIII verhindert werden.[668]

Die Möglichkeit der Übertragung weiterer Aspekte der elterlichen Sorge durch gerichtliche Entscheidung nach **§ 1630 Abs. 3 BGB** ist für die Pflegeeltern ebenfalls problematisch. Beantragen die Pflegeeltern die Übertragung, wird die dazu nach § 1630 Abs. 3 S. 2 BGB erforderliche Zustimmung der Eltern häufig nicht erteilt. Dann verbleibt nur noch die Möglichkeit einer Übertragung im Rahmen einer Verbleibensanordnung oder nach § 1666 BGB. Auch die Erteilung von Vollmachten stellt kein Mittel dar, um das gesetzgeberische Ziel gleichermaßen effizient zu verwirklichen. Selbst dann, wenn Eltern bereit sind, entsprechende Vollmachten zu erteilen, können sie diese jederzeit widerrufen oder einschränken. Die Stärkung der Adoption wurde bereits im Rahmen der Ausführungen über das Befristungsdogma als milderes Mittel ausgeschlossen. Der Regelungsvorschlag ist insgesamt erforderlich.

c) Proportionalität

Im Anschluss stellt sich die Frage nach der Proportionalität der Regelungsvorschläge. In diesem Kontext sollen die Regelungsmöglichkeiten getrennt voneinander untersucht werden.

aa) Die gegenüberstehenden Rechtspositionen

Den Regelungsvorschlägen liegen dieselben Grundrechtspositionen zugrunde: Das Elternrecht aus Art. 6 Abs. 2 S. 1 GG steht der Grundrechtspo-

---

667 So das BMFSFJ, Pflegefamilien als soziale Familien, S. 15.

668 Kinderrechtekommission des Deutschen Familiengerichtstags, FamRZ 2014, 891 (897).

sition des Kindes aus Art. 2 Abs. 1 GG und gegebenenfalls derjenigen der Pflegeeltern aus Art. 6 Abs. 1 GG gegenüber.

bb) Konkrete Gewichtung

Zu ermitteln ist das konkrete Gewicht der gegenüberstehenden Rechtspositionen innerhalb der einzelnen Regelungsvorschläge.

(1) Regelungsvorschlag A

Der erstgenannte Regelungsvorschlag eines Abs. 5 innerhalb des § 1688 BGB zielt darauf ab, dass „das Familiengericht [...] von Amts wegen oder auf Antrag der Pflegeperson weitere Angelegenheiten der elterlichen Sorge auch von erheblicher Bedeutung übertragen [kann], wenn dies dem Wohl des Kindes entspricht."

Da der Regelungsvorschlag eine Übertragung gegen den Willen der leiblichen **Eltern** vorsieht, ist der Regelungsgehalt des Art. 6 Abs. 2 S. 1 GG betroffen. Die konkrete Wichtigkeit des Elternrechts kann als *hoch* eingestuft werden, da es sich bei der Entscheidungsbefugnis über Angelegenheiten von besonderer Bedeutung um einen wesentlichen Teil der elterlichen Sorge handelt und es um eine gerichtliche Übertragung auf potenziell unbestimmte Zeit geht. Die Herkunftseltern werden gegebenenfalls dauerhaft aus ihrer Grundrechtsposition nach Art. 6 Abs. 2 S. 1 GG verdrängt.

Fraglich ist das Gewicht der Grundrechtsposition des **Kindes**. Da die Entscheidungs- und Vertretungsbefugnisse für die Angelegenheiten des täglichen Lebens zumindest im Regelfall bei den Pflegeeltern liegen, ergeben sich in diesem Fall keine Einschränkungen der Pflegeeltern bei der Ausübung der Alltagssorge. Sie können dann ohne Weiteres etwa die Entscheidungen über die Schlafenszeit, soziale Aktivitäten oder das Taschengeld treffen. Geht es um die Auswirkungen unzureichender Entscheidungskompetenzen auf die Kinder, ist festzustellen, dass diese im Ausgangspunkt lediglich in begrenztem Maß unmittelbar betroffen scheinen, denn für die Kinder dürfte von besonderer Relevanz sein, dass die Pflegeeltern die Entscheidungen im Familienalltag umsetzen können.

Ferner ist für die Wichtigkeit des Kindeswohls zu berücksichtigen, dass Entscheidungen wie etwaige Schulwechsel oder medizinische Eingriffe, die nur schwer abzuändernde Folgen für die weitere Entwicklung des Kindes haben können, vergleichsweise selten zu treffen sind. Dabei ist das

Jugendamt zudem darauf bedacht, den Willen des Kindes zu berücksichtigen, sodass eine Entscheidung in einer Angelegenheit von erheblicher Bedeutung in aller Regel gemeinsam mit ihm erfolgt. Ob und inwieweit das kindliche Erleben von Sicherheit und Stabilität durch die gegenwärtige Rechtssituation beeinträchtigt wird, bleibt daher schwer zu beurteilen.

Problematischer erscheint dagegen die Möglichkeit der sorgeberechtigten Herkunftseltern, gemäß § 1688 Abs. 3 S. 1 BGB auch Entscheidungskompetenzen über Angelegenheiten des täglichen Lebens zu beschränken oder auszuschließen. Wird den Pflegeeltern diese Mindestausstattung an Entscheidungsrechten entzogen, besteht das Risiko einer faktischen Handlungsunfähigkeit, welche die Rahmenbedingungen des Pflegeverhältnisses destabilisiert und mit hoher Wahrscheinlichkeit auf die Pflegekinder durchschlägt. Jedoch ist eine Beschränkung bis hin zum völligen Ausschluss der Entscheidungsrechte der Pflegeeltern nach § 1688 Abs. 3 S. 1 BGB bereits nach bestehender Rechtslage nur möglich, sofern hierdurch das Kindeswohl nicht gefährdet wird.[669] Somit ist praktisch davon auszugehen, dass die Pflegeeltern jedenfalls über hinreichende Kompetenzen verfügen, um über die Angelegenheiten des täglichen Lebens zu entscheiden.

Insgesamt ist festzustellen, dass Aussagen zur Wahrscheinlichkeit von Schäden sowie zur drohenden Schadenshöhe für das Wohl der vom Normbereich erfassten Kinder nur eingeschränkt möglich sind. Jedoch kann davon ausgegangen werden, dass unzureichende Entscheidungskompetenzen im Vergleich zu einer offenen Rückkehroption oder der Umgangsproblematik eine deutlich untergeordnete Rolle einnehmen. Dies gilt insbesondere, da der Normbereich auf alle Pflegekinder zielt, sodass in struktureller Hinsicht insgesamt eine geringere drohende Schadenshöhe als bei Pflegekindern, deren Rückkehrwahrscheinlichkeit sehr gering ist, anzunehmen ist.

Ebenso schwer einzuschätzen erscheint die Wahrscheinlichkeit einer günstigen Wirkung des Regelungsvorschlages. Zwar ist dem kindlichen Interesse an Sicherheit und Stabilität grundsätzlich ein hohes Gewicht beizumessen. Schwer zu prognostizieren ist jedoch, welche positiven Effekte speziell von rechtlich gesicherten Entscheidungskompetenzen der Pflegeeltern zu erwarten sind. Diesem Aspekt kommt allerdings insoweit eine erhebliche Bedeutung zu, als das Gewicht eines Abwägungsbelangs wie erwähnt maßgeblich von der Möglichkeit von Aussagen zur Wahrscheinlichkeit über die günstige Wirkung des Regelungsvorschlags für den

669 *Salgo*, in: Staudinger, BGB § 1688 Rn. 40.

personalen Kern des Normbereichs abhängt. Je schwerer der Eingriff in das Elternrecht wiegt, desto größer müsste die Gewissheit der den Eingriff tragenden Prämissen sein.[670]

Sicher feststellen lässt sich lediglich, dass die Übertragungsmöglichkeit von Entscheidungs- und Vertretungsbefugnissen dem Interesse der **Pflegeeltern** an einem stabilen Pflegeverhältnis entspricht. Dieses Interesse ist von demjenigen des Kindes jedoch präzise zu trennen, da die Rechtsposition der Pflegeeltern bei der Abwägung – sofern diese überhaupt zu gewichten ist[671] – im Verhältnis zum Elternrecht eine deutlich untergeordnete Rolle einnimmt. Entscheidend für die Frage nach der Proportionalität ist das Kindeswohl. Zwar ist durchaus denkbar, dass eine erhöhte Stabilität des pflegefamiliären Rahmens durch umfassendere Entscheidungsbefugnisse positiv auf das Kindeswohl durchschlägt. Die Wichtigkeit des Kindeswohlprinzips ist im konkreten Kollisionsfall dennoch insgesamt als *mittelleicht* einzustufen.

Die **Proportionalität** würde voraussetzen, dass dem hohen Grad der Nichterfüllung des Elternrechts auf der einen Seite eine umso größere Erfüllung des Kindeswohls auf der anderen Seite gegenübersteht. Dies ist in Bezug auf den Regelungsvorschlag aufgrund der dargestellten Unsicherheiten insgesamt nicht anzunehmen. Der Wahrscheinlichkeitsgrad und die tatsächliche Fundierung des Erfüllungsgrades des Kindeswohls stehen in keinem proportionalen Verhältnis zum Eingriffsgewicht in das Elternrecht.[672] Die Verfassung belässt dem Gesetzgeber mithin keinen Gestaltungsspielraum zur Implementierung eines Regelungsvorschlags, der dem Familiengericht ermöglicht, den Pflegeeltern Angelegenheiten auch von erheblicher Bedeutung zu übertragen, wenn dies dem Wohl des Kindes entspricht.

---

670 Zweites Abwägungsgesetz nach Alexy, s. *Alexy*, in: Gedächtnisschrift für Jürgen Sonnenschein, S. 789; *Borowski*, in: Sieckmann, Die Prinzipientheorie der Grundrechte, S. 101; *Borowsky*, Grundrechte als Prinzipien, S. 127 f.; *Klatt/ Schmidt*, AöR 137 (2012), 545 (552).

671 Der personale Kern des Normbereichs zielt nicht nur auf bereits längere Zeit bestehende Pflegeverhältnisse, sodass nicht bezüglich aller Pflegeeltern ein Grundrechtsschutz nach Art. 6 Abs. 1 GG anzunehmen ist, vgl. BVerfG, Beschl. v. 17.10.1984 – Az. 1 BvR 284/84, in: BVerfGE 68, 176 (187).

672 Vgl. BVerfG, Urt. v. 27.02.2008 – Az. 1 BvR 370/07, 1 BvR 595/07, in: BVerfGE 120, 274 (327).

(2) Regelungsvorschlag B

Der Regelungsvorschlag eines § 1630 Abs. 3 S. 4 BGB-E zielt darauf ab, dass „das Familiengericht […] die Angelegenheiten auf Antrag der Eltern zurückübertragen [kann], sofern dies dem Kindeswohl entspricht.“

Das Eingriffsgewicht in das **Elternrecht** ist *hoch*, da die Angelegenheiten der elterlichen Sorge in den Kernbereich des Art. 6 Abs. 2 S. 1 GG fallen und eine Übertragung gemäß § 1630 Abs. 3 S. 4 BGB-E in ihrer Wirkung gegenüber den Eltern in den übertragenen Bereichen einem dauerhaften Entzug des Sorgerechts entsprechen kann. Dies aber sind Ziel und Zweck des Regelungsvorschlags: Das Wohl des Kindes soll dadurch gestärkt werden, dass es seine sozialen Eltern als Erziehungspersonen mit gesicherten rechtlichen Entscheidungs- und Vertretungsbefugnissen erfährt.[673] Dies erfordert, dass es den Eltern nicht wie de lege lata jederzeit möglich ist, die Rückübertragung der Angelegenheiten der elterlichen Sorge zu erwirken.

Das Gewicht des **Kindeswohls** im konkreten Kollisionsfall ist als *mittelhoch* zu bewerten. Insoweit kann im Wesentlichen auf die obigen Ausführungen verwiesen werden. Auch im Rahmen dieses Regelungsvorschlags stellt sich die Frage, inwieweit das Wohl des Kindes durch die konkrete Ausgestaltung der Entscheidungs- und Vertretungsbefugnisse beeinträchtigt wird. Im Unterschied zu Regelungsvorschlag A ist jedoch zu berücksichtigen, dass es hier darum geht, die Rückübertragung an höhere Anforderungen zu knüpfen. Insoweit ist durchaus denkbar, dass der pflegefamiliäre Rahmen (auch) zulasten des Kindes destabilisiert wird, wenn Sorgebefugnisse der Pflegeeltern aufgehoben werden. Naheliegend erscheint jedoch auch hier, dass der Regelungsvorschlag insbesondere dem Interesse der Pflegeeltern entspricht. Ihre Grundrechtsposition ist, sofern sie gewichtet werden kann,[674] zwar als *mittelhoch* einzuschätzen. Ihr verfassungsrechtliches Gewicht ist jedoch vergleichsweise gering und daher von derjenigen des Kindes präzise zu trennen. Das bereits Ausgeführte gilt entsprechend: Es ist nicht unwahrscheinlich, dass die fortlaufende Unsicherheit des pflegefamiliären Rahmens auf das Wohl des Kindes durchschlägt. Jedoch handelt es sich mit Blick auf den personalen Kern des Normbereichs des Regelungsvorschlages nicht speziell um Kinder, die strukturell in hohem Maße traumatisiert sind, sondern um alle Pflegekinder. Die drohende Schadenshöhe wiegt daher weniger schwer. Darüber hinaus

673 Vgl. *Hoffmann*, NZFam 2019, 1 (3).

674 Vgl. BVerfG, Beschl. v. 17.10.1984 – Az. 1 BvR 284/84, in: BVerfGE 68, 176 (187).

würde die Anwendung von § 1630 Abs. 3 S. 4 BGB-E voraussetzen, dass die Eltern ursprünglich der Übertragung der Angelegenheiten der elterlichen Sorge ihre Zustimmung erteilt haben. Gestaltet sich die Rechtslage de lege ferenda so, dass sich die Eltern nicht sicher sein können, die übertragenen Bereiche der elterlichen Sorge auf ihr Verlangen zurückzuerhalten, werden sie seltener bereit sein, ihre Zustimmung nach § 1630 Abs. 3 S. 2 BGB zu erteilen. Dabei ist die praktische Bedeutung der Vorschrift ohnehin eher gering.[675] Haben die Eltern der Übertragung hingegen zugestimmt und die Rückübertragung wird nunmehr abgelehnt, ist zu erwarten, dass dies das Kooperationsverhältnis belastet, weil sich die Eltern beispielsweise getäuscht fühlen. Dies kann sich nachteilig auf das Kindeswohl auswirken. Eine günstige Wirkung des Normvorschlages kann daher nicht ohne Weiteres angenommen werden.

Im Ergebnis ist davon auszugehen, dass die Grundrechtsposition des Kindes und der Pflegeeltern das hohe Gewicht der elterlichen Grundrechtsposition nicht aufwiegen. Der Regelungsvorschlag ist daher als unverhältnismäßig einzuschätzen.

(3) Regelungsvorschlag C

Der Regelungsvorschlag C zielt darauf ab, dass „das Familiengericht [...] auf Antrag oder von Amts wegen der Pflegeperson auch ohne die Zustimmung der Eltern Teile der elterlichen Sorge übertragen [kann], wenn das Kind langfristig in der Pflegefamilie lebt oder dies zu erwarten ist."

(a) Das Elternrecht

Auch dieser Regelungsvorschlag schränkt das Elternrecht aus Art. 6 Abs. 2 S. 1 GG stark ein. Im Vergleich zu dem vorherigen Regelungsvorschlag ist das Eingriffsgewicht jedoch dadurch verringert, dass sich die Übertragungsmöglichkeit nur auf die Fälle erstreckt, in denen das Kind bereits langfristig in einer Pflegefamilie lebt. Die Regelung betrifft damit lediglich Fälle, in denen sich die Herkunftseltern über einen langfristigen Zeitraum nicht willens oder imstande zeigten, das Kind wieder bei sich aufzu-

675 *Hoffmann*, NZFam 2019, 1 (4); *Lettmaier*, in: Staudinger, BGB § 1630 Rn. 55; *Peschel-Gutzeit*, in: Stiftung zum Wohl des Pflegekindes, Bindung und Trauma, S. 47.

nehmen. Mithin ist das rechtliche Interesse der Herkunftseltern an der Entscheidungsbefugnis insbesondere bei Angelegenheiten von erheblicher Bedeutung in dieser Konstellation geringer zu gewichten als in Konstellationen, in denen eine baldige Rückführung des Kindes möglich erscheint. Das Rückführungsinteresse der Eltern verliert mit fortlaufender Dauer des Pflegeverhältnisses beziehungsweise mit steigender Unwahrscheinlichkeit der Rückkehr des Kindes an verfassungsrechtlichem Gewicht. Die Wichtigkeit des Elternrechts ist daher als *mittelhoch* einzuschätzen.

(b) Die Rechtsposition des Kindes

Zwar stellt sich auch hier die Frage, inwieweit die Ausweitung der Entscheidungs- und Vertretungsbefugnisse als Stabilitätsfaktor auf das Kindeswohl durchschlägt. Jedoch ist zu berücksichtigen, dass der Normbereich des Regelungsvorschlags C ausschließlich bereits langfristig bestehende Pflegeverhältnisse erfasst. Mit fortlaufender Dauer des Pflegeverhältnisses ist durchaus als wahrscheinlich anzunehmen, dass die andauernde fehlende Entscheidungsfähigkeit wesentlicher Aspekte den familiären Rahmen destabilisiert und somit das Kindeswohl beeinträchtigen kann. Sind die Pflegeeltern bei einem langfristig bestehenden Pflegeverhältnis zu den wesentlichen Bezugspersonen des Kindes geworden, liegt es wie bereits erwähnt in seinem Interesse, dass es seine sozialen Eltern als Erziehungspersonen mit gesicherten rechtlichen Entscheidungs- und Vertretungsbefugnissen erfährt.[676] Der personale Kern des Normbereichs umfasst somit Kinder, die strukturell bereits langfristig in einer Pflegefamilie leben, ohne dass ihre sozialen Eltern gesicherte Entscheidungs- und Vertretungskompetenzen für die Angelegenheiten des Kindes besitzen. Es ist davon auszugehen, dass sich der Regelungsvorschlag durch die Möglichkeit einer Übertragung der Entscheidungskompetenzen auch ohne das Einverständnis des Sorgerechtsinhabers günstig auf das Wohl der betroffenen Kinder auswirken würde. Die Grundrechtsposition des Kindes ist im konkreten Kollisionsfall daher insgesamt als *mittelhoch* einzuschätzen.

---

676 Vgl. *Hoffmann*, NZFam 2019, 1 (3).

(c) Die Rechtsposition der Pflegeeltern

Schließlich kommt auch der **Grundrechtsposition der Pflegeeltern** aus Art. 6 Abs. 1 GG mit dem Fortdauern des Pflegeverhältnisses ein zunehmend stärkeres Gewicht zu.[677] Das Interesse der Pflegeeltern an einer hinreichenden Ausgestaltung der Entscheidungs- und Vertretungsbefugnisse, um den pädagogischen Anforderungen des Alltags gerecht zu werden, kann verfassungsrechtlich als *hoch* gewichtet werden. Insoweit würde eine Abwägung des konkreten Kollisionsfalls allein anhand der Kindes- und Elternrechte die verfassungsrechtliche Position der Pflegeeltern unangemessen entwerten.

(d) Ergebnis

Den obigen Ausführungen entsprechend ist im Ergebnis von einem Gestaltungsspielraum des Gesetzgebers zugunsten der vorgeschlagenen Gesetzesänderung auszugehen. Dem Gesetzgeber ist es möglich, den entstandenen Bindungen gegenüber dem Elternrecht den Vorrang gewähren, da als wahrscheinlich einzuschätzen ist, dass das dauerhafte Auseinanderfallen von sozialer und rechtlicher Elternschaft die Stabilität des Pflegeverhältnisses und damit das Kindeswohl gefährdet. Deshalb ist davon auszugehen, dass der Gesetzgeber eine Regelung implementieren kann, die den Rechten des Kindes und der Pflegeeltern Vorrang gegenüber dem Elternrecht gewährt, wenn das Kind bereits langfristig in der Pflegefamilie lebt. Zu berücksichtigen ist allerdings, dass der Regelungsvorschlag an Herkunftseltern adressiert ist, die trotz der Inpflegenahme des Kindes Sorgerechtsinhaber geblieben sind. Der Wortlaut des Regelungsvorschlags erlaubte es, allein aufgrund des Vorliegens eines Pflegeverhältnisses seit längerer Zeit die Übertragung von Entscheidungs- und Vertretungsbefugnissen zugunsten der Pflegeeltern anzuordnen. Jedoch sind durchaus Konstellationen denkbar, in denen eine destabilisierende Wirkung durch die konkrete Ausgestaltung der Entscheidungs- und Vertretungsbefugnisse – etwa, sofern sich die Eltern kooperativ verhalten – nicht ersichtlich ist. Die Möglichkeit, in diesen Fällen die Übertragung von Entscheidungskompetenzen allein aufgrund der Dauer des Pflegeverhältnisses anordnen zu können, erscheint im Hinblick auf die Gewichtigkeit der grundrechtlichen Position

677 Vgl. BVerfG, Beschl. v. 17.10.1984 – Az. 1 BvR 284/84, in: BVerfGE 68, 176 (187).

der Herkunftseltern unverhältnismäßig. Der Regelungsvorschlag sollte unter diesem Gesichtspunkt auf folgenden Wortlaut hin erweitert werden:

> Das Familiengericht kann von Amts wegen oder auf Antrag der Pflegeperson auch ohne die Zustimmung der Eltern Teile der elterlichen Sorge übertragen, wenn das Kind langfristig in der Pflegefamilie lebt und die Übertragung dem Wohl des Kindes entspricht.

Dadurch ist das Familiengericht verpflichtet, die konkrete Beeinträchtigung des Kindeswohls durch die Ausgestaltung der Entscheidungsbefugnisse in seiner Entscheidung darzulegen. Ferner sind den leiblichen Eltern durch Art. 6 Abs. 2 S. 1 GG im Rahmen der Entscheidung umfangreiche Anhörungsrechte zu gewähren.

III. Das Gesetz zur Reform des Vormundschafts- und Betreuungsrechts

Am 1. Januar 2023 wird das Gesetz zur Reform des Vormundschafts- und Betreuungsrechts in Kraft treten. Der Gesetzgeber hat sich zu einer weitgehenden Neukonzipierung des Vormundschaftsrechts entschieden, die im Folgenden, soweit sie die Rechtsstellung der Pflegeperson betrifft, vorgestellt wird. Eine umfassende Betrachtung der Rechtstellung der Pflegeperson bei unter Vormundschaft stehenden Pflegekindern soll im Rahmen dieser Arbeit nicht erfolgen. Zum einen liegt dies darin begründet, dass eine Bestimmung der gesetzgeberischen Gestaltungsspielräume, die sich aus den Grundrechtspositionen von Eltern, Kind und Pflegeeltern ergeben, in Bezug auf das rechtliche Verhältnis von Vormund und Pflegeperson nicht erforderlich erscheint. Gegenüber der Rechtsstellung der leiblichen Eltern ist jene des Vormunds als Inhaber eines öffentlichen Amtes nicht durch das natürliche Elternrecht aus Art. 6 Abs. 2 und 3 GG geschützt. Der Vormund fällt nicht unter „Eltern" im Sinne des Art. 6 Abs. 2 S. 1 GG, sondern ist „Vertrauensperson des fürsorgenden Staates"[678] und insoweit Funktionär des staatlichen Wächteramtes.[679] Der Gesetzgeber kann die Gesamtverantwortung für das Mündel zwischen Vormund und Pflegeperson daher aufteilen, ohne dem Elternrecht Rechnung tragen zu müssen. Zum anderen hat sich der Gesetzgeber der in der Literatur

678 BVerfG, Beschl. v. 10.02.1960 – Az. 1 BvR 526/53, 1 BvR 29/58, in: BVerfGE 10, 302 (328).

679 *Veit*, FamRZ 2016, 2045 (2048); *Hoffmann*, NZFam 2019, 1 (2); vgl. auch *Harm/Mix/Opitz/Pütz/Rotax/Rüting*, FamRZ 2012, 1849 (1850).

angebrachten Kritikpunkte[680] angenommen und die Rechtsstellung der Pflegeperson gegenüber dem Vormund, wie im Folgenden dargestellt, gestärkt.

1. Überblick

Wird den Herkunftseltern das Sorgerecht vollständig entzogen, tritt sorgerechtlich an ihre Stelle der Vormund, § 1793 Abs. 1 BGB. Dieser pflegt und erzieht das Kind jedoch in aller Regel nicht selbst, sondern sorgt lediglich dafür, dass es in einer Pflegestelle betreut wird. Eine Bestellung der Pflegeperson als Vormund ist möglich, praktisch aber selten.[681] In den meisten Fällen wird das Jugendamt als Amtsvormund bestellt. Somit fallen in der gelebten Realität die tatsächliche Sorge und die rechtliche Verantwortung für das Kind regelmäßig auseinander. Vor diesem Hintergrund war der Gesetzgeber bestrebt, die Fürsorgepflichten des Vormunds für das Mündel hervorzuheben und die Rechtsstellung der Pflegeperson zu stärken.

Nach § 1796 Abs. 1 S. 1 BGB n.F. hat der Vormund auf die Belange der Pflegeperson Rücksicht zu nehmen und ihre Auffassung bei seinen Entscheidungen nach § 1796 Abs. 1 S. 2 BGB n.F. einzubeziehen. Außerdem besteht gemäß § 1796 Abs. 2 BGB n.F. in Verbindung mit § 1792 Abs. 2 BGB n.F. die Pflicht zu gegenseitiger Information und Zusammenarbeit. Eine zentrale Bedeutung hinsichtlich der Rechtsstellung der Pflegeeltern ist § 1777 BGB n.F. und § 1797 BGB n.F. beizumessen. Nach gegenwärtiger Rechtslage bestimmt sich der Umfang der Sorge des Vormunds für das Mündel gemäß § 1800 S. 1 BGB nach den §§ 1631 bis 1632 Abs. 4 S. 1 BGB. Folglich kann das Familiengericht den Verbleib des Kindes in der Pflegefamilie vor einer Herausnahme durch den Vormund zwar in gleichem Umfang sichern wie gegenüber den Herkunftseltern, §§ 1800 S. 1, 1632 Abs. 4 BGB. Nicht von § 1800 S. 1 BGB in Bezug genommen werden jedoch § 1630 Abs. 3 BGB und § 1688 BGB, sodass Regelungen zum sorgerechtlichen Verhältnis zwischen Vormund und Pflegeperson gegenwärtig fehlen. Hinsichtlich § 1688 BGB ist eine analoge Anwendung

---

680 Vgl. *Veit*, FamRZ 2016, 2045 (2052 ff.) m. w. N.; vgl. Salgo/Zenz, FamRZ 2009, 1378 (1384 f.) m. w. N.; vgl. *Hoffmann*, NZFam 2019, 1 (2 ff.).

681 Zu den Gründen im Einzelnen *Veit*, FamRZ 2021, 1501 (1503) m. w. N.; *Dürbeck*, in: Coester-Waltjen/Lipp/Schumann/Veit, Die große Vormundschaftsreform, S. 50 ff.

anerkannt.[682] Bezüglich § 1630 Abs. 3 BGB scheidet eine Analogie jedoch aufgrund des eindeutigen Wortlauts von § 1800 S. 1 BGB aus.[683] Über § 1688 BGB hinaus gehende Befugnisse können seitens des Vormunds somit lediglich durch Rechtsgeschäft übertragen und jederzeit widerrufen werden. In dieser Hinsicht war die gegenwärtige Rechtstellung der Pflegeperson bei unter Vormundschaft stehenden Pflegekindern reformierungsbedürftig.

2. Wesentliche Änderungen mit Blick auf die Familienpflege

Betreffend die Rechtsstellung der Pflegeperson sind die Regelungen der §§ 1777, 1797 BGB n.F. sowie die §§ 1792 Abs. 4, 1793 und 1796 BGB n.F. von besonderer Bedeutung.

a) § 1777 BGB n.F.

Im Rahmen des § 1777 Abs. 1 BGB n.F. kann das Familiengericht auf Antrag des Vormunds oder der Pflegeperson einzelne Sorgeangelegenheiten oder eine bestimmte Art von Sorgeangelegenheiten auf die Pflegeperson als Pfleger übertragen, wenn das Mündel seit längerer Zeit bei der Pflegeperson lebt oder bereits bei der Begründung des Pflegeverhältnisses eine persönliche Bindung zwischen dem Mündel und der Pflegeperson besteht (Nr. 1), die Pflegeperson oder der Vormund dem Antrag des jeweils anderen auf Übertragung zustimmt (Nr. 2) und die Übertragung dem Wohl des Mündels dient (Nr. 3). Die Regelung ist im Vormundschaftsrecht neu, entspricht jedoch im Wesentlichen § 1630 Abs. 3 BGB. Durch die Möglichkeit, Sorgeangelegenheiten vom Vormund auf die Pflegeperson zu übertragen, soll die Stellung der Pflegeperson mit gefestigter persönlicher Bindung zum Pflegekind gestärkt werden.[684]

Unterschiede im Vergleich zu § 1630 Abs. 3 BGB ergeben sich aus § 1777 Abs. 2 BGB n.F. Danach werden Sorgeangelegenheiten, deren Regelung

682 Vgl. *Salgo*, FamRZ 1999, 337 (344); *Veit*, in: Staudinger, BGB § 1793 Rn. 103, 105; *Schwab*, in: Coester-Waltjen/Lipp/Schumann/Veit, Die große Vormundschaftsreform, S. 20.

683 Vgl. *Kerscher*, in: BeckOGK, BGB § 1630 Rn. 53; *Baer*, FamRZ 1982, 221 (229); *Veit*, FamRZ 2021, 1501 (1503).

684 BT-Drucks. 19/24445, S. 192.

für das Mündel von erheblicher Bedeutung ist, der Pflegeperson lediglich zur gemeinsamen Wahrnehmung mit dem Vormund übertragen. Ob eine Angelegenheit von erheblicher Bedeutung ist, bemisst sich nach den zu § 1688 BGB dargestellten Grundsätzen.[685] Liegt diesen entsprechend eine Sorgeangelegenheit von erheblicher Bedeutung vor, ist die Pflegeperson an die Mitentscheidung des Vormunds gebunden, vgl. § 1792 Abs. 4 n.F.

Der Grund für die Beschränkung der Rechte der Pflegeperson gegenüber § 1630 Abs. 3 BGB ergibt sich daraus, dass ihr in der Konstellation des § 1777 BGB n.F. mit dem Vormund ein durch den Staat eingesetzter und durch das Familiengericht beaufsichtigter Amtsträger gegenübersteht.[686]

b) § 1797 BGB n.F.

Eine dem § 1688 BGB vergleichbare Regelung hat der Gesetzgeber in § 1797 BGB n.F. geschaffen. Nach § 1797 Abs. 1 S. 1 BGB n.F. ist die Pflegeperson, sofern das Mündel seit längerer Zeit bei ihr lebt, berechtigt, in Angelegenheiten des täglichen Lebens zu entscheiden und den Vormund insoweit zu vertreten. Darüber hinaus verweist § 1797 Abs. 1 S. 2 BGB n.F. auf die Notvertretungsbefugnis in § 1629 Abs. 1 S. 4 BGB. Nach § 1797 Abs. 3 BGB n.F. kann der Vormund die Befugnisse aus Abs. 1 durch Erklärung gegenüber der Pflegeperson einschränken oder ausschließen, sofern dies zum Wohl des Mündels erforderlich ist. Insoweit unterscheidet sich § 1797 BGB n.F. von der Regelung des § 1688 Abs. 3 S. 1 BGB, die eine Beschränkung oder einen Ausschluss von Sorgeangelegenheiten ohne Einschränkung ermöglicht.

Ferner hat der Gesetzgeber keine § 1688 Abs. 1 S. 2 BGB entsprechende Regelung in das Vormundschaftsrecht übernommen. Die Verwaltung des Arbeitsverdienstes und die Geltendmachung der in § 1688 Abs. 1 S. 2 BGB aufgeführten Leistungen verbleiben somit beim Vormund, in dessen Verantwortung diese Befugnisse als Teil der Vermögenssorge nach Auffassung des Gesetzgebers gehören.[687] Die Möglichkeit der Einschränkung der Befugnisse durch das Familiengericht nach § 1688 Abs. 3 S. 2 BGB wurde unter Verweis auf die Aufsichtsbefugnisse des Familiengerichts nicht über-

685 Vgl. Kapitel E. III. 2.

686 BT-Drucks. 19/24445, S. 193; vgl. *Veit*, FamRZ 2016, 2045 (2048); vgl. *Harm/Mix/Opitz/Pütz/Rotax/Rüting*, FamRZ 2012, 1849 (1850).

687 BT-Drucks. 19/24445, S. 210.

nommen.[688] Außerdem fehlt eine § 1688 Abs. 4 BGB entsprechende Regelung, da nach Ansicht des Gesetzgebers ein hinreichender Schutz durch die Möglichkeit einer Verbleibensanordnung nach §§ 1800 S. 1 BGB, 1632 Abs. 4 BGB n.F. in Verbindung mit den Aufsichtsbefugnissen des Familiengerichts besteht.[689]

c) §§ 1792, 1793 und 1796 BGB n.F.

Die Zusammenarbeit zwischen Vormund und Pflegeperson wird in § 1792 Abs. 4 BGB n.F. geregelt. Danach entscheiden Pflegeperson und Vormund in Angelegenheiten, für die ihnen die Sorge gemeinsam zusteht, in gegenseitigem Einvernehmen.

Nach § 1793 Abs. 1 Nr. 3 BGB n.F. entscheidet bei Meinungsverschiedenheiten zwischen Pflegeperson und Vormund das Familiengericht. Der dazu erforderliche Antrag kann gemäß Abs. 2 seitens des Vormunds, der Pflegeperson und des Mündels, sofern es das 14. Lebensjahr vollendet hat, gestellt werden. Im Unterschied zu § 1628 S. 1 BGB überträgt das Familiengericht nicht einem der Beteiligten die Entscheidung der hinsichtlich der Sorgeangelegenheit bestehenden Meinungsverschiedenheit, sondern entscheidet selbst in der Sache. Dabei trifft es im Rahmen seiner Sachentscheidungskompetenz jedoch keine eigene Lösung, sondern entscheidet zwischen den Meinungen der Streitenden.[690]

Aus § 1796 Abs. 1 BGB n.F. ergibt sich, dass der Vormund auf die Belange der Pflegeperson Rücksicht zu nehmen hat und die Auffassung der Pflegeperson bei Entscheidungen bezüglich der Personensorge einbeziehen soll. Darüber hinaus folgt aus dem Verweis in § 1796 Abs. 2 BGB n.F. auf § 1792 Abs. 2 BGB n.F. die Verpflichtung von Vormund und Pflegeperson zur gegenseitigen Information und Zusammenarbeit im Interesse des Mündels.

3. Bewertung der Reform

Die stärkere Teilhabe der Pflegeeltern an der Rechtsstellung des Vormunds durch die §§ 1777, 1797 BGB n.F. war dringend erforderlich. Insbesondere

688 BT-Drucks. 19/24445, S. 210; *Dürbeck*, FamRZ 2020, 1789 (1793).
689 BT-Drucks. 19/24445, S. 211; *Dürbeck*, FamRZ 2020, 1789 (1793).
690 So *Dürbeck*, FamRZ 2020, 1789 (1793).

bei länger bestehenden Pflegeverhältnissen entspricht es dem besonderen Schutzbedürfnis des Mündels, dass seine sozialen Eltern über hinreichende Sorgerechtskompetenzen verfügen. Zugunsten eines praktikablen, unbürokratisch organisierten Erziehungsalltags erscheint es sinnvoll, die Befugnisse der Pflegeperson im Verhältnis zum Vormund als gesetzliche Entscheidungs- und Vertretungsbefugnisse auszugestalten. Auf diese Weise ist eine am Wohl des Mündels orientierte Pflege und Erziehung auch in Fällen gewährleistet, in denen sie nicht auf Grundlage eines Pflegevertrages erfolgt.

Allerdings sind die §§ 1777, 1797 BGB n.F. in einigen Aspekten enger gefasst als die Bestimmungen der §§ 1630 Abs. 3, 1688 BGB. Nach § 1777 BGB n.F. können Angelegenheiten, die für das Mündel von erheblicher Bedeutung sind, nicht der ausschließlichen Verantwortung der Pflegeperson, sondern nur der gemeinsamen Wahrnehmung von Vormund und Pflegeperson übertragen werden. Dies läuft im Ergebnis auf eine Dreiteilung des Sorgerechts[691] zwischen Angelegenheiten, in denen allein die Pflegeperson entscheidet, solchen, in denen Pflegeperson und Vormund gemeinsam entscheiden und solchen, in denen der Vormund allein entscheidet, hinaus. Neben den dargestellten Abgrenzungsschwierigkeiten[692] kann dies zu Problemen führen, wenn nicht nur eine konkrete Angelegenheit, sondern ganze Sorgebereiche übertragen werden sollen, da diese meist, wie etwa Schulangelegenheiten oder die Gesundheitssorge, sowohl erhebliche Angelegenheiten als auch solche des täglichen Lebens umfassen. In diesem Fall entsteht durch die Übertragung des jeweiligen Sorgebereichs ein alleiniges Sorgerecht der Pflegeperson in Bezug auf die Angelegenheiten des täglichen Lebens und ein gemeinsames Sorgerecht hinsichtlich der Angelegenheiten von erheblicher Bedeutung.

Die Aufspaltung der sorgerechtlichen Befugnisse liegt darin begründet, dass der Gesetzgeber einen gewissen Einfluss des Vormunds auf Entscheidungen von erheblicher Bedeutung sicherstellen wollte. Bei der Vormundschaft handelt es sich um ein öffentliches, unter Beaufsichtigung des Familiengerichts stehendes Amt, das in den meisten Fällen durch das Jugendamt ausgeübt wird. Das Verhältnis zwischen Pflegeperson und Vormund ist strukturell somit durch ein hohes Maß an professioneller Kompetenz auf Seiten des Vormundes gekennzeichnet, das auf Seiten der leiblichen Eltern, die der Pflegeperson im Rahmen des § 1630 Abs. 3 BGB gegenüberstehen, in aller Regel fehlt.

---

691 So *Schwab*, in: Coester-Waltjen/Lipp/Schumann/Veit, Die große Vormundschaftsreform, S. 24; vgl. auch *Hoffmann*, NZFam 2019, 1 (3).

692 Dazu Kapitel E. III. 2.

Hierin liegt auch begründet, dass eine dem § 1688 Abs. 4 BGB vergleichbare Regelung in § 1797 BGB n.F. fehlt. Ein Ausschluss oder eine Einschränkung der Alltagssorgerechte der Pflegeperson durch den Vormund als Reaktion auf eine Verbleibensanordnung sind nicht zu erwarten. Insoweit erscheint der Schutz durch die Möglichkeit einer Verbleibensanordnung nach den §§ 1800 S. 1, 1632 Abs. 4 BGB in Verbindung mit den Aufsichtsbefugnissen des Familiengerichts ausreichend.

Eine § 1688 Abs. 1 S. 2 BGB entsprechende Regelung fehlt, da die Geltendmachung von Unterhalts-. Versicherungs-, Versorgungs- und sonstigen Sozialleistungen nach Auffassung des Gesetzgebers als Teil der Vermögenssorge in die Verantwortung des Vormunds gehört. Dem ist insoweit zuzustimmen, als der Vormund dem Familiengericht über diese Angelegenheiten Rechnung legen können muss. Sollte eine abweichende Regelung im Einzelfall sachdienlich erscheinen, kommt eine Übertragung der Sorgeangelegenheiten auf die Pflegeperson nach § 1777 BGB n.F. in Betracht.

Trotz dieser Einschränkungen erfährt die Rechtsstellung der Pflegeperson insgesamt eine deutliche Aufwertung. Die §§ 1792, 1796 BGB n.F. stärken die Zusammenarbeit zwischen Vormund und Pflegeperson, wobei den Belangen und der Auffassung der Pflegeperson zukünftig ein höheres Gewicht beizumessen ist. Die alleinige Entscheidungskompetenz der Pflegeperson auf dem Gebiet der Angelegenheiten des täglichen Lebens gewährleistet einen unbürokratischen, an dem Wohl des Mündels orientierten Familienalltag. Die Entscheidungskompetenzen werden dadurch aufgewertet, dass eine Einschränkung oder ein Ausschluss durch den Vormund unter dem Vorbehalt stehen, dass das Wohl des Mündels dies erfordert. Die gemeinsame Sorge über Angelegenheiten von erheblicher Bedeutung birgt zwar mit Blick auf die entstehenden Doppelkompetenzen und die erforderlichen Entscheidungsprozesse gewisse Risiken.[693] Unter Berücksichtigung der professionellen Kompetenz des Vormunds überwiegen jedoch die Vorteile, die sich aus der Verpflichtung zu beständiger Zusammenarbeit, Beratung und Information zugunsten des Mündels ergeben.

---

693 So *Schwab*, FamRZ 2020, 1321 (1323 f.).

K. Zusammenfassung und Ausblick

Das **Kapitel B** hat die Vielschichtigkeit von Gründen aufgezeigt, die dazu führen, dass Kinder fremdbetreut werden müssen. Die innerfamiliären Faktoren reichen von psychischen Krankheiten sowie Alkohol- und Substanzabhängigkeit bis zu Vernachlässigungen, schweren Misshandlungen und sexuellem Missbrauch. Einerseits wurden die gravierenden Belastungen deutlich, die für die betroffenen Kinder mit dem Verlust der elterlichen Erziehungsfähigkeit einhergehen. Andererseits zeigt der Blick auf die Herkunftsfamilie auch, dass der Ursprung von Kindeswohlgefährdungen bereits in den nachteiligen sozioökonomischen und biografischen Voraussetzungen der Familien begründet liegt. Eindimensionale Erklärungsversuche erscheinen verfehlt. Treffender lassen sich Kindeswohlgefährdungen als ein Geflecht aus kumulativ auftretenden Faktoren beschreiben, die sich gegenseitig bedingen und verstärken sowie letztlich in Lebensverhältnissen münden, die dem Kind nicht mehr zumutbar sind. Bereits diese Ausgangslage mag dazu beitragen, dass unterstützende Maßnahmen des Staates in der Praxis nur selten zu einer Wiederherstellung der Erziehungsfähigkeit der Eltern führen.

Kapitel C hat daher die Familienpflege als Staatsaufgabe beleuchtet und das Zusammenwirken des Jugendamtes mit den einzelnen Beteiligten aufgezeigt. Der Schwerpunkt des Kapitels lag auf den Rechten und Pflichten, die das Verhältnis des Jugendamtes zu den einzelnen Beteiligten prägen. Hinsichtlich der Herkunftseltern wurde deutlich, dass im Falle einer Kindeswohlgefährdung zwischen zwei Ausgangslagen der Inpflegenahme zu unterscheiden ist: der freiwilligen Inpflegegabe des Kindes und der Inpflegenahme gegen den Willen der Eltern, die nur in Form des Entzugs der elterlichen Sorge durch das Familiengericht möglich ist. Der Verfahrensablauf hängt entscheidend von dem Kooperationswillen der Eltern ab. Diese Unterscheidung ist für das Pflegekinderwesen prägend, da die Sorgerechtsverhältnisse einen erheblichen Einfluss auf Sicherheit und Stabilität des Pflegeverhältnisses entfalten können. Kommt es zu Auseinandersetzungen, muss das Jugendamt versuchen, zwischen den Beteiligten zu vermitteln und das Wohl der Kinder, die ihm kraft des staatlichen Wächteramtes anvertraut sind, in allen Phasen des Pflegeverhältnisses zu gewährleisten. Die dabei gewonnenen Erkenntnisse stellen für das Familiengericht im Rahmen seiner Entscheidungen eine wesentliche Erkenntnisquelle dar.

Kapitel D hat das dem Pflegekinderwesen den verfassungsrechtlichen Rahmen setzende Grundrechtsgeflecht behandelt. Von besonderer Bedeutung ist in diesem Zusammenhang das Elternrecht aus Art. 6 Abs. 2 S. 1 GG, das sich als einzige Rechtsposition der Beteiligten ausdrücklich in der Verfassung findet. Wesentlich ist das Verhältnis von Recht und Pflicht, das die elterliche Verantwortung für das Kind ausprägt. Die abwehrrechtliche Komponente des Elternrechts gewährleistet, dass die Eltern über die Pflege des Kindes sowie die Erziehungsinhalte, -mittel- und -ziele frei von staatlicher Einflussnahme bestimmen können. Ihre Grenze findet die Elternautonomie in der Elternpflicht, die bei einer missbräuchlichen Ausübung des Elternrechts das Wächteramt des Staates aktiviert. Entscheidet sich der Staat als Ultima ratio für die Trennung des Kindes von seiner Familie, ist dies nur unter den strengen Voraussetzungen des Art. 6 Abs. 3 GG möglich. Die hohen Anforderungen gelten jedoch nicht nur hinsichtlich der erstmaligen Trennung, sondern erstrecken sich über die gesamte Zeit des Pflegeverhältnisses, sodass auch das Umgangsrecht der Eltern sowie die Offenhaltung der Rückkehroption unter den Schutz des Art. 6 Abs. 3 GG fallen.

Letztlich ist nach der Rechtsprechung des Bundesverfassungsgerichts jedoch stets das Kindeswohl entscheidend. Maßgeblich ist die Grundrechtsposition des Kindes aus Art. 2 Abs. 1 in Verbindung mit Art. 1 Abs. 1 GG. Deren Schutzgewähr reicht je nach Lebenssituation des Kindes vom Schutz des Aufwachsens bei seinen leiblichen Eltern bis zur Unterbringung in einer Pflegefamilie oder vom Ausschluss des Umgangsrechts der Eltern bis zur Offenhaltung der Rückkehroption zu ihnen. Hingegen entfaltet das Grundrecht auf staatliche Gewährleistung der Pflege und Erziehung des Kindes durch seine Eltern seine größte Bedeutung, wenn die natürlichen Eltern in ihrer Möglichkeit, die Pflege- und Erziehungsaufgabe wahrzunehmen, eingeschränkt werden. Damit schützt das Gewährleistungsgrundrecht über die gesamte Zeit der Fremdbetreuung das kindliche Interesse am Umgang mit den leiblichen Eltern sowie an der Offenhaltung der Rückkehroption.

Schließlich sind auch die Pflegeeltern als Verband zumindest dann von Art. 6 Abs. 1 und 3 GG erfasst, wenn im Rahmen eines bereits seit längerer Zeit bestehenden Pflegeverhältnisses eine familienähnliche Eltern-Kind-Beziehung entstanden ist. In diesem Fall schützt die Verfassung das Interesse der Pflegeeltern gegen die Herausnahme des Pflegekindes sowie, falls die Begegnungen mit den Herkunftseltern das Pflegeverhältnis erheblich destabilisieren, gegen eine Fortsetzung der Umgangskontakte. Da es in gewissem Maße jedoch Teil des Pflegeverhältnisses ist, diese Belastungen auszuhalten, ist der Grundrechtsposition der Pflegeeltern im Vergleich zum Elternrecht ein geringes Gewicht beizumessen.

Die rahmensetzenden Grundrechte spiegeln sich in der einfachgesetzlichen Rechtssituation in Gestalt der §§ 1632 Abs. 4, 1684, 1688 und 1630 Abs. 3 BGB wider.

Kapitel E hat aufgezeigt, dass die Rechtsstellung der Pflegefamilie wesentlich durch die Auffassung geprägt ist, Pflegeverhältnisse seien institutionell zeitlich befristet. Neben dem starken Umgangsrecht zeigt sich dies vor allem in der Möglichkeit der sorgeberechtigten Herkunftseltern, das Kind herauszuverlangen oder die Entscheidungs- und Vertretungsbefugnisse der Pflegeeltern zu beschränken. Im Falle eines Herausgabeverlangens können sich die Pflegeeltern dessen erwehren, indem sie beim Familiengericht nach § 1632 Abs. 4 BGB den Erlass einer Verbleibensanordnung beantragen, die ihnen zugleich ein Mindestmaß an Entscheidungskompetenzen sichert, § 1688 Abs. 4 BGB. Voraussetzung ist jedoch, dass das Kindeswohl bei einer Rückführung gefährdet ist. Ist dies nicht ersichtlich, müssen die Pflegeeltern das Kind herausgeben.

Die **Kapitel F bis J** haben gezeigt, dass diese Rechtssituation reformierungsbedürftig ist. Bei einer Optimierung der Rechtslage sind dem Gesetzgeber jedoch mit Blick auf Kapitel D enge Grenzen gesetzt. Insbesondere besteht kein Gestaltungsspielraum zugunsten einer Anhebung der Vertretbarkeitsschwelle zur Kindeswohlgefährdung (**Kapitel G**). Gewisse Gestaltungsspielräume bestehen jedoch hinsichtlich einer Abschwächung des Befristungsdogmas (**Kapitel H**): Zwar ist es dem Gesetzgeber nicht möglich, Kinder, die von ihren leiblichen Eltern getrennt wurden und mit sehr hoher Wahrscheinlichkeit nicht wieder zurückgeführt werden können, von vornherein in einem Dauerpflegeverhältnis unterzubringen. Ein Gestaltungsspielraum besteht jedoch dahingehend, bereits lange bestehende Pflegeverhältnisse rechtlich abzusichern und die Rückkehroption dauerhaft auszuschließen. Der Unterschied besteht in den zwischenzeitig erwachsenen Bindungen zwischen dem Pflegekind und seinen neuen Bezugspersonen, welche im Rahmen langfristig bestehender Pflegeverhältnisse in aller Regel längst zu den sozialen Eltern des Kindes geworden sind. Das Grundgesetz misst Bindungen zwischen Eltern und Kind ein hohes Gewicht bei und stellt in Art. 6 Abs. 3 GG klar, dass es diesbezüglich nicht an die genetische, sondern die soziale Elternschaft anknüpft. In Verbindung mit der Rechtsprechung des Bundesverfassungsgerichts, dass „oberste Richtschnur" einer Entscheidung im Bereich der Familienpflege letztlich stets das Kindeswohl sein müsse, ist ein Gestaltungsspielraum des Gesetzgebers dahingehend anzunehmen, in bestimmten Fällen eine Durchbrechung des Befristungsdogmas zu ermöglichen.

Die Möglichkeit zu schaffen, bereits langfristig bestehende Pflegeverhältnisse verbindlich abzusichern, bedeutete für die betroffenen Pflegefamilien einen erheblichen Mehrwert. Insbesondere für den hohen Anteil an traumatisierten Kindern stellt ein erneuter Bindungsabbruch eine der schwersten Kindeswohlbeeinträchtigungen dar. Den im Zeitablauf wachsenden Bindungen stünde gleichlaufend eine zunehmende rechtliche Absicherung des Pflegeverhältnisses gegenüber. Daher sollte **§ 1632 Abs. 5 BGB-E** wie folgt implementiert werden:

> Das Familiengericht kann das Verbleiben des Kindes in der Pflegefamilie ausnahmsweise auf Dauer anordnen, wenn das Kind langfristig in Familienpflege lebt und sofern dies dem Wohl des Kindes entspricht.

Dieser Regelungsvorschlag geht über die vorgestellte Neuregelung in § 1632 Abs. 4 S. 2 BGB n.F. hinaus. Der Gesetzgeber hätte hinsichtlich langfristig bestehender Pflegeverhältnisse durchaus einen Gestaltungsspielraum, die tatsächlichen Lebensverhältnisse zu typisieren und dem Interesse des Kindes an den entstandenen Bindungen gegenüber dem Elternrecht in dieser Situation dauerhaft den Vorrang zu gewähren. Im Übrigen aber sind durch das KJSG positive Auswirkungen auf das Bedürfnis des Kindes nach Stabilität und Kontinuität zu erwarten.

Der Gestaltungsspielraum des Gesetzgebers bezüglich des Umgangsrechts der leiblichen Eltern ist sehr begrenzt (**Kapitel I**). Dies liegt neben dem hohen verfassungsrechtlichen Gewicht nach Art. 6 Abs. 2 und 3 GG vor allem an der Heterogenität der Betreuungssituationen, die sich durch schematische Lösungsansätze nicht adäquat abbilden lässt. Zumindest ist jedoch auch mit Blick auf das Umgangsrecht ein gewisser Gestaltungsspielraum hinsichtlich bereits langfristig bestehender Pflegeverhältnisse anzunehmen. Da der Umgang aufgrund der entstandenen Bindungen tatsächlich nicht mehr geeignet ist, die Rückkehroption offenzuhalten, ist ihm ein deutlich geringeres verfassungsrechtliches Gewicht beizumessen. Zulasten des Kontaktbedürfnisses der Eltern allein ließen sich die Umgangsintervalle weiter fassen, sofern es dem Kindeswohl entspricht. Eine entsprechende Änderung könnte durch **§ 1684 Abs. 4 S. 5 BGB-E** erfolgen:

> Hat das Familiengericht nach § 1632 Abs. 5 das dauerhafte Verbleiben des Kindes in der Pflegefamilie angeordnet, kann das Familiengericht das Umgangsrecht beschränken oder ausschließen, soweit dies zum Wohl des Kindes erforderlich ist.

Darüber hinaus sollte gewährleistet werden, dass die Pflegeeltern über hinreichende Entscheidungs- und Vertretungsbefugnisse verfügen, um den pädagogischen Anforderungen des Pflegeverhältnisses gerecht werden zu können (**Kapitel J**). Das Gesetz zur Reform des Vormundschafts- und Betreuungsrechts erweitert die Befugnisse der Pflegeeltern bei unter Vormundschaft stehenden Kindern. Mit Blick auf die Fälle, in denen das Pflegeverhältnis bereits langfristig besteht und das Sorgerecht bei den Eltern verblieben ist, sollte die Implementierung eines **§ 1630 Abs. 3 S. 4 BGB-E** wie folgt erwogen werden:

> Das Familiengericht kann von Amts wegen oder auf Antrag der Pflegeperson auch ohne die Zustimmung der Eltern Teile der elterlichen Sorge übertragen, wenn das Kind langfristig in der Pflegefamilie lebt und die Übertragung dem Wohl des Kindes entspricht.

Durch diese Reformvorschläge könnten zumindest bereits seit längerer Zeit bestehende Pflegeverhältnisse verbindlich abgesichert werden. Hierfür besteht mit Blick darauf, dass lediglich bei einem geringen Teil der Pflegeverhältnisse eine Rückführung tatsächlich gelingt, ein erhebliches **praktisches Bedürfnis.**

Darüber hinaus ist zu berücksichtigen, dass Pflegeeltern ein Ehrenamt im besonderen Interesse der Gesellschaft ausüben, das Anerkennung und Wertschätzung verdient. Zwar ist nicht innerhalb jeder Pflegefamilie eine an den Interessen des Kindes ausgerichtete Pflege und Erziehung zu erwarten. Sie stellt aber gesamtheitlich für viele Kinder einen ganz erheblichen Mehrwert gegenüber der Heimerziehung oder dem Aufwachsen in der Herkunftsfamilie dar. Der sozialen Unterstützung, Fürsorge und Inklusion dieser Kinder muss eine solidarische Gesellschaft eine hohe Bedeutung beimessen.

Pflegeeltern stehen in Deutschland jedoch in viel zu geringem Maße zur Verfügung. Daher liegt es in der Verantwortung der Politik, den Blick auf die schwierige Gewinnung neuer Pflegeeltern zu richten und sich darum zu bemühen, dass potenzielle Pflegeeltern häufiger bereit sind, ein Kind aufzunehmen. Die derzeitige Rechtssituation ermöglicht es auch dann, wenn das Kind über einen langen Zeitraum in der Pflegefamilie lebt, kaum, eine gemeinsame Perspektive zu entwickeln und ein Mindestmaß an Rechtssicherheit und -klarheit zu gewährleisten. Könnte den potenziellen Pflegeeltern vermittelt werden, dass die drohenden Auseinandersetzungen und Konflikte mit den Herkunftseltern zwar als Teil des Pflegeverhältnisses auszuhalten sind, aber zumindest im Zeitablauf abnehmen, wäre eine günstige Wirkung auf die Gewinnung neuer Pflegeeltern zu erwarten.

Bedenken, dass das eigentliche Ziel in Form der vollverantwortlichen Adoption durch die Verstetigung langfristig bestehender Pflegeverhältnisse erschwert werden könnte, sind nicht völlig von der Hand zu weisen. Da es jedoch faktisch nur selten zu einer Adoption kommt, sind andere Mittel und Wege zu finden, um von Kontinuität geprägte Bedingungen des Aufwachsens zu ermöglichen. Im Mittelpunkt sollte letztlich das Bemühen stehen, die Lebenswirklichkeit der betroffenen Kinder zu verbessern. Die Erkenntnisse der Pädagogik und Bindungspsychologie sollte der Gesetzgeber mit Blick auf seine verfassungsrechtliche Schutzverantwortung für die Kinder als seinen rechtspolitischen Handlungsauftrag verstehen.

Literaturverzeichnis

Afonso da Silva, Virgílio, Grundrechte und gesetzgeberische Spielräume, Baden-Baden 2003

Afonso da Silva, Virgílio, Prinzipientheorie, Abwägungskompetenzen und Gewaltenteilung, in: Sieckmann, Jan-Reinard, Die Prinzipientheorie der Grundrechte – Studien zur Grundrechtstheorie Robert Alexys, Baden-Baden 2007

Alexy, Robert, Theorie der Grundrechte, Baden-Baden 1985

Alexy, Robert, Die Gewichtsformel, in: Jickeli, Joachim/Kreutz, Peter/Reuter, Dieter, Gedächtnisschrift für Jürgen Sonnenschein, Berlin 2003, S. 771–792

Alexy, Robert, Verfassungsrecht und einfaches Recht – Verfassungsgerichtsbarkeit und Fachgerichtsbarkeit, in: VVDStRL 61 (2002), S. 7–30

Alexy, Robert, Zur Struktur der Grundrechte auf Schutz, in: Sieckmann, Jan-Reinard, Die Prinzipientheorie der Grundrechte – Studien zur Grundrechtstheorie Robert Alexys, Baden-Baden 2007, S. 105–121

Amato, Paul R./Gilbreth, Joan G., Nonresident Fathers and Children's Well-Being: A Meta-Analysis, in: Journal of Marriage and Family 61 (1999), S. 557–573

Aulehner, Josef, Grundrechte und Gesetzgebung, Tübingen 2011

Badura, Peter, Staatsrecht – Systematische Erläuterung des Grundgesetzes für die Bundesrepublik Deutschland, 7. Auflage, München 2018

Baer, Ingrid, Die neuen Regelungen der Reform des Rechts der elterlichen Sorge für das "Dauerpflegekind", in: FamRZ 1982, S. 221–234

Balloff, Rainer, Kindeswohlgefährdungen durch Herausnahme des Kindes aus dem Elternhaus und bei Wegnahme aus der Pflegefamilie, in: FPR 2013, S. 208–213

Balloff, Rainer, Kinder in Pflegefamilien – Familienrechtspsychologische Annahmen zur Frage des Verbleibs des Kindes in der Pflegefamilie oder seiner Rückkehr in die Herkunftsfamilie, in: NZFam 2014, S. 769–773

Balloff, Rainer, Rückführung des Kindes in die Herkunftsfamilie oder Verbleibensanordnung nach § 1632 IV BGB aus familienrechtspsychologischer Sicht?, in: FPR 2004, S. 431–437

Balloff, Rainer, Kinder vor dem Familiengericht – Praxishandbuch zum Schutz des Kindeswohls unter rechtlichen, psychologischen und pädagogischen Aspekten, 3. Auflage, Baden-Baden 2018

Bathke, Sigrid A./Bücken, Milena/Fiegenbaum, Dirk, Praxisbuch Kinderschutz interdisziplinär – Wie die Kooperation von Schule und Jugendhilfe gelingen kann, Wiesbaden 2019

Bäumer, Gertrud/Becker, Hans/Hartmann, Rudolf, Das Reichsgesetz für Jugendwohlfahrt – auf Grund amtlichen Materials herausgegeben, Berlin 1923

Behrends, Okko/Schumann, Eva, Gesetzgebung, Menschenbild und Sozialmodell im Familien- und Sozialrecht, Berlin 2008

Ben-Arieh, Asher/Casas, Ferran/Frønes, Ivar/Korbin, Jill E., Handbook of Child Well-Being – Theories, Methods and Policies in Global Perspective, Dordrecht 2014

Berzewski, Horst, Suchterkrankungen, in: FPR 2003, S. 312–315

Bettermann, Karl August/Nipperdey, Hans Carl/Scheuner, Ulrich, Die Grundrechte – Handbuch der Theorie und Praxis der Grundrechte, Band IV/1, Berlin 1960

Bickenbach, Christian, Die Einschätzungsprärogative des Gesetzgebers – Analyse einer Argumentationsfigur in der (Grundrechts-)Rechtsprechung des Bundesverfassungsgerichts, Tübingen 2014

Blandow, Jürgen, Pflegekinder und ihre Familien – Geschichte, Situation und Perspektiven des Pflegekinderwesens, Weinheim, München 2004

Böckenförde, Ernst-Wolfgang, Elternrecht – Recht des Kindes – Recht des Staates. Zur Theorie des verfassungsrechtlichen Elternrechts und seiner Auswirkung auf Erziehung und Schule, in: Krautscheidt, Joseph/Marré, Heiner, Essener Gespräche zum Thema Staat und Kirche 14, Aschendorff, Münster 1980, S. 54–98

Bohus, Martin/Kröger, Christoph, Psychopathologie und Psychotherapie der Borderline-Persönlichkeitsstörung – Zum gegenwärtigen Stand der Forschung, in: Der Nervenarzt 2011 (Vol. 82), S. 16–24

Böker, Heinz, Psychoanalyse und Psychiatrie – Geschichte, Krankheitsmodelle und Therapiepraxis, Heidelberg 2006

Borowski, Martin, Grundrechte als Prinzipien, 3. Auflage, Baden-Baden 2018

Borowski, Martin, Abwehrrechte als grundrechtliche Prinzipien, in: Sieckmann, Jan-Reinard, Die Prinzipientheorie der Grundrechte – Studien zur Grundrechtstheorie Robert Alexys, Baden-Baden 2007, S. 81–104

Bovenschen, Ina/Spangler, Gottfried, Wer kann Bindungsfigur eines Kindes werden? – Bindungsbeziehungen in verschiedenen Kontexten, in: FPR 2013, S. 187–191

Bradshaw, Jonathan/Richardson, Dominic, An Index of Child Well-Being in Europe, in: Child Indicators Research 2009 (Vol. 2), S. 319–351

Brakemeier, Eva-Lotta/Schramm, Elisabeth/Hautzinger, Martin, Chronische Depression, Göttingen 2012

Bringewat, Peter, Die Abschätzung des Gefährdungsrisikos gem. § 8a Abs. 1 S 1 SGB VIII – (Reform-)gesetzliche Steine statt Brot?!, in: ZKJ 2008, S. 297–302

Brisch, Karl Heinz, Die vier Bindungsqualitäten und die Bindungsstörungen, in: FPR 2013, S. 183–186

Brisch, Karl Heinz, Bindung und Trauma – Schutz- und Risikofaktoren für die Entwicklung von Kindern, in: Stiftung zum Wohl des Pflegekindes, Bindung und Trauma – Konsequenzen in der Arbeit für Pflegekinder – Tagungsdokumentation der 16. Jahrestagung der Stiftung zum Wohl des Pflegekindes am 30. Mai 2005 in Magdeburg, 2. Auflage, Idstein 2008, S. 13–41

Britz, Gabriele, Kindesgrundrechte und Elterngrundrecht: Fremdunterbringung von Kindern in der verfassungsrechtlichen Kontrolle, in: FamRZ 2015, S. 793–798

Britz, Gabriele, Anforderungen an familiengerichtliche Entscheidungen im Kinderschutz, in: JAmt 2015, S. 286–290

Britz, Gabriele, Kinderschutz – aktuelle verfassungsrechtliche Leitlinien, in: NZFam 2016, S. 1113–1118

Britz, Gabriele, Das Grundrecht des Kindes auf staatliche Gewährleistung elterlicher Pflege und Erziehung – jüngere Rechtsprechung des Bundesverfassungsgerichts, in: JZ 2014, S. 1069–1074

Britz, Gabriele, Pflegekindverhältnisse zwischen zeitlicher Befristung und dauerhafter Lebensperspektive aus Sicht des Bundesverfassungsgerichts, in: Coester-Waltjen, Dagmar/Lipp, Volker/Schumann, Eva/Veit, Barbara, Das Pflegekindverhältnis – zeitlich befristete oder dauerhafte Lebensperspektive für Kinder?, Göttingen 2014, S. 11–19

Bumiller, Ursula/Harders, Dirk/Schwamb, Werner, FamFG – Gesetz über das Verfahren in Familiensachen und in den Angelegenheiten der freiwilligen Gerichtsbarkeit, 12. Auflage, München 2019

Bundesministerium für Familie, Senioren, Frauen und Jugend, *Scheiwe, Kirsten/Schuler-Harms, Margarete/Walper, Sabine/Fegert, Jörg M.*, Pflegefamilien als soziale Familien, ihre rechtliche Anerkennung und aktuelle Herausforderungen, Berlin 2016

Büttner, Peter/Wiesner, Reinhard, Zur Umsetzung des Schutzauftrags nach § 8a SGB VIII in der Praxis – Erfahrungen aus der praktischen Arbeit und der Fortbildung, in: ZKJ 2008, S. 292–297

Cappenberg, Martina, Das Bindungs- und Beziehungserleben von Pflegekindern, in: Coester-Waltjen, Dagmar/Lipp, Volker/Schumann, Eva/Veit, Barbara, Das Pflegekindverhältnis – zeitlich befristete oder dauerhafte Lebensperspektive für Kinder?, Göttingen 2014, S. 21–32

Cappenberg, Martina, Besuchskontakte vor dem Hintergrund der Bindungstheorie: Möglichkeiten und Grenzen dieser Theorie, zum Verständnis der Situation von Pflegekindern beizutragen, in: Stiftung zum Wohl des Pflegekindes, 3. Jahrbuch des Pflegekinderwesens – Kontakte zwischen Pflegekind und Herkunftsfamilie, 3. Auflage, Idstein 2009, S. 69–96

Cirullies, Michael, Neue Gesetzesregelungen zum Kinderschutz und in Gewaltschutzsachen – Teil 1, in: FamRB 2021, S. 346–348

Clemens, Vera/Berthold, Oliver/Fegert, Jörg M./Kölch, Michael, Kinder psychisch erkrankter Eltern – Auch ein Thema im Rahmen des Kinderschutzes, in: Der Nervenarzt, 2018 (Vol. 89), S. 1262–1270

Coester, Michael, Das Kindeswohl als Rechtsbegriff, Frankfurt am Main 1983

Coester, Michael, Inhalt und Funktionen des Begriffs der Kindeswohlgefährdung – Erfordernis einer Neudefinition, in: Lipp, Volker/Schumann, Eva/Veit, Barbara, Kindesschutz bei Kindeswohlgefährdung – neue Mittel und Wege?, Göttingen 2008, S. 19–43

Coester, Michael, Verfassungsrechtliche Vorgaben für die gesetzliche Ausgestaltung des Sorgerechts nicht miteinander verheirateter Eltern, in: FPR 2005, S. 60–65

Coester, Michael, Kindeswohlgefährdung: Anforderungen an die Gefährdung aus juristischer Sicht, in: NZFam 2016, S. 577–580

Coester, Michael, Elternautonomie und Staatsverantwortung bei der Pflege und Erziehung von Kindern, in: FamRZ 1996, S. 1191–1187

Depenheuer, Otto/Grabenwarter, Christoph, Verfassungstheorie, Tübingen 2010

Dern, Susanne/Köckeritz, Christine, Hin und her und her und hin? Wann stellt sich der Gesetzgeber endlich den Reformbedarfen im Pflegekinderwesen?, in: RdJB 2018 (Heft 2), S. 149–159

Dettenborn, Harry, Kindeswohl und Kindeswille – Psychologische und rechtliche Aspekte, 4. Auflage, München 2014

Dettenborn, Harry, Die Beurteilung der Kindeswohlgefährdung als Risikoentscheidung, in: FPR 2003, S. 293–299

Dettenborn, Harry/Walter, Eginhard, Familienrechtspsychologie, 3. Auflage, München 2016

Deutscher Bundestag, Bundesarchiv, Der Parlamentarische Rat 1948–1949 – Akten und Protokolle – Band 5/II: Ausschuß für Grundsatzfragen, Boppard am Rhein 1993

Deutscher Bundestag, Bundesarchiv, Der Parlamentarische Rat 1948–1949 – Akten und Protokolle – Band 7: Entwürfe zum Grundgesetz, Boppard am Rhein 1995

Diederichsen, Uwe, Zur Reform des Eltern-Kind-Verhältnisses, in: FamRZ 1978, S. 461–474

Diouani-Streek, Mériem, Perspektivplanung von Pflegeverhältnissen (§§ 33, 37 SGV VIII): Onlinestudie in deutschen Jugendämtern, in: Zeitschrift für Sozialpädagogik 2011, Ausgabe 2, S. 115–142

Diouani-Streek, Mériem, Kontinuität im Kinderschutz – Perspektivplanung für Pflegekinder, Berlin 2014

Diouani-Streek, Mériem, Möglichkeiten, Grenzen und Weiterentwicklungsbedarfe der Kontinuitätssicherung für gefährdete Kinder in Deutschland, in: Stiftung zum Wohl des Pflegekindes, Wie Pflegekindschaft gelingt – 6. Jahrbuch des Pflegekinderwesens, Idstein 2014, S. 147–179

Diouani-Streek, Mériem/Salgo, Ludwig, Probleme sozialer Elternschaft für Pflegeeltern und Vorschläge zu ihrer rechtlichen Anerkennung, in: RdJB 2016 (Heft 2), S. 176–193

Diouani-Streek, Mériem, Von der Norm zum Einzelfall – Notwendige Konsequenzen für die Umgangspraxis im Pflegekinderwesen, in: Stiftung zum Wohl des Pflegekindes, 3. Jahrbuch des Pflegekinderwesens – Kontakte zwischen Pflegekind und Herkunftsfamilie, 3. Auflage, Idstein 2009, S. 171–192

Dreier, Horst, Grundgesetz-Kommentar, 3. Auflage, Tübingen 2013

Drerup, Johannes/Schweiger, Gottfried, Handbuch Philosophie der Kindheit, Berlin 2019

Dürbeck, Werner, Neue Personensorge und ihre Herausforderungen für die Familiengerichte, in: Coester-Waltjen, Dagmar/Lipp, Volker/Schumann, Eva/Veit, Barbara, Die große Vormundschaftsreform, Göttingen 2019, S. 47–64

Dürbeck, Werner, Der Gesetzesentwurf der Bundesregierung zur Reform des Vormundschafts- und Betreuungsrechts v. 25.9.2020 – Das neue Vormundschaftsrecht im Bereich der Personensorge, in: FamRZ 2020, S. 1789–1796

Engelmann, Hans, Das Reichsgesetz für Jugendwohlfahrt – Eine Einführung von Landgerichtspräsident Dr. Engelmann, Schweidnitz, Freiburg im Breisgau 1923

Epping, Volker/Hillgruber, Christian, BeckOK Grundgesetz, 46. Edition, Stand 15.02.2021, München 2021

Erbguth, Wilfried, Und der Gesetzgeber schuldet wirklich nichts als das Gesetz?, in: JZ 2008, S. 1038–1042

Erman, Walter, Bürgerliches Gesetzbuch, 16. Auflage, Köln 2020

Eschelbach, Diana, Expertise zu den Forderungen nach rechtlichen Reformen – Stand: 09.11.2015, Frankfurt am Main 2015

Eschelbach, Diana, Die Instrumente der Hilfeplanung des Jugendamtes nach §§ 36, 37 SGB VIII, in: Coester-Waltjen, Dagmar/Lipp, Volker/Schumann, Eva/Veit, Barbara, Das Pflegekindverhältnis – zeitlich befristete oder dauerhafte Lebensperspektive für Kinder?, Göttingen 2014, S. 33–42

Evers, Hans-Ulrich, Die Befugnis des Staates zur Festlegung von Erziehungszielen in der pluralistischen Gesellschaft, in: Rauscher, Anton, Soziale Orientierung, Band 1, Berlin 1979

Fegert, Jörg M., Wann ist der begleitete Umgang, wann ist der Ausschluss des Umgangs indiziert?, in: FPR 2002, S. 219–225

Fegert, Jörg M./Kliemann, Andrea, Das Verständnis von Bindung in Entwicklungspsychologie, Entwicklungspsychopathologie und Familienrecht – Zirkelschlüsse und Missverständnisse, in: Götz, Isabell/Schwenzer, Ingeborg/Seelmann, Kurt/Taupitz, Jochen, Familie – Recht – Ethik – Festschrift für Gerd Brudermüller zum 65. Geburtstag, München 2014, S. 173–188

Fellenberg, Barbara, Entwurf eines Gesetzes zur Erleichterung familiengerichtlicher Maßnahmen bei Gefährdung des Kindeswohls, in: FPR 2008, S. 125–129

Fichtl, Franz, Reichsgesetz für Jugendwohlfahrt – mit den Ausführungsgesetzen sämtlicher Länder, 2. Auflage, München 1926

Fichtner, Jörg/Fthenakis, Wassilios E., Der begleitete Umgang gemäß § 1684 IV BGB: Wie wirken mitwirkungsbereite Dritte mit? – Ergebnisse einer bundesweiten Richterbefragung zur Kooperation zwischen Familiengerichten, Jugendämtern und Maßnahmeanbietern beim begleiteten Umgang, in: FPR 2002, S. 231–236

Fleig, Paul, Das Elternrecht im Bonner Grundgesetz, Freiburg 1953

Friauf, Karl Heinrich/Höfling, Wolfram, Berliner Kommentar zum Grundgesetz, Band 1, 66. Aktualisierung, Berlin 2000

Gaebel, Wolfgang/Wölwer, Wolfgang, Robert Koch-Institut, Gesundheitsberichterstattung des Bundes: Schizophrenie (Heft 50), Berlin 2010

Gastpar, Markus/Müller, Walter E., Depressionen – Versorgungsstrukturen und Behandlungsperspektiven, Berlin, Heidelberg 2002

Gehrmann, Jochen/Sumargo, Sabrina, Kinder psychisch kranker Eltern, in: Monatsschrift Kinderheilkunde 2009 (157), S. 383–394

Gernhuber, Joachim, Kindeswohl und Elternwille, in: FamRZ 1973, S. 229–244.

Gernhuber, Joachim/Coester-Waltjen, Dagmar: Familienrecht, 7. Auflage, München 2020

Gierke, Otto v., Der Entwurf eines bürgerlichen Gesetzbuchs und das deutsche Recht, Leipzig 1889

Gleißl, Renate/Suttner, Bernhard, Zur Rechtsstellung der Pflegeeltern nach neuem Recht, in: FamRZ 1982, S. 122–127

Goldberg, Brigitta/Schorn, Ariane, Kindeswohlgefährdung: Wahrnehmen – Bewerten – Intervenieren – Beiträge aus Recht, Medizin, Sozialer Arbeit, Pädagogik und Psychologie, Opladen, Farmington Hills 2011

Gottschalk, Yvonne/Heilmann, Stefan, Zu den Voraussetzungen eines Ausschlusses des Umgangs der leiblichen Eltern mit ihrem in einer Pflegefamilie lebenden Kind, in: ZKJ 2013, S. 113–114

Groß, Gerlinde, Die Stellung der Pflegeeltern im Grundgesetz und im Zivilrecht, in: FPR 2004, S. 411–415

Grossmann, Karin, Bindung und empfundene Zugehörigkeit, in: Stiftung zum Wohl des Pflegekindes, 5. Jahrbuch des Pflegekinderwesens, Grundbedürfnisse von Kindern – Vernachlässigte und misshandelte Kinder im Blickfeld helfender Instanzen, Idstein 2009, S. 15–34

Gsell, Beate/Krüger, Wolfgang/Lorenz, Stephan/Reymann, Christoph, beck-online. Großkommentar, München 2021

Gusy, Christoph, Parlamentarischer Gesetzgeber und Bundesverfassungsgericht, Berlin 1985

Häberle, Peter, Erziehungsziele und Orientierungswerte im Verfassungsstaat, Freiburg, München 1981

Habermas, Jürgen, Faktizität und Geltung – Beiträge zur Diskurstheorie des Rechts und des demokratischen Rechtsstaats, 4. Auflage, Frankfurt am Main 1994

Häfele, Günter, Seelisch erkrankte Eltern und Kindeswohlgefährdung, in: FPR 2003, S. 307–312

Häfner, Heinz/Maurer, Kurt/an der Heiden, Wolfram, Schizophrenie – eine einheitliche Krankheit? Ergebnisse aus 25 Jahren ABC-Studie, in: Der Nervenarzt 2013 (Vol. 84), S. 1093–1103

Hardenberg, Oliver, Konsequenzen für die Pflegeeltern – Übertragung traumatischer Bindungs- und Beziehungserfahrungen in die Pflegefamilie – Anforderungen an Pflegeeltern und notwendige Unterstützung, in: Stiftung zum Wohl des Pflegekindes, Bindung und Trauma – Konsequenzen in der Arbeit für Pflegekinder – Tagungsdokumentation der 16. Jahrestagung der Stiftung zum Wohl des Pflegekindes am 30. Mai 2005 in Magdeburg, 2. Auflage, Idstein 2008, S. 85–101

Harm, Uwe/Mix, Bernd/Opitz, Jutta/Pütz, Hans-Werner/Rotax, Horst-Heiner/Rüting, Wolfgang, Amtsvormundschaft und Familiengericht im Spannungsfeld der unterschiedlichen Aufgabenwahrnehmung vor dem Hintergrund der Vormundschaftsreform, in: FamRZ 2012, S. 1849–1854

Hassenstein, Helma/Hassenstein, Bernhard, Eltern-Kind-Beziehungen in der Sicht der Verhaltensbiologie – Folgerungen für Pflegeeltern und Pflegekinder, in: Stiftung zum Wohl des Pflegekindes, 3. Jahrbuch des Pflegekinderwesens – Kontakte zwischen Pflegekind und Herkunftsfamilie, 3. Auflage, Idstein 2009, S. 49–68

Hau, Wolfgang/Poseck, Roman, BeckOK BGB, 57. Edition, Stand: 01.02.2021, München 2021

Hauck, Karl/Nofzt, Wolfgang, Sozialgesetzbuch SGB VIII: Kinder- und Jugendhilfe, Werkstand 1/21, Berlin 2021

Heilmann, Stefan, Der Umgang des Pflegekindes mit seinen leiblichen Eltern, in: ZKJ 2014, S. 48–54

Heilmann, Stefan, Der Umgang des Pflegekindes mit seinen leiblichen Eltern – ein Beitrag aus Sicht des Familiengerichts, in: Coester-Waltjen, Dagmar/Lipp, Volker/Schumann, Eva/Veit, Barbara, Das Pflegekindverhältnis – zeitlich befristete oder dauerhafte Lebensperspektive für Kinder?, Göttingen 2014, S. 89–106

Heilmann, Stefan/Salgo, Ludwig, Sind Pflegekinder nicht (mehr) schutzwürdig?, in: FamRZ 2014, S. 705–711

Heiß, Thomas Alexander, Die Stellung von Eltern und Kind in der Judikatur des BVerfG, in: NZFam 2015, S. 491–493

Hermann, Ute/Dietrich, Peter S., Psychische Probleme und Suchterkrankungen des Umgangsberechtigten, in: NZFam 2018, S. 500–509

Hesse, Konrad, Verfassungsrechtsprechung im geschichtlichen Wandel, in: JZ 1995, S. 265–273

Hilgenfeldt, Erich, Idee der nationalsozialistischen Wohlfahrtspflege, München, Berlin 1937

Himpel, Sunke/Hüther, Gerald, Auswirkungen emotionaler Verunsicherungen und traumatischer Erfahrungen auf die Hirnentwicklung, in: Stiftung zum Wohl des Pflegekindes, 3. Jahrbuch des Pflegekinderwesens – Kontakte zwischen Pflegekind und Herkunftsfamilie, 3. Auflage, Idstein 2009, S. 109–123

Hoffmann, Birgit, Dauerpflege im SGB VIII und Verbleibensanordnung nach § 1632 VI BGB – Friktionen zwischen Familienrecht und Kinder- und Jugendhilferecht, in: FPR 2011, S. 578–582

Hoffmann, Birgit, Elterliche Sorge bei Unterbringung eines Kinds außerhalb der Herkunftsfamilie, insbesondere bei Unterbringung in einer Pflegefamilie, in: NZFam 2019, S. 1–6

Hoffmann, Birgit, Rechtliche Handlungsmöglichkeiten und -grenzen bei Anzeichen einer Kindeswohlgefährdung aufgrund Informationen Dritter, in: Haller, Siegfried/Fabian, Thomas, Gefährdete Kinder. Was tun? – Gefährdung des Kindeswohls und Wächteramt des Staates, Münster 2003, S. 195–205

Hohmann-Dennhardt, Christine, Kindeswohl und Elternrecht – Rechtsverhältnis von Eltern und Kindern, in: FPR 2008, S. 476–477

Horn, Klaus-Peter/Link, Jörg Werner, Erziehungsverhältnisse im Nationalsozialismus – Totaler Anspruch und Erziehungswirklichkeit, Bad Heilbrunn 2011

Huch, Ricarda, Römisches Reich deutscher Nation, Berlin 1934

Hufen, Friedhelm, Grundrechte: Kindeswohl und Elternrecht, in: JuS 2011, S. 375–377

Huster, Ernst-Ulrich/Boeckh, Jürgen/Mogge-Grotjahn, Hildegard, Handbuch Armut und soziale Ausgrenzung, 3. Auflage, Wiesbaden 2018

Isenmann, Eberhard, Die deutsche Stadt im Mittelalter 1150–1550 – Stadtgestalt, Recht, Verfassung, Stadtregiment, Kirche, Gesellschaft, Wirtschaft, 2. Auflage, Wien, Köln, Weimar 2014

Isensee, Josef/Kirchhof, Paul, Handbuch des Staatsrechts der Bundesrepublik Deutschland, Band VII Freiheitsrechte, 3. Auflage, Heidelberg 2009

Isensee, Josef/Kirchhof, Paul, Handbuch des Staatsrechts der Bundesrepublik Deutschland, Band IX Allgemeine Grundrechtslehren, 3. Auflage, Heidelberg 2011

Jacobs, Josef, Der Waisenhausstreit – Ein Beitrag zur Geschichte der Pädagogik des 18. und 19. Jahrhunderts, Quakenbrück 1931

Jansen, Nils, Die Abwägung von Grundrechten, in: Der Staat 1997, S. 27–54

Jarass, Hans D./Pieroth, Bodo, Grundgesetz für die Bundesrepublik Deutschland – Kommentar, 16. Auflage, München 2020

Jauernig, Othmar, Bürgerliches Gesetzbuch: BGB, 17. Auflage, München 2018

Jeand'Heur, Bernd, Verfassungsrechtliche Schutzgebote zum Wohl des Kindes und staatliche Interventionspflichten aus der Garantienorm des Art. 6 Abs. 2 Satz 2 GG, Berlin 1993

Jestaedt, Matthias, Grundrechtsentfaltung im Gesetz – Studien zur Interdependenz von Grundrechtsdogmatik und Rechtsgewinnungstheorie, Tübingen 1999

Jestaedt, Matthias, Staatlicher Kindesschutz unter dem Grundgesetz – Aktuelle Kindesschutzmaßnahmen auf dem Prüfstand der Verfassung, in: Lipp, Volker/Schumann, Eva/Veit, Barbara, Kindesschutz bei Kindeswohlgefährdung – neue Mittel und Wege?, Göttingen 2008

Kahl, Wolfgang/Waldhoff, Christian/Walter, Christian, Bonner Kommentar zum Grundgesetz, 195. Aktualisierung, Heidelberg 2018

Keidel, Theodor, FamFG – Gesetz über das Verfahren in Familiensachen und in den Angelegenheiten der freiwilligen Gerichtsbarkeit, 20. Auflage, München 2020

Kellner, Dominik, Die Ächtung der Gewalt in der Erziehung nach neuem Recht, in: NJW 2001, S. 796–797

Kiefer, Falk/Mann, Karl F., Evidenzbasierte Behandlung der Alkoholabhängigkeit, in: Der Nervenarzt 2007 (Vol. 78), S. 1321–1331

Kinderrechtekommission des Deutschen Familiengerichtstags e. V., Reformbedarf im Pflegekinderwesen, in: FamRZ 2014, S. 891–902

Kinderschutz-Zentrum Berlin e. V., Kindeswohlgefährdung – Erkennen und Helfen, 11. Auflage, Berlin 2009

Kindler, Heinz, Pflegekinder: Sorgerechtssituation und Ergebnisqualität in der Pflegekinderhilfe – Ergebnisse aus dem Projekt „Pflegekinderhilfe“ von DJI und DIJuF, in: RdJB 2011 (Heft 4), S. 410–422

Kindler, Heinz/Helming, Elisabeth/Meysen, Thomas/Jurczyk, Karin, Handbuch Pflegekinderhilfe, München 2011

Kindler, Heinz, Trennungen zwischen Kindern und Bindungspersonen, in: FPR 2013, S. 194–200

Kindler, Heinz/Salzgeber, Joseph/Fichtner, Jörg/Werner, Annegret, Familiäre Gewalt und Umgang, in: FamRZ 2004, S. 1241–1252

Kindler, Heinz, Bundesministerium für Familie, Senioren, Frauen und Jugend, Partnerschaftsgewalt und Kindeswohl – Eine meta-analytisch orientierte Zusammenschau und Diskussion der Effekte von Partnerschaftsgewalt auf die Entwicklung von Kindern: Folgerungen für die Praxis, München 2002

Kircher, Tilo/Gauggel, Siegfried, Neuropsychologie der Schizophrenie – Symptome, Kognition, Gehirn, Heidelberg 2008

Kirchhof, Gregor, Der besondere Schutz der Familie in Art. 6 Abs. 1 des Grundgesetzes – Abwehrrecht, Einrichtungsgarantie, Benachteiligungsverbot, staatliche Schutz- und Förderpflicht, in: AöR 129 (2004), S. 542–583

Klatt, Matthias/Schmidt, Johannes, Abwägung unter Unsicherheit, in: AöR 137 (2012), S. 545–591

Klein, Michael, Kinder substanzabhängiger Eltern: Auswirkungen auf die elterliche Erziehungsfähigkeit und Entwicklung der Kinder, in: NZFam 2018, S. 477–483

Klement, Jan Hendrik, Vom Nutzen einer Theorie, die alles erklärt – Robert Alexys Prinzipientheorie aus der Sicht der Grundrechtsdogmatik, in: JZ 2008, S. 756–763

Klocke, Andreas/Hurrelmann, Klaus, Kinder und Jugendliche in Armut – Umfang, Auswirkungen und Konsequenzen, Wiesbaden 1998

Kluth, Winfried, Das Übermaßverbot, in: JA 1999, S. 606–613

Köckeritz, Christine, Entwicklungspsychologie für die Jugendhilfe – Eine Einführung in Entwicklungsprozesse, Risikofaktoren und Umsetzung in Praxisfeldern, Weinheim, München 2004

Kölch, Michael/Nolkemper, Daria/Ziegenhain, Ute/Fegert, Jörg M., Prävention bei Kindern mit depressiven oder angsterkrankten Eltern – Nationale und internationale Ansätze und deren Altersspezifizität, in: Der Nervenarzt 2019 (Vol. 90), S. 251–259

Kölch, Michael/Ziegenhain, Ute/Fegert, Jörg M., Kinder psychisch kranker Eltern – Herausforderungen für eine interdisziplinäre Kooperation in Betreuung und Versorgung, Weinheim, Basel 2014

Kraetzer, Jacob, Das Menschenbild des Grundgesetzes – Philosophische, juristische und theologische Aspekte, Berlin 1996

Kuhls, Anke, Ambivalenzen in der Beratung von Pflegeeltern, Goslar 2018

Lack, Katrin, Ausschluss des Umgangsrechts leiblicher Eltern mit ihrem in einer Pflegefamilie untergebrachten Kind, in: FamFR 2013, S. 73–75

Land, Kenneth C./ Lamb, Vicki L./Mustillo, Sarah Kahler, Child and Youth Well-Being in the United States, 1975–1998: Some Findings from a New Index, in: Social Indicators Research 2001 (Vol. 56), S. 241–320

Lange, Friederike Valerie, Grundrechtsbindung des Gesetzgebers – Eine rechtsvergleichende Studie zu Deutschland, Frankreich und den USA, Tübingen 2010

Lau, Marcus/Lau, Anne, Kinder psychisch kranker Eltern und die „familiäre Solidarität", in: FamRZ 2011, S. 862–865

Leibholz, Gerhard/Mangoldt, Hermann v., Jahrbuch des öffentlichen Rechts, Band 1, Tübingen 1951

Lengning, Anke/Lüpschen, Nadine, Auswirkungen auf Bindungs- und Beziehungsqualitäten bei Misshandlung, Vernachlässigung und sexuellem Missbrauch, in: FPR 2013, S. 213–216

Lenz, Albert, Interventionen bei Kindern psychisch kranker Eltern – Grundlagen, Diagnostik und therapeutische Maßnahmen, Göttingen 2008

Lerche, Peter, Vorbereitung grundrechtlichen Ausgleichs durch gesetzgeberisches Verfahren, in: Lerche, Peter/Schmitt Glaeser, Walter/Schmidt-Aßmann, Eberhard, Verfahren als staats- und verwaltungsrechtliche Kategorie, Heidelberg 1984

Liebenwein, Sylva, Erziehung und soziale Milieus – Elterliche Erziehungsstile in milieuspezifischer Differenzierung, Wiesbaden 2008

Liebler-Fechner, Miriam, Der ideologisch motivierte Entzug des elterlichen Sorgerechts in der Zeit des Nationalsozialismus, Münster Hamburg London 2001

Mall, Volker/Friedmann, Anna, Frühe Hilfen in der Pädiatrie – Bedarf erkennen – intervenieren – vernetzen, Berlin, Heidelberg 2016

Mangoldt, Hermann v./Klein, Friedrich/Starck, Christian, Grundgesetz Kommentar, Band 1, 7. Auflage, München 2018

Mangoldt, Hermann v., Das Bonner Grundgesetz, Berlin, Frankfurt am Main 1953

Marquardt, Claudia/Wilhelm, Ricarda, Kindeswohlgefährdung in der Pflegefamilie: Verletzung der Kontrollpflichten durch das Jugendamt, in: FPR 2004, S. 437–440.

Mattejat, Fritz/Remschmidt, Helmut, Kinder psychisch kranker Eltern, in: Deutsches Ärzteblatt 2008 (23), S. 413–418

Maunz, Theodor/Dürig, Günter, Grundgesetz Kommentar, Band II, 91. Auflage, München 2020

Maywald, Jörg: Misshandlung, Vernachlässigung und sexueller Missbrauch – Eine Übersicht aus sozialwissenschaftlicher Perspektive, in: FPR 2003, S. 299–307

Meßerschmidt, Klaus, Gesetzgebungsermessen, Berlin 2000

Meumann, Markus, Findelkinder, Waisenhäuser, Kindsmord – Unversorgte Kinder in der frühneuzeitlichen Gesellschaft, München 1995

Meumann, Markus, Unversorgte Kinder, Armenfürsorge und Waisenhausgründungen im 17. und 18. Jahrhundert. Eine sozialgeschichtliche Einführung, in: Sträter, Udo/Neumann, Josef N., Waisenhäuser in der Frühen Neuzeit, Tübingen 2003, S. 1–22

Meysen, Thomas, Stärkung von Kindern und Jugendlichen in Pflegefamilien und Einrichtungen – und mehr – Reform des SGB VIII mit dem Kinder- und Jugendstärkungsgesetz – KJSG, in: FamRZ 2021, S. 401–411

Michael, Lothar, Grundfälle zur Verhältnismäßigkeit, in: JuS 2001, S. 654–659

Mollat, Michel, Die Armen im Mittelalter, München 1984

Möller, Hans-Jürgen/Müller, Norbert, Schizophrenie – Zukunftsperspektiven in Klinik und Forschung, Wien 2010

Morschitzky, Hans, Angststörungen – Diagnostik, Konzepte, Therapie, Selbsthilfe, 4. Auflage, Wien 2009

Motive zu dem Entwurfe eines Bürgerlichen Gesetzbuches für das Deutsche Reich, Band IV – Familienrecht, Berlin, Leipzig 1888

Motzer, Stefan, Das Umgangsrecht in der gerichtlichen Praxis seit der Reform des Kindschaftsrechts, in: FamRZ 2000, S. 925–932

Münchener Kommentar, Band 10, Familienrecht II, §§ 1589–1921, SGB VIII, 8. Auflage, München 2020

Münder, Johannes, Der Anspruch auf Herausgabe des Kindes – Zur Reichweite von § 1632 I und § 1632 IV BGB, in: NJW 1986, S. 811–814

Münder, Johannes/Meysen, Thomas/Trenczek, Thomas, Frankfurter Kommentar zum SGB VIII – Kinder- und Jugendhilfe, 8. Auflage, Baden-Baden 2019

Neumann, Josef N., Der Waisenhausstreit, in: Sträter, Udo/Neumann, Josef N., Waisenhäuser in der Frühen Neuzeit, Tübingen 2003, S. 155–167

Nienstedt, Monika/Westermann, Arnim, Pflegekinder und ihre Entwicklungschancen nach frühen traumatischen Erfahrungen, 2. Auflage, Stuttgart 2007

Nowacki, Katja, Pflegekinder – Vorerfahrungen, Vermittlungsansätze und Konsequenzen, Freiburg 2012

Oberloskamp, Helga, Das Jugendamt zwischen Hilfe und Kontrolle – neue Herausforderung für die Jugendhilfe?, in: Lipp, Volker/Schumann, Eva/Veit, Barbara, Kindesschutz bei Kindeswohlgefährdung – neue Mittel und Wege?, Göttingen 2008, S. 45–63

Oberloskamp, Helga/Lewe, Jörg, Risikoeinschätzung bei möglicher Kindeswohlgefährdung – Umsetzung des § 8a SGB VIII im Kontext des FamFG, in: FPR 2009, S. 553–557

Obermann, Torsten, Der Umgang von Pflegekindern mit den leiblichen Eltern – ein Dilemma, in: NZFam 2019, S. 293–297

Ossenbühl, Fritz, Das elterliche Erziehungsrecht im Sinne des Grundgesetzes, in: Rauscher, Anton, Soziale Orientierung, Band 2, Berlin 1981

Palandt, Otto, Bürgerliches Gesetzbuch, 80. Auflage, München 2021

Pechstein, Matthias, Familiengerechtigkeit als Gestaltungsgebot für die staatliche Ordnung – Zur Abgrenzung von Eingriff und Leistung bei Maßnahmen des sog. Familienlastenausgleichs, Baden-Baden 1994

Peschel-Gutzeit, Lore Maria, Konsequenzen für die Justiz – Überlegungen zur rechtlichen Ausgestaltung der Pflegekindschaft, in: Stiftung zum Wohl des Pflegekindes, Bindung und Trauma – Konsequenzen in der Arbeit für Pflegekinder – Tagungsdokumentation der 16. Jahrestagung der Stiftung zum Wohl des Pflegekindes am 30. Mai 2005 in Magdeburg, 2. Auflage, Idstein 2008, S. 43–65

Peschel-Gutzeit, Lore Maria, Schützt die Verbleibensanordnung das Kind wirksam? – 25 Jahre Erfahrung mit § 1632 IV BGB, in: FPR 2004, S. 428–431

Poscher, Ralf, Grundrechte als Abwehrrechte – Reflexive Regelung rechtlich geordneter Freiheit, Tübingen 2003

Poscher, Ralf, Einsichten, Irrtümer und Selbstmissverständnis der Prinzipientheorie, in: Sieckmann, Jan-Reinard, Die Prinzipientheorie der Grundrechte – Studien zur Grundrechtstheorie Robert Alexys, Baden-Baden 2007, S. 59–79

Quenzel, Gudrun/Hurrelmann, Klaus, Handbuch Bildungsarmut, Wiesbaden 2019

Raghavan, Ramesh/Alexandrova, Anna, Toward a Theory of Child Well Being, in: Social Indicators Research 2015 (Vol. 121), S. 887–902

Rauscher, Thomas, Familienrecht, 2. Auflage, Heidelberg, München, Landsberg, Berlin 2008

Reher, Werner, Die NS-Volkswohlfahrt, Berlin 1942

Reichmann, Philipp C./Ufer, Thomas, Die psychotherapeutische Behandlung von Kindern und Jugendlichen als Angelegenheit des „täglichen Lebens" im Sinne des § 1687 BGB?, in: JR 2009, S. 485–489

Remschmidt, Helmut/Theisen, Frank, Schizophrenie, Berlin, Heidelberg 2011

Renneberg, Babette/Schmitz, Bernt/Doering, Stephan/Herpertz, Sabine/Bohus, Martin, Behandlungsleitlinie Persönlichkeitsstörungen, in: Psychotherapeut 2010 (55), S. 339–354

Reuter, Dieter, Kindesgrundrechte und elterliche Gewalt, Berlin 1968

Richter, Matthias/Hurrelmann, Klaus, Gesundheitliche Ungleichheit – Grundlage, Probleme, Perspektiven, 2. Auflage, Wiesbaden 2009

Riecken, Jörg, Verfassungsgerichtsbarkeit in der Demokratie – Grenzen verfassungsgerichtlicher Kontrolle unter besonderer Berücksichtigung von John Hart Elys prozeduraler Theorie der Repräsentationsverstärkung, Berlin 2003

Riehle, Marcel/Pillny, Matthias/Lincoln, Tania M., Ist Negativsymptomatik bei Schizophrenie überhaupt behandelbar? Ein systematisches Literaturreview zur Wirksamkeit psychotherapeutischer Interventionen für Negativsymptomatik, in: Verhaltenstherapie 2017 (27), S. 199–208

Rolfs, Christian/Giesen, Richard/Kreikebohm, Ralf/Meßling, Miriam/Udsching, Peter, BeckOK Sozialrecht, 60. Edition, Stand 01.03.2021, München 2021

Rüting, Wolfgang, Pflegekinder, Rückführung in die Herkunftsfamilie, Umgang, in: FPR 2012, S. 381–385

Sachs, Michael, Verfassungsrecht II – Grundrechte, 3. Auflage, Berlin, Heidelberg 2017

Sachs, Michael, Grundgesetz Kommentar, 8. Auflage, München 2018

Salgo, Ludwig, Pflegekindschaft und Staatsintervention, Darmstadt 1987

Salgo, Ludwig, Umgang mit Kindern in Familienpflege – Voraussetzungen und Grenzen, in: FPR 2004, S. 419–428

Salgo, Ludwig, Familienpflege zwischen Privatheit und Öffentlichkeit – Familien- und jugendhilferechtliche Entwicklungstendenzen, in: FamRZ 1990, S. 343–347

Salgo, Ludwig, Die Pflegekindschaft in der Kindschaftsrechtsreform vor dem Hintergrund verfassungs- und jugendhilferechtlicher Entwicklungen, in: FamRZ 1999, S. 337–347

Salgo, Ludwig, Verbleib des Kindes bei den Pflegeeltern gegen den Willen der leiblichen Eltern, in: NJW 1985, S. 413–415

Salgo, Ludwig, Möglichkeiten und Grenzen der Verbleibensanordnung zur Sicherung von Kontinuität, in: Coester-Waltjen, Dagmar/Lipp, Volker/Schumann, Eva/Veit, Barbara, Das Pflegekindverhältnis – zeitlich befristete oder dauerhafte Lebensperspektive für Kinder?, Göttingen 2014, S. 53–87

Salgo, Ludwig, Gesetzliche Regelungen des Umgangs und deren kindgerechte Umsetzung in der Praxis des Pflegekinderwesens, in: Stiftung zum Wohl des Pflegekindes, 3. Jahrbuch des Pflegekinderwesens – Kontakte zwischen Pflegekind und Herkunftsfamilie, 3. Auflage, Idstein 2009, S. 17–48

Salgo, Ludwig/Zenz, Gisela, (Amts-)Vormundschaft zum Wohle des Mündels – Anmerkungen zu einer überfälligen Reform, in: FamRZ 2009, S. 1378–1385

Salgo, Ludwig/Veit, Barbara/Zenz, Gisela, Reformbedarf im Bereich der Dauerpflege, in: ZKJ 2013, S. 204–205

Schader, Heike, Risikoabschätzung bei Kindeswohlgefährdung – Ein systemisches Handbuch, 2. Auflage, Weinheim, Basel 2013

Schilling, Roger, Rechtliche Probleme bei der gemeinsamen Sorge nach Trennung bzw. Scheidung, in: NJW 2007, S. 3233–3240

Schirmer, Stefan/Bublath, Katharina/Simon, Vanda, Alkoholabhängigkeit und ihre Behandlung, in: NZFam 2018, S. 492–495

Schmahl, Stefanie, Die Ganztagsschule im Spannungsfeld von elterlichem Erziehungsrecht, staatlichem Bildungsauftrag und Kindeswohl, in: DÖV 2006, S. 885–892

Schmid, Heike/Meysen, Thomas, Was ist unter Kindeswohlgefährdung zu verstehen?, in: Kindler, Heinz/Lillig, Susanna/Blüml, Herbert/Meysen, Thomas/Werner, Annegret, Handbuch Kindeswohlgefährdung nach § 1666 BGB und Sozialer Allgemeiner Dienst (ASD), München 2006

Schmidt, Christopher, Das neue Kinder- und Jugendstärkungsgesetz – Wenig Licht und viel Schatten, in: NJW 2021, S. 1992–1996

Schmitt, Alain, Sekundäre Traumatisierungen im Kinderschutz, in: Praxis der Kinderpsychologie und Kinderpsychiatrie 48 (1999), S. 411–424

Schmitt Glaeser, Walter, Das elterliche Erziehungsrecht in staatlicher Reglementierung – Ein verfassungsrechtliches Essay zum „Gesetz zur Neuregelung des Rechts der elterlichen Sorge“ vom 18. Juli 1979, Bielefeld 1980

Schneider, Bernhard, Christliche Armenfürsorge – Von den Anfängen bis zum Ende des Mittelalters – Eine Geschichte des Helfens und seiner Grenzen, Freiburg im Breisgau 2017

Schneider, Frank/Kircher, Tilo, Schizophrenie, in: Der Nervenarzt 2020 (Vol. 91), S. 1

Schneider, Hans-Peter, Verfassungsgerichtsbarkeit und Gewaltenteilung – Zur Funktionsgerechtigkeit von Kontrollmaßstäben und Kontrolldichte verfassungsgerichtlicher Entscheidung, in: NJW 1980, S. 2103–2111

Schulze-Fielitz, Helmut, Theorie und Praxis parlamentarischer Gesetzgebung – besonders des 9. Deutschen Bundestages (1980–1983), Berlin 1988

Schumann, Eva, Das Erörterungsgespräch bei möglicher Kindeswohlgefährdung, in: FPR 2011, S. 203–207

Schütz, Harald, Wohl des Kindes – ein schwierig zu handhabender unbestimmter Rechtsbegriff (§ 1634 II, III, 1666, 1671 II, 1672, 1696 II BGB), in: FamRZ 1986, S. 947–950

Schwab, Dieter, Zur zivilrechtlichen Stellung der Pflegeeltern, des Pflegekindes und seiner Eltern – Rechtliche Regelungen und rechtspolitische Forderungen, in: Schwab, Dieter/Zenz, Gisela, Soll die Rechtsstellung der Pflegekinder unter besonderer Berücksichtigung des Familien-, Sozial- und Jugendrechts neu geregelt werden? – Gutachten für den 54. Deutschen Juristentag, München 1982, A 65–A 136

Schwab, Dieter, Die Gesamtverantwortung des Vormunds für den Mündel bei gleichzeitiger Aufgabenspaltung, in: Coester-Waltjen, Dagmar/Lipp, Volker/Schumann, Eva/Veit, Barbara, Die große Vormundschaftsreform, Göttingen 2019, S. 17–33

Schwab, Dieter, Elterliche Sorge bei Trennung und Scheidung der Eltern – Die Neuregelung des Kindschaftsrechtsreformgesetzes, in: FamRZ 1998, S. 457–472

Schwab, Dieter, Die große Paragraphenwanderung und mehr – Zum Referentenentwurf einer Reform des Vormundschafts- und Betreuungsrechts, in: FamRZ 2020, S. 1321–1326

Schwarzer, Gudrun/Jovanovic, Bianca, Entwicklungspsychologie der Kindheit, Stuttgart 2015

Seibert, Helga, Verfassung und Kindschaftsrecht – Neue Entwicklungen und offene Fragen, in: FamRZ 1995, S. 1457–1463

Seibl, Maximilian, Das Pflegeverhältnis – zeitlich befristete oder dauerhafte Lebensperspektive für Kinder? – Tagungsbericht zum 12. Göttinger Workshop zum Familienrecht am 29.11.2013, in: FamRZ 2014, S. 532–533

Siedhoff, Eckhardt, Probleme im Spannungsfeld zwischen Elternrecht und Kindeswohl im Rahmen des § 1632 IV BGB, in: NJW 1994, S. 616–622

Siegler, Robert/Eisenberg, Nancy/DeLoache, Judy/Saffran, Jenny, Entwicklungspsychologie im Kindes- und Jugendalter, 4. Auflage, Berlin, Heidelberg 2016

Simitis, Spiros, Kindschaftsrecht – Elemente einer Theorie des Familienrechts, in: Dieckmann, Albrecht/Frank, Rainer/Hanisch, Hans/Simitis, Spiros, Festschrift für Wolfram Müller-Freienfels, Baden-Baden 1986, S. 579–616

Soergel, Hans Theodor, Bürgerliches Gesetzbuch mit Einführungsgesetz und Nebengesetzen – Band 19/2 – Familienrecht 3/2 §§ 1616–1717, 13. Auflage, Stuttgart 2017

Sonntag, Dilek/Künzel, Jutta, Hat die Therapiedauer bei alkohol- und drogenabhängigen Patienten einen positiven Einfluss auf den Therapieerfolg?, in: Sucht – Zeitschrift für Wissenschaft und Praxis, Dezember 2000, Sonderheft 2, S. 91–175

Starck, Christian: Praxis der Verfassungsauslegung, Baden-Baden 1994

Statistisches Bundesamt/Wissenschaftszentrum Berlin für Sozialforschung/Bundesinstitut für Bevölkerungsforschung, Datenreport 2021 – Ein Sozialbericht für die Bundesrepublik Deutschland, Bonn 2021

Staudinger, Julius v., Kommentar zum Bürgerlichen Gesetzbuch mit Einführungsgesetz und Nebengesetzen, Buch 4, Familienrecht, §§ 1626–1633; RKEG; §§ 1631a-1633 (Elterliche Sorge – Inhalt und Inhaberschaft), 16. Auflage, Berlin 2020

Staudinger, Julius v., Kommentar zum Bürgerlichen Gesetzbuch mit Einführungsgesetz und Nebengesetzen, Buch 4, Familienrecht, §§ 1626–1633; RKEG (Elterliche Sorge 1 – Inhaberschaft und Inhalt), 15. Auflage, Berlin 2015

Staudinger, Julius v., Kommentar zum Bürgerlichen Gesetzbuch mit Einführungsgesetz und Nebengesetzen, Buch 4, Familienrecht, §§ 1684–1717 (Elterliche Sorge – Umgangsrecht), 18. Auflage, Berlin 2019

Stern, Klaus, Das Staatrecht der Bundesrepublik Deutschland, Band IV/1, Die einzelnen Grundrechte – Der Schutz und die freiheitliche Entfaltung des Individuums, München 2006

Stern, Klaus, Verfassungsgerichtsbarkeit und Gesetzgeber, Wiesbaden 1997

Streek, Ulrich, Psychotherapie komplexer Persönlichkeitsstörungen – Grundlagen der psychoanalytisch-interaktionellen Methode, Stuttgart 2007

Strobach, Susanne, Die seelische Entwicklung des Kindes nach einer Elterntrennung und Scheidung, in: FPR 2008, S. 148–151

Strohmeier, Klaus Peter/Wunderlich, Holger/Lersch, Philipp, Kindheiten in Stadt(teil) und Familie, in: APuZ 17/2009 S. 25–32

Tirey, Adelheid, Das Pflegekind in der Rechtsgeschichte, Köln 1996

Tölle, Rainer, Depressionen – Erkennen und Behandeln, München 2000

Träger, Jutta, Familienarmut: Ursachen und Gegenstrategien, in: APuZ 17/2009, S. 33–38

Uhlhorn, Gerhard, Die christliche Liebestätigkeit, Darmstadt 1959

van Santen, Eric/Pluto, Liane/Peucker, Christian, Pflegekinderhilfe – Situation und Perspektiven, Weinheim, Basel 2019

Veit, Barbara, Die Reform des Vormundschaftsrechts, in: FamRZ 2016, S. 2045–2056

Veit, Barbara, Die Pflegeeltern an der Schnittstelle zwischen privater Erziehung und öffentlichem Interesse, in: Götz, Isabell/Schwenzer, Ingeborg/Seelmann, Kurt/Taupitz, Jochen, Familie – Recht – Ethik – Festschrift für Gerd Brudermüller zum 65. Geburtstag, München 2014, S. 845–856

Veit, Barbara, Verbleibensanordnung versus Entziehung der elterlichen Sorge bei Dauerpflege, in: FF 2008, S. 358–365

Veit, Barbara, Die Rechtsstellung der Pflegeperson nach dem Kinder- und Jugendstärkungsgesetz sowie dem Gesetz zur Reform des Vormundschafts- und Betreuungsrechts, in: FamRZ 2021, S. 1501–1510

Walper, Sabine, Die Individuation in Beziehung zu beiden Eltern bei Kindern und Jugendlichen aus konfliktbelasteten Kernfamilien und Trennungsfamilien, in: Zeitschrift für Soziologie der Erziehung und Sozialisation 18 (1998), S. 134–151

Walter, Iginhard, Umgang mit dem in Familienpflege untergebrachten Kind, §§ 1684, 1685 BGB – psychologische Aspekte, in: FPR 2004, S. 415–419

Wapler, Friederike, Kinderrechte und Kindeswohl – Eine Untersuchung zum Status des Kindes im Öffentlichen Recht, Tübingen 2015

Wapler, Friederike, Staatliche Reaktionsmöglichkeiten bei Kindeswohlgefährdungen – Verfassungsrechtliche Aspekte der jüngsten Gesetzesänderungen, in: RdJB 2009 (Heft 1), S. 21–33

Webler, Heinrich, Handbuch der Jugendhilfe, Heft 11 – Das Pflegekinderwesen, Berlin 1938

Westermann, Arnim, Die Trennung des Kindes von den Eltern und die Verleugnung der Trennung durch aufrechterhaltene Besuchskontakte, in: Stiftung zum Wohl des Pflegekindes, 3. Jahrbuch des Pflegekinderwesens – Kontakte zwischen Pflegekind und Herkunftsfamilie, 3. Auflage, Idstein 2009, S. 151–170

Wiemann, Irmela, Ratgeber Pflegekinder – Erfahrungen, Hilfen, Perspektiven, 6. Auflage, Reinbek 2005

Wiesner, Reinhard, SGB VIII, Kinder- und Jugendhilfe, 5. Auflage, München 2015

Wiesner, Reinhard, Schutzauftrag des Jugendamtes bei Kindeswohlgefährdung, in: FPR 2007, S. 6–12

Willutzki, Siegfried, Zu den Reformplänen des Gesetzgebers, in: ZKJ 2008, S. 139–143

Windel, Peter A., Zur elterlichen Sorge bei Familienpflege, in: FamRZ 1997, S. 713–724

Wittchen, Hans-Ulrich/Hoyer, Jürgen, Klinische Psychologie und Psychotherapie, 2. Auflage, Berlin, Heidelberg 2011

Wittchen, Hans-Ulrich/Jacobi, Frank, Robert Koch-Institut, Gesundheitsberichterstattung des Bundes: Angststörungen (Heft 21), Berlin 2004

Wittchen, Hans-Ulrich/Jacobi, Frank/Klose, Michael/Ryl, Livia, Robert Koch-Institut, Gesundheitsberichterstattung des Bundes: Depressive Erkrankungen (Heft 51), Berlin 2010

Wolf, Klaus, Differenzen zwischen Herkunftsfamilie und Pflegefamilie: Unterschiedliche Familienkulturen und Übergänge, in: RdJB 2015 (Heft 4), S. 467–482

Zenz, Gisela, Zur Bedeutung der Erkenntnisse von Entwicklungspsychologie und Bindungsforschung für die Arbeit mit Pflegekindern, in: Stiftung zum Wohl des Pflegekindes, 2. Jahrbuch des Pflegekinderwesens – Pflegekinder in Deutschland – Bestandsaufnahme und Ausblick zur Jahrtausendwende, 2. Auflage, Idstein 2005, S. 22–35

Zenz, Gisela, Soziale und psychologische Aspekte der Familienpflege und Konsequenzen für die Jugendhilfe, in: Schwab, Dieter/Zenz, Gisela, Soll die Rechtsstellung der Pflegekinder unter besonderer Berücksichtigung des Familien-, Sozial- und Jugendrechts neu geregelt werden? – Gutachten für den 54. Deutschen Juristentag, München 1982, A 9–A 61

Zimmermann, Michael J., Die Inobhutnahme und das Ineinandergreifen des Verwaltungs- und Familienrechts, in: NZFam 2021, S. 64–71

FSC
www.fsc.org
MIX
Papier | Fördert gute Waldnutzung
FSC® C083411

Kolibri 360 GmbH
Ferdinand-Jühlke-Straße 7
99095 Erfurt, Deutschland
produktsicherheit@kolibri360.de